Olaf Jacobsen

Ich stelle selbst auf

Olaf Jacobsen

Ich stelle selbst auf

Wie Sie Ihre Selbstheilungskräfte durch Freies Aufstellen aktivieren

Olaf Jacobsen Verlag

Wie wird hier geschlechtergerecht formuliert?
Wird eine Bezeichnung in der Mehrzahl benötigt, dann wird das Binnen-I verwendet (Bsp.: „TeilnehmerInnen"). Bei Bezeichnungen in der Einzahl wird unregelmäßig zwischen weiblich und männlich abgewechselt.

Bibliografische Information der Deutschen Nationalbibliothek:
Die Deutsche Nationalbibliothek verzeichnet diese Publikation in der Deutschen Nationalbibliografie; detaillierte bibliografische Daten sind im Internet über http://dnb.d-nb.de abrufbar

1. Fassung 2011
2. Fassung April 2012
überarbeitete Neuauflage 2021

Druck und Bindung: CPI books GmbH, Leck

ISBN 978-3-936116-62-5

Inhalt

Übertragungen auf den Alltag

III Wie kann ich bei einer fremden Aufstellung mitwirken und dazulernen?

Übertragungen auf den Alltag

Wie wird hier geschlechtergerecht formuliert?

Wird eine Bezeichnung in der Mehrzahl benötigt, dann wird das Binnen-I verwendet (Bsp.: „TeilnehmerInnen“). Bei Bezeichnungen in der Einzahl wird unregelmäßig zwischen weiblich und männlich abgewechselt.

Vorwort zur 2. Fassung

Im Jahr 2011 schrieb ich die erste Fassung dieses Buches, veröffentlichte es zunächst im Olaf Jacobsen Verlag und bot es ein paar Monate später dem Kamphausen Verlag zur Veröffentlichung an. Der Verlag gab mir den Hinweis, dass dieses Buch für Neueinsteiger zu speziell sei und nicht die „breite Masse" erreichen würde.

Mithilfe der Lektorin Stephanie Ehrenschwendner erstellte ich ein neues Konzept und schrieb ein Grundlagenbuch über das Freie Aufstellen für Menschen ohne Vorkenntnisse. Unter dem Titel „Das fühlt sich richtig gut an! Gefühle erforschen, Klarheit gewinnen und den Alltag befreit leben" wurde es im März 2012 vom Kamphausen Verlag veröffentlicht (seit 2020: „Freie Systemaufstellung: Das fühlt sich richtig gut an!" – Olaf Jacobsen Verlag).

Anschließend nahm ich mir wieder das Ihnen hier vorliegende Handbuch „Ich stelle selbst auf" vor und überarbeitete es so, dass es für Fortgeschrittene als Fortsetzung zu „Das fühlt sich richtig gut an!" als auch zu „Das freie Aufstellen" gelesen werden kann. Es baut die Grundlagen aus, vervollständigt die Informationen und Möglichkeiten der Freien Systemischen Aufstellungen und bietet viele neue Ideen, Impulse und Erfahrungen sowohl aus meiner Arbeit als auch aus der Arbeit vieler anderer Menschen, die sich mit dem Freien Aufstellen auseinandersetzen. Auf diese Weise können sich all diejenigen mithilfe dieses Buches weiterbilden, die Aufstellungen bereits kennengelernt oder schon etwas über das Aufstellen gelesen haben.

Olaf Jacobsen — Köln, im März 2012

In Resonanz

Die beiden schauen sich tief in die Augen. Ungefähr drei große Schritte trennen sie voneinander. Der eine hat einen schwarzen Taucheranzug an, der andere eine weiße Weste und eine Jeans. Der Taucher steht barfuß. Man sieht, wie seine hellen Füße fest auf dem Boden stehen. Der Mann mit der weißen Weste trägt elegante schwarze Schuhe. Beide fühlen sich gut während sie sich anschauen.

In einer gewissen Entfernung zu den beiden Männern beobachten ein Mann und eine Frau nebeneinander stehend, was die Männer wohl tun werden. Sie sind interessiert, fühlen sich innerlich ausgeglichen und warten ab.

Auf einmal kommt eine sehr große Indianerbüste eines Häuptlings mit großem Federschmuck auf dem Kopf und stellt sich so dazwischen, dass dem Paar (Mann und Frau) die Sicht auf die Männer versperrt wird. Die Indianerbüste schaut in die Richtung der beiden Männer und dreht damit dem Mann und der Frau den (nicht vorhandenen) Rücken zu, besser: den Hinterkopf.

Als ich den Taucher anfasse, merke ich, wie ich ihn jetzt näher an den Mann mit der weißen Weste stellen möchte. Die Anwesenheit der Indianerbüste hat es irgendwie möglich gemacht. Nun stehen sich die beiden Männer ganz dicht gegenüber. Wenn einer den Arm ausstreckt, kann er den anderen berühren.

Der Taucher freut sich, dem Mann mit der weißen Weste begegnen zu dürfen. Es ist eine tief erfüllte Freude. Der Mann mit der weißen Weste wirkt ausgeglichen und irgendwie neutral – er steht einfach nur zur Verfügung. Doch dies können die hinter der Indianerbüste stehenden zwei Personen – der Mann und die Frau – jetzt nicht mehr sehen.

Als ich die Büste noch einmal berühre, habe ich das Gefühl, dass sie genau weiß, was sie tut und warum sie sich hier dazwischen gestellt hat und dem Paar die Aussicht auf die Männer verwehrt. Gleichzeitig ist das Paar hinter der Büste sehr neugierig geworden, was sich wohl bei den zwei Männern abspielen könnte.

Über diese Neugierde bin ich positiv überrascht, denn zuerst dachte ich, dass das Paar entweder wütend auf die Indianerbüste wäre oder sich uninteressiert abwenden würde. Nein – die beiden fühlen sich sehr neugierig und nähern sich der Büste sogar einen kleinen Schritt.

Draußen wird es hell. Es ist Sonntagmorgen. Ich liege noch im Bett und denke über dieses Buch und das Freie Aufstellen nach. Die Indianerbüste ist fast so groß wie meine Hand und steht immer auf meinem Nachttisch. Sie ist etwas größer als die vier Playmobil-Figuren, die ich aus meinem Arbeitszimmer geholt habe.

Während ich die Figuren auf meinem Nachttisch nach Gefühl aufstelle, schreibe ich gleichzeitig auf, was ich in diese Figuren spontan hineinprojiziere. Im Moment geht es nicht weiter. Es verändert sich nichts. Der Taucher ist tief davon erfüllt, dem Mann mit der weißen Weste zu begegnen. Der wiederum steht neutral einfach zur Verfügung. Die Indianerbüste steht genau zwischen den beiden Männern und den beiden neugierigen Beobachtern, mit einer irgendwie überlegenen und wohlwollenden Klarheit. Und die beiden Beobachter – der Mann und die Frau – warten gespannt, was passieren wird.

Es ist auch nicht nötig, dass sich diese kleine Aufstellung weiterentwickelt, denn ich habe bereits meine Antwort: Ich weiß nun, dass ich Ihnen, liebe Leserin und lieber Leser, jetzt noch *nicht* verrate, wofür diese Figuren stehen.

Was mache ich hier? Ich spiele mit Figuren, wie ich es aus meiner Kindheit kenne. Der Unterschied zu damals ist: Ich verbinde dieses Figurenspiel heute mit konkreten ernsthaften Fragen, die mich gerade beschäftigen, und erhalte dadurch neue Antworten.

Wie kommt es, dass mir ein einfaches Spiel mit Figuren hilft, Probleme selbstständig zu lösen?

Und was hat das alles mit „Resonanz“ zu tun?

Manche Menschen fragen, was „Resonanz“ eigentlich bedeutet. Das Wort „resonare“ (lat.) wird übersetzt mit „widerhallen / widerklingen“. Wenn ich bei einem Klavier das rechte Pedal runterdrücke, bewegen sich in dem Moment die Dämpfer von den Saiten weg. Nun können alle Saiten frei schwingen. Singe ich einen lauten Ton, dann höre ich anschließend genau diesen Ton aus dem Klavier widerhallen. Die Saiten des Klaviers schwingen in „Resonanz“ zu meinem gesungenen Ton.

Wissenschaftler haben im Gehirn einen Bereich entdeckt, in welchem sie Spiegelneurone vermuten. Diese Gehirnzellen sind aktiv, während wir die Handlung eines anderen Menschen beobachten. Normalerweise feuern diese Neurone, wenn wir selbst eine Handlung ausführen und uns zum Beispiel am Kopf kratzen. Doch wenn wir nur beobachten, wie ein anderer Mensch sich am Kopf kratzt, schwingen unsere Neurone ebenso mit. Wir vollziehen die beobachtete Handlung innerlich nach – wir befinden uns in „Resonanz“ zum beobachteten Menschen und kratzen uns ebenso am Kopf, aber nur innerhalb unseres Gehirns, ohne es äußerlich zu tun. Hier wird von den Wissenschaftlern ebenso der Begriff „Resonanz“ eingesetzt. Wir sind mit Hilfe unserer Spiegelneuronen in Resonanz zu der im Außen beobachteten Handlung eines anderen Menschen (deshalb ist Gähnen oft ansteckend). Gleiches zieht Gleiches an.

Bei Familienaufstellungen erleben wir ebenso eine seltsame Resonanz: StellvertreterInnen aus einer Gruppe stehen in einer Art

Rollenspiel für fremde Personen „zur Verfügung“ und beginnen in ihren Rollen, die Gefühle der Personen zu spüren, die sie repräsentieren. Dieses Phänomen kann man sich kaum vorstellen, man muss es selbst erlebt haben – und kann es sich dann nur mit der Sichtweise erklären, dass die StellvertreterInnen irgendwie mit den realen Personen „in Resonanz“ zu schwingen scheinen.

Ich frage mich nun: Wenn ich mit Figuren spiele und dabei in meiner Intuition eine Antwort auf eine Frage finde, mit wem oder womit bin ich da in Resonanz? Stelle ich eine Resonanz zu mir selbst her? Zu der Weisheit meines Unbewussten? Oder zu etwas Übergeordnetem, was Menschen als „Überbewusstsein“, „Höheres Selbst“, „Universum“ oder auch „Gott“ bezeichnen?

Die Sichtweise, dass alles mit allem auf irgendeine Weise verbunden ist, stellt für mich die einzig mögliche Erklärung dar. Die verblüffende Weisheit unserer Gefühle, unserer Intuitionen und Bauchgefühle kann ich nur einordnen, wenn ich mir vorstelle, wie alles auf einer bestimmten Ebene miteinander kommuniziert – mithilfe von Schwingungen. Alles schwingt. Und wenn ich eine Frage an das schwingende Universum abschicke, erhalte ich oft über meine Intuition darauf eine Antwort, die mir weiterhilft.

Wir wissen nicht, ob es wirklich so ist – aber es wäre vorstellbar, in unserer Fantasie.

Steffen erzählt seiner Frau Anna, dass er sich entschieden hat, seine Arbeitsstelle zu kündigen und sich einen neuen Job zu suchen. Anna ist entsetzt und versteht die Welt nicht mehr. Schließlich verdient er sehr gut und hat kaum Probleme bei der Arbeit. Alle Argumente, die Steffen anführt, können Anna nicht überzeugen. Es herrscht eine Spannung zwischen beiden. Und so schlägt Steffen vor, zusammen mit Anna eine verdeckte Aufstellung zu machen. Er holt aus seinem Arbeitszimmer ein paar Blätter Papier und einen Bleistift und sie gehen ins Wohnzimmer. Steffen schreibt auf das erste Blatt einen Begriff, dreht das Blatt um, so dass Anna nicht lesen kann, was darauf steht (die Schrift befindet sich nun auf der Unterseite) und drückt ihr das Blatt in die Hand.

„Such´ bitte mal für dieses Blatt einen Platz im Raum. Wo würdest du es deinem Gefühl nach hinlegen?“

Anna hält kurz inne, geht dann Richtung Fenster und legt das Blatt davor. Steffen fragt: „Wenn du dich auf dieses Blatt draufstellen würdest, in welche Richtung würdest du schauen und wie würdest du dich fühlen?“

Sie stellt sich drauf, schaut dabei aus dem Fenster und sagt nach einem kurzen Moment des Einfühlens:

„Irgendwie zieht es mich nach draußen, in die Ferne. Ich will hier weg.“

Steffen beschriftet das nächste Blatt, dreht es um und gibt es Anna.

„Und wo würdest du das hinlegen?“

Anna nimmt das zweite Blatt entgegen, zögert kurz, und legt es dann in zwei Meter Entfernung hinter das erste Blatt (1). Sie stellt sich drauf und schaut 1 von hinten an.

„Ich fühle mich mit 1 sehr verbunden und finde es schade, dass 1 aus dem Fenster schaut. Ich kann aber auch nicht näher herangehen.“

Inzwischen beschriftet Steffen das dritte Blatt und drückt es Anna in die Hand. Sie legt es in einem gewissen Abstand rechts neben 1 und 2, so dass 3 von der Seite direkt zwischen 1 und 2 durchschaut. Die drei bilden jetzt ein Dreieck. Als Anna sich auf 3 stellt, sagt sie: „Hier fühle ich mich ganz neutral. Ich bin einfach da.“

„Und wenn du dich jetzt auf 2 stellst, ist dann irgendetwas anders?“ fragt Steffen.

Anna stellt sich auf das Blatt Nr. 2 und bestätigt:

„Ja, jetzt fühle ich mich nicht mehr so zu 1 hingezogen, sondern kann mich auch wegdrehen.“ Sie dreht sich ungefähr um 120 Grad nach rechts und schaut nun in eine völlig andere Richtung.

Nun nimmt Steffen ein viertes Blatt und beschriftet es.

„Schaust du mal, wo du die Nummer vier hinlegen würdest?“

Anna hat ein ganz klares Gefühl. Sie nimmt das vierte Blatt und legt es direkt ins Blickfeld von 2, so dass 2 nun genau auf 4 schaut. Die beiden stehen sich sehr dicht gegenüber.

„Wie fühlst du dich, wenn du dich auf 2 stellst?“

Anna stellt sich auf 2 und schaut 4 an.

„Gut. Sehr gut. Ich freue mich, dass 4 da ist. Im Grunde könnte ich 4 sogar umarmen.“

„Und wie geht es 4 damit?“

Anna wechselt den Platz und stellt sich auf 4: „Ja, auch sehr gut. Ich würde mich gerne von 2 umarmen lassen.“

„Und jetzt stelle dich noch einmal auf 1. Hat sich da inzwischen etwas verändert?“

Anna geht zum Fenster und fühlt sich auf Blatt 1 ein.

„Jetzt könnte ich sogar vollständig weggehen.“

Steffen atmet durch und ist erleichtert.

„Gut, danke! Im Grunde hast du hier unabsichtlich mein Gefühl bestätigt – und vielleicht kannst du mich jetzt auch besser verstehen. Ich sage dir mal, was ich auf die Zettel geschrieben habe. Auf dem Blatt 1 steht ‚meine alte Firma’.“

Anna geht hin, dreht das Blatt um und liest: *meine alte Firma*.

Steffen deckt weiter auf: „2 bin ich selbst, 3 ist ein lösendes Element und 4 ist ein neuer Arbeitsplatz bei einer neuen Firma.“

Anna ist nachdenklich. „Ja, stimmt, auf deinem Platz (2) habe ich mich zwar zunächst zu der alten Firma (1) hingezogen gefühlt, war aber unzufrieden, und als das lösende Element (3) dazu kam, konnte ich mich wegdrehen. Und der Kontakt mit einer neuen Arbeitsstelle (4) fühlt sich tatsächlich viel besser an. Ich kann jetzt nachfühlen, dass du kündigen möchtest. Aber warum ist das eigentlich so?!“

„Ich kann es nicht genau sagen“, antwortet Steffen, „aber ich habe das Gefühl, als ob irgendetwas in meiner alten Firma passiert, was mich unwohl fühlen lässt. Und ich bin seltsamerweise sehr zuversichtlich, recht schnell einen neuen Arbeitsplatz bei einer anderen Firma finden zu können."

Genauer lässt sich im Moment die Situation nicht analysieren, aber auf der Gefühlsebene kann Anna nun besser nachvollziehen, dass Steffen sich für die Kündigung entschieden hat.

Die Geschehnisse nehmen ihren Lauf, Steffen kündigt und findet bei einer anderen Firma sehr schnell einen neuen und sogar besser bezahlten Arbeitsplatz, weil „zufällig" kurz vor seiner Bewerbung dieser Platz freigeworden war. Drei Monate später meldet seine alte Firma Insolvenz an. Hätte Steffen erst drei Monate später nach einem neuen Arbeitsplatz gesucht, wäre der Arbeitsplatz bei der neuen Firma inzwischen schon wieder besetzt gewesen. Sein Gefühl hatte ihn genau passend geführt – und die Dynamik war in der Aufstellung in den Gefühlen von Anna ebenso ablesbar.

Wir können eine verdeckte Aufstellung zu zweit dazu nutzen, um eigene Gefühle besser zu verstehen, sie zu bestätigen, vielleicht auch zu widerlegen oder vollkommen neue Ideen zum Thema zu erhalten. Wir können sie aber auch nutzen, um in einem Konflikt mehr Verständnis füreinander zu erreichen. Wir können mithilfe unserer Resonanz-Gefühle den anderen besser nachvollziehen lernen und auf diese Weise Spannungen und unerfüllte Bedürfnisse nach Verständnis erlösen.

Eine Klientin kommt zu mir in die Einzelberatung. Sie weiß nicht, was sie als nächstes tun soll, und hat das Problem, sich zwischen sieben verschiedenen Möglichkeiten entscheiden zu müssen. Mein Bestreben ist es, ihr bestimmte Fragen zu stellen und neue Sichtweisen anzubieten, wodurch es ihr möglicherweise leichter fallen könnte, sich zu entscheiden. Nach einigen Fehlversuchen von meiner Seite (sie konnte sich immer noch nicht entscheiden) kam von ihr die

Bitte, dass ich mich doch einmal in die Möglichkeiten einfühlen und für sie entscheiden solle.

Ich legte ein weißes Blatt Papier in die Mitte des Raumes. Dieses Papier sollte die Klientin darstellen. Dann legte ich sieben verschiedenfarbige Kissen dem Blatt gegenüber in eine Reihe. Die Klientin teilte mir mit, welches Kissen ihrer Definition nach für welche Möglichkeit stand. Wir hatten vorher schon über den Inhalt der verschiedenen Möglichkeiten geredet, so dass ich wusste, worum es ging. Nun stellte ich mich auf das weiße Blatt Papier und schaute von dort auf die Kissen. Ich versuchte zu erfühlen, welches Kissen mich am meisten ansprach und welches weniger – und so stellte ich eine Rangfolge her:

Möglichkeit 3 war für mich sehr attraktiv und ich stellte sie an die erste Stelle.

Möglichkeit 1 machte mich auch sehr neugierig, aber nicht so stark, wie Möglichkeit 3.

Dann war noch Möglichkeit 4 annehmbar, und die übrigen vier Möglichkeiten interessierten mich kaum. Die Rangfolge war zunächst Möglichkeit 2, dann 7 und 6 und am unangenehmsten erschien mir die 5.

Meine Klientin bestätigte ein wenig meine Rangfolge. Ihr würde es ähnlich gehen, aber sie zweifelte immer noch. Da kam ich auf die Idee, es noch einmal anders zu versuchen. Weil wir offen über alles geredet hatten und ich immer wusste, welches Kissen für welche Möglichkeit stand, konnte es sein, dass mein Bewusstsein und meine persönlichen Ansichten mein Gefühl beeinflusst hatten. Also schlug ich vor, die sieben Möglichkeiten auf sieben weiße DinA4-Blätter zu schreiben, sie umzudrehen, so dass die Beschriftung nicht erkennbar war, die Blätter zu mischen und anschließend auf dem Boden auszulegen – ohne zu wissen, auf welchem Blatt welche Möglichkeit stand.

Gesagt – getan. Nachdem die weißen Blätter verteilt waren, stellte ich mich wieder auf das Blatt der Klientin und schaute die anderen Blätter an. Doch es fiel mir schwer, ein Gefühl dazu zu bekommen. Also entschied ich mich, ein wenig anders vorzugehen und mich auf die anderen Blätter zu stellen. Vielleicht konnte ich dadurch erspüren, in welcher Beziehung die sieben Möglichkeiten zur Klientin standen.

Und tatsächlich: Auf dem ersten Blatt hatte ich das Gefühl, mich von der Klientin zurückzuziehen. Auf dem nächsten Blatt schaute ich von dort intensiv auf das Klientinnen-Blatt und fühlte mich tief damit verbunden. Ein weiteres Blatt vermittelte mir das Gefühl, mit einem weiten Blick in die Runde zu schauen etc.

Aufgrund dieser Gefühle und dem Maßstab: „Welche Möglichkeit fühlt sich mit der Klientin am stärksten verbunden und welche am wenigsten?“ stellte ich erneut eine Rangfolge her und teilte der Klientin mit, welcher Zettel die stärkste Verbindung und welcher die geringste zum Klientinnen-Blatt in mir hervorrief. Als wir anschließend die Blätter umdrehten, um nachzulesen, welche Möglichkeit auf dem jeweiligen Blatt stand, stellt sich heraus, dass sich genau die gleiche Rangfolge ergeben hatte:

Möglichkeit 3 war am intensivsten mit dem Klientinnen-Blatt verbunden, dann kam 1, 4, 2, 7, 6 und ganz am Schluss die Möglichkeit 5, die sich lieber vom Klientinnen-Blatt zurückziehen wollte.

Gänsehaut! Wie ein Siebener im Lotto! (Ich habe schon öfter versucht, die Lottozahlen vorauszuspüren: klappt aber nicht…)

Anschließend fiel ihm seine Entscheidung wesentlich leichter und er ging mit entspanntem Gefühl aus der Beratungssitzung.

Ich bin davon überzeugt, dass z. B. für solche Entscheidungsfindungen nicht immer professionelle BeraterInnen in Anspruch genommen werden müssen. Es besteht auch die Möglichkeit, ein Familienmitglied oder eine Freundin zu bitten, sich einmal in unterschiedliche Positionen einzufühlen und ein Feedback zu geben.

Genau dafür schreibe ich Bücher über das Freie Aufstellen, um das Phänomen des Aufstellens für jeden Menschen frei zugänglich zu machen, der daran Interesse hat.

In den letzten Jahren boomen Bücher und Filme über das „Gesetz der Anziehung", über das „Gesetz der Resonanz", über die Möglichkeiten, durch die „Kraft der Gedanken" sich Wünsche im Alltag zu erfüllen. Gleichzeitig spalten sich die Menschen in diejenigen, die durch das Gesetz der Resonanz wundervolle Erfahrungen in ihrem Leben machen dürfen, und diejenigen, die das alles als „Fantasiewelten" abtun.

Die Hauptursache dieser Spaltung ist: **Wer es nicht konkret am eigenen Leib erfahren hat, kann es sich einfach nicht vorstellen.** Und wenn man ohne Erfahrungen urteilt, entsteht ein Vorurteil.

Doch es gibt eine wundervolle Möglichkeit, Resonanz und das „Gesetz der Anziehung" konkret zu erfahren – am eigenen Leib, im eigenen Gefühl: Bei den Freien Systemischen Aufstellungen machen immer mehr Personen die praktische Erfahrung, wie es ist, als StellvertreterIn mit dem Schicksal einer anderen Person in Resonanz zu schwingen. Man fühlt dabei, wie man irgendwie von „fremden Gefühlen" ergriffen wird.

Außerdem kann man öfter erleben, wie eine Aufstellung im Nachhinein wie durch Geisterhand auf unser Umfeld zu wirken scheint oder im Umfeld vorhandene Dynamiken bestätigt und teilweise voraussagt.

Alles nur Einbildungen des Gehirns? Testen Sie es selbst – und sammeln Sie konkrete Erfahrungen damit.

Ich habe das damals übliche Familienstellen durch die Leitung von Bert Hellinger im Jahr 1997 live kennenlernen dürfen und habe sofort gedacht: „Das geht doch auch anders."

Ich hatte das Gefühl, dass das Aufstellungsphänomen für alle Menschen nutzbar ist, die es nutzen wollen, und dass es nicht unbedingt von einem therapeutischen Rahmen abhängen muss. Ein therapeutischer Rahmen kann sehr unterstützend sein, ist aber keine Voraussetzung für das Aufstellen. Dieser Gedanke brauchte einige Jahre, um vollständig auszureifen. Dann begründete ich Anfang des Jahres 2003 das „Freie Familienstellen“ oder auch die „Freien Systemischen Aufstellungen“.

Bis heute erlebe ich es immer wieder: Es funktioniert wundervoll!

Auch hier gilt: **Wer es nicht erfahren hat, kann es sich nicht wirklich vorstellen – und entwickelt Vorurteile.**

Manche Menschen reagieren misstrauisch und kritisch, wenn sie vom Freien Aufstellen hören. Sie befürchten, dass eine Gefahr besteht oder man dadurch in eine Krise gestürzt werden könnte. Deshalb behaupten sie, dass das Familienstellen in erfahrene therapeutische Hände gehöre.

Diese Einwände erlebe ich nur von Leuten, die das Freie Aufstellen nicht wirklich kennen und sich eine eigene Vorstellung davon machen, die ihren Befürchtungen entspricht. Dabei fehlt ihnen die entsprechende Erfahrung.

Ich kann nach neun Jahren Freies Aufstellen und über tausend Aufstellungen mitteilen: Die Weste des Freien Aufstellens ist weißer, als viele vermuten.

Das Freie Aufstellen ist eine Möglichkeit, spielerisch und experimentell Resonanzphänomene zu erforschen und neue Erfahrungen zu sammeln. Wir können mithilfe unseres Gefühls unseren Verstand allmählich an die Existenz von weitgreifenden Resonanzen gewöhnen, unser Blickfeld und Gefühlsfeld erweitern und auf unseren Alltag übertragen. Letztendlich öffnen sich unsere Augen dafür, wie in unserem Leben alles miteinander verwoben ist, in Resonanz aufeinander reagiert und was von uns selbst beeinflussbar ist und was nicht.

Wir stellen nicht mehr nur innerhalb von Gruppen oder anderen Aufstellungssettings auf, sondern wir erkennen: Alles, was uns im alltäglichen Leben begegnet und was wir selbst fühlen oder tun, kann auf einer bestimmten Ebene als „Teil von unabsichtlichen Aufstellungen“ erkannt werden.

Welche neuen Konsequenzen sich für uns und unseren Alltag aus dieser Resonanz-Sicht ergeben, entwickle ich Schritt für Schritt in diesem Buch. Zunächst beginne ich damit, Ihnen die Grundlagen des Freien Aufstellens vorzustellen.

Für diejenigen, die schon ein paar Erfahrungen im Familienstellen besitzen und „nur“ wissen wollen, wie das Freie Aufstellen funktioniert, ist die Essenz gleich am Anfang zusammengefasst – wie bei einem Zeitungsartikel, der das Wichtigste im ersten Abschnitt bringt und alle Ausführungen erst danach. Sollten Sie bereits meine Grundlagenbücher „*Das freie Aufstellen*“ oder „*Freie Systemaufstellung: Das fühlt sich richtig gut an!*“ gelesen haben, können Sie meine kurze Einführung als Erinnerung, Auffrischung und Vertiefung nutzen.

Indem Sie das Freie Aufstellen immer umfassender kennenlernen, erlernen Sie auch gleichzeitig die „Sprache der Resonanz“, die Sie auf Ihren Alltag übertragen können.

Damit Sie beim Lesen in die Atmosphäre vom Freien Aufstellen optimal eintauchen, beziehe ich Sie in diesem Buch als LeserIn auf eine ganz spezielle Weise mit ein. Sie werden sich fühlen, als wenn Sie leibhaftig beim Freien Aufstellen dabei wären und es „erfahren“. Sie stellen hier in diesem Buch sogar selbst auf. Zuerst mit meiner Unterstützung, später dann ganz selbstständig. Das unterstützt Ihren Lernprozess bereits beim Lesen.

Im Laufe des Buches werde ich immer ausführlicher und bildhafter. Schließlich finden Sie in den letzten Abschnitten viele Erkenntnisse und Erfahrungen, die Ihnen weiterhelfen können, wenn Sie beim Aufstellen oder im Alltag nicht mehr weiterwissen. Die meisten Fragen werden bis zum Ende des Buches geklärt werden.

Um sofort mit dem Freien Aufstellen beginnen zu können, ist es aber nicht notwendig, das Buch bis zum Ende gelesen zu haben. Sie müssen keine Perfektion erreicht haben, um in diese Methode eintauchen zu können. Es genügt, nur die Essenz auf den ersten Seiten zu lesen – und schon können Sie mit Experimenten und Übertragungen auf Ihren Alltag beginnen.

Wer trotz alledem Schwierigkeiten haben sollte, dem Inhalt gut zu folgen, oder wer sich zunächst eine solide „Basis" im Gefühl aufbauen möchte, dem empfehle ich als Einstieg in das Freie Aufstellen allein, zu zweit, im Freundeskreis und in Gruppen zunächst mein Buch „*Freie Systemaufstellung: Das fühlt sich richtig gut an!*" zu lesen, um dann anschließend „*Ich stelle selbst auf*" als Fortsetzung zu nutzen.

Ich freue mich aus ganzem Herzen, wenn die Methode des Freien Aufstellens schnell Verbreitung findet und Menschen durch diese Resonanz einen neuen Weg entdecken, sich gegenseitig zur Verfügung zu stehen, sich zu helfen und gemeinsam Konflikte auf eine ganz neue Weise eigenverantwortlich und selbstständig zu lösen.

Die Indianerbüste hat ihren Platz gewechselt. Sie ist um die beiden Männer herumgegangen und schaut nun von der gegenüberliegenden Seite mit einem gewissen Abstand und mit einem klaren und freundlichen Blick auf die beiden Männer. Wenn sie durch die Männer hindurchschaut, sieht sie in einiger Entfernung immer noch den Mann und die Frau stehen, die sich aber nun langsam zu bewegen beginnen. Sie kommen auf die Männer zu, neugierig und offen.

Der Taucher dreht sich zu den beiden Neuankömmlingen und hat damit den Mann mit der weißen Weste nun an seiner linken Seite stehen. Auch er dreht sich zum Mann und zur Frau hin. Und so stehen sich die beiden Paare gegenüber.

Der Taucher heißt den Mann und die Frau herzlich willkommen – nach wie vor mit einer tiefen inneren Freude. Der Mann mit der weißen Weste ist ganz offen und zu allem bereit. Der Mann und die Frau sind auch weiterhin neugierig und zusätzlich auch noch voller Freude.

Die Gruppe strotzt vor positiver Energie. Und hinter bzw. „über" allen wacht klar, wissend und ausgeglichen die Indianerbüste mit dem prachtvollen Häuptlingsschmuck.

Für mich bedeutet die Weiterentwicklung dieser kleinen Aufstellung, dass ich Ihnen nun erzählen kann, was für Rollen ich den Figuren auf meinem Nachttisch gegeben habe:

Der Mann mit der weißen Weste hat die Bedeutung „Freie Systemische Aufstellungen". Er repräsentiert die Methode, mit der Sie sich in diesem Buch intensiv auseinandersetzen werden. Der Taucher stellt mich dar. Und Sie, liebe Leserin und lieber Leser, werden durch die beiden ZuschauerInnen vertreten, die Frau und den Mann. Letztendlich habe ich die Indianerbüste als ein „lösendes Element" dazugestellt, um das „weise Universum" anzuzapfen und zu schauen, in welche Richtung sich diese Aufstellung bewegen wird, wenn etwas Lösendes die Gruppe beeinflusst.

Ich freue mich, dass Sie, liebe Leserin und lieber Leser, sich für die Freien Systemischen Aufstellungen und die dazugehörigen Resonanzphänomene interessieren, begrüße Sie hier ganz herzlich und freue mich auch, Ihnen im Folgenden mein Freies Aufstellen vorstellen zu dürfen – eine Methode, die uns immer offen zur Verfügung steht und bei der jeder frei entscheiden kann, wie er damit umgehen und sie in seinen Alltag integrieren möchte. Diese Methode ist zu allem bereit. Und je länger wir uns mit ihr auseinandersetzen, desto klarer können wir erkennen, wie „das weise Universum" oder unser „weises Unbewusstes" auf irgendeine unerklärliche Weise über uns wacht …

Kapitel I

Freie Systemische Aufstellungen

Die Essenz

Was ist Freies Aufstellen im Vergleich zum therapeutisch begleiteten Aufstellen?

Wer das therapeutisch begleitete Familienstellen kennt, wird den Unterschied sofort erkennen: Diejenige Teilnehmerin, die mithilfe von StellvertreterInnen eine Aufstellung durchführt, darf beim Freien Aufstellen *frei* und ganz eigenverantwortlich darüber bestimmen, in welcher Form ihre Aufstellung verlaufen soll. Es gibt keine AufstellungsleiterInnen, die Vorgaben machen. Die Teilnehmerin darf *frei* mit ihrer Aufstellung umgehen, sie erforschen, experimentieren und einfach ihrer Neugierde folgen, ohne dass ihr jemand begrenzende Anweisungen dazu gibt oder ihr Tun bewertet. Und sie darf auch *frei* für sich entscheiden, was sie für Erkenntnisse aus der Aufstellung gewinnt, ohne dabei die Deutungen und Behauptungen anderer ungeprüft zu übernehmen.

Das Freie Aufstellen ist eine sehr gute Möglichkeit, Eigenverantwortung zu üben und sich außerhalb eines therapeutischen Rahmens mit Alltagsproblemen oder auch bestimmten Fragestellungen gezielt auseinanderzusetzen – nicht nur innerhalb einer Gruppe, sondern ebenso zu zweit (man stellt sich gegenseitig in Resonanz zur Verfügung) oder sogar mit sich alleine, z. B. im freien intuitiven Spiel mit Figuren oder Bodenankern (Zettel, Fühlfelder etc.).

Das ist der essenzielle Unterschied.

Was ist der Unterschied zwischen „Freies Familienstellen“ und „Freie Systemische Aufstellungen“?

Im Grunde sind das, was ich in diesem Buch beschreibe, die Freien Systemischen Aufstellungen. Ich habe den Begriff „Freies Familienstellen“ zusätzlich gewählt, weil viele Menschen mit dem Wort „Familienstellen“ mehr verbinden als mit „Systemische Aufstellung“. Man weiß eher, was hier gemeint ist.

Schauen wir die Begriffe genau an:

„Familienstellen“ bezieht sich darauf, dass Themen aus der eigenen Familie aufgestellt werden.

Der Begriff „Systemische Aufstellung“ ist umfassender. Er integriert zusätzlich zu den Familienthemen noch alles andere, was man aufstellen könnte, wie z. B. Probleme in der Schule oder im Job, Schwierigkeiten mit dem eigenen Körper, seelische Schmerzen, psychische Phänomene, Auseinandersetzungen mit Freunden, Stress unter Mitarbeitern in der Firma, Entscheidungsfragen, Krankheiten oder auch Fragen nach der optimalen Potenzialentfaltung usw. Der Themenkreis ist unbegrenzt. In den Freien Systemischen Aufstellungen können Sie alles aufstellen, was Ihnen Ihre Fantasie anbietet.

Der Begriff „System“ wird im Bereich der Therapie oder Beratung für ein Familiensystem, ein Firmensystem, ein Körpersystem etc. verwendet. Ich jedoch setze den Begriff „System“ in seiner ursprünglichen Bedeutung ein, d. h. sehr weiträumig. Jeden „Ausschnitt“, den Sie aus Ihrer Fantasie wählen, kann man als ein „System“ definieren. Jede beliebige Zusammenstellung von Personen, Aspekten, Teilen und Elementen für eine Aufstellung stellt ein System dar. Deshalb der Zusatz: „*Systemische* Aufstellungen“.

Im Grunde könnten wir aber diesen Zusatz auch weglassen und landen dann bei der Bezeichnung „Freies Aufstellen“. Gemeint ist bei allen Begriffen (Freies Familienstellen, Freie Systemische Aufstellungen, Freies Aufstellen) immer das gleiche: eine Gruppenveranstaltung, bei der die TeilnehmerInnen *frei* über ihre eigene Aufstellung verfügen.

Was bringt eine Aufstellung?

In Aufstellungen können Sie ganz konkret das „Gesetz der Resonanz“ erfahren und kennenlernen. Sie können eine Aufstellung dazu nutzen, individuelle Lösungen für Ihre Probleme zu finden und Ihre Selbstheilungskräfte zu aktivieren. Das Freie Aufstellen kann Ihnen helfen, Ihre (manchmal schmerzhaft) festgeschriebenen Gehirnkarten so weiterzuentwickeln, dass bestimmte seelische oder körperliche Phantomschmerzen verschwinden und Sie sich grundsätzlich besser fühlen (zum Thema „Gehirnkarten“ und „seelische Phantomschmerzen“ siehe Seite 197ff. und S. 233f.).

Des Weiteren erfahren Sie durch die lösungsorientierten Aufstellungen eine tiefe Unterstützung zur intensiven Selbsterfahrung und persönlichen Weiterentwicklung.

Probleme sind vielfältig – und genauso können Lösungen vielfältig sein. Es gibt keine Beschränkungen. Wirklich jedes Problem, das Sie sich in Ihrer Fantasie ausmalen können, kann mit Hilfe von StellvertreterInnen aufgestellt werden. Das Spektrum reicht von „völlig banalen Fragestellungen“ über „unerfüllte Wünsche“ und „Konflikte mit anderen Menschen“ bis hin zu „lebensbedrohlichen Problemen“.

Jedes Problem, jede Fragestellung, jede Projektplanung können Sie in verschiedene Aspekte oder auch Personen einteilen. Aus einer Gruppe werden dann StellvertreterInnen ausgesucht, die für diese Aspekte/Personen stellvertretend stehen. Die StellvertreterInnen spüren sich intuitiv in die jeweilige Rolle ein und teilen ihre auftauchenden Gefühle darüber mit. Interessanterweise können diese Gefühle aufgrund des „Gesetzes der Anziehung und Resonanz“ aufschlussreiche Hinweise auf Ihre Frage oder Ihr Problem liefern. Und Sie können beobachten, ob der Verlauf Ihrer Aufstellung Sie zu einer lösenden Idee oder einem erlösenden Gefühl oder einer Erfüllung oder auch nur zu einem nächsten Schritt anregt.

Ich behaupte nicht, dass Aufstellungen „heilen“. Sondern ich behaupte, dass Aufstellungen in uns die Entwicklung neuer Sichtweisen unterstützen, uns neue kreative Ideen bieten. Und neue Sichtweisen/Ideen wiederum können uns zur Selbstheilung anregen. Ferner scheinen Aufstellungen ab und zu auf einer übergeordneten Resonanzebene zu wirken, so dass nach einer Aufstellung aus unerfindlichen Gründen im Alltag neue Situationen um uns herum passieren. Lassen Sie sich überraschen, was für kleine und große Wunder möglich sind. Probieren Sie es selbst aus.

In einer Freien Aufstellung können Sie alles experimentieren – und dürfen/müssen dann eigenverantwortlich mit den Folgen leben. Dabei lernen Sie so, wie Sie als Kind lernten: ausprobieren, Folgen kennenlernen, Erfahrungen sammeln und mithilfe dieser neuen Erfahrungen: Problem lösen.

Nicht jede Aufstellung regt tatsächlich zu der Lösung eines Problems an. Es gibt auch einige Aufstellungen, mit denen man letztendlich nichts anfangen kann. Aber meiner Erfahrung nach ist das anregende Potenzial sehr hoch.

Probieren Sie es selbst aus, sammeln Sie Ihre eigenen Erfahrungen und bilden Ihr eigenes Urteil. Meine Empfehlung: Folgen Sie dabei sowohl Ihrem Bauchgefühl als auch dem, was Ihnen Ihr Verstand sagt. Ich habe sehr gute Erfahrungen gemacht, wenn mein Herz, mein Bauch und mein Kopf immer zusammenarbeiten, egal, wer dabei phasenweise die Führung übernimmt.

Wie stelle ich selbst auf?

Wie können Sie selbst aufstellen? Sie fragen ein paar Freunde und Bekannte, ob sie Zeit und Lust hätten, sich an einem Abend oder Wochenende für gemeinsames Freies Aufstellen zu treffen.

Oder Sie nehmen an einer organisierten Aufstellungsgruppe teil, die Freie Aufstellungen durchführt (Informationen über manche Orte und Termine im deutschsprachigen Raum finden Sie im Internet unter www.freie-systemische-aufstellungen.academy).

Letztendlich können Sie alle Erfahrungen, die Sie im Freundeskreis oder in einer größeren Gruppe mit Aufstellungen gemacht haben, auch für sich alleine nutzen, indem Sie zu Hause mit Zetteln oder Fühlfeldern auf dem Boden aufstellen oder sich in Playmobilfiguren oder andere Gegenstände einfühlen.

Im Folgenden benutze ich die vier Begriffe „OrganisatorIn", „AufstellerIn", „StellvertreterIn" und „BeobachterIn".

Die **Organisatorin** organisiert die Veranstaltung und sorgt dafür, dass die ganze Zeit Freies Aufstellen stattfindet. Der **Aufsteller** ist die Person, die eine Fragestellung oder ein Problem mitbringt und dies mithilfe von StellvertreterInnen anschauen, beantworten oder lösen möchte. Die **StellvertreterInnen** stehen dem Aufsteller für das Lösen seiner Problematik zur Verfügung. Die **BeobachterInnen** sind unbeteiligt und beobachten einfach nur das Geschehen von außen.

Am Anfang einer Aufstellungsveranstaltung findet meistens eine kurze Vorstellungsrunde statt. Jede/r sagt seinen Namen und teilt mit, ob sie/er aufstellen möchte, nur als StellvertreterIn zur Verfügung steht oder einfach nur beobachten will. Anschließend wird bestimmt, wer als Erste/r aufstellen darf.

Bei großen Gruppen lasse ich als Organisator meistens auslosen, wer drankommt. Dabei führe ich im regionalen Bereich eine Vorrangliste, durch die garantiert wird, dass die Nicht-Ausgelosten irgendwann bei einer späteren Veranstaltung auf jeden Fall Vorrang erhalten und aufstellen dürfen. So sind sie nicht permanent vom Zufall des Losverfahrens abhängig. Prinzip: Je öfter man nicht ausgelost wurde, desto höher ist die Chance, dass man drankommt.

Die ausgeloste Aufstellerin hat die Wahl, ob sie verdeckt, halb verdeckt oder offen aufstellt.

Offen: Die Aufstellerin erzählt offen der Gruppe, was ihr Thema ist, wie ihre Fragestellung lautet und was sie für ein Ziel verfolgt, also was sie mit der Aufstellung erreichen möchte. Der Organisator und die Gruppe haben dann die Möglichkeit, Vorschläge zu machen, was für Aspekte/Personen für die Aufstellung eventuell wichtig sein könnten und wie mit der Aufstellung begonnen werden könnte. Die Aufstellerin kann aus diesen Vorschlägen auswählen, was ihr einleuchtend oder als stimmig erscheint und zu ihrem Bauchgefühl passt. Anschließend sucht die Aufstellerin StellvertreterInnen für diese Aspekte/Personen aus der Gruppe aus und sagt laut, welche Stellvertreterin für welchen Aspekt bzw. für welche Person stehen soll. Sie verteilt die „Rollen“. Auf diese Weise ist jeder von Anfang an in die Aufstellung eingeweiht, es ist „offen“.

Verdeckt: Die Aufstellerin hat sich schon vorher überlegt, was sie für ein Thema aufstellen möchte, und auch, welche Rollen sie an die StellvertreterInnen vergeben möchte. Sie teilt aber der Gruppe ihr Thema nicht mit. Auch den StellvertreterInnen sagt sie nichts. Sie sucht einfach aus der Gruppe einzelne Personen aus und fragt sie, ob sie ihr zur Verfügung stehen würden. Dabei stellt sie sich genau vor, welche Rollen die jeweiligen StellvertreterInnen darstellen sollen, ohne es ihnen zu sagen. Das genügt. Die StellvertreterInnen spüren sich dann unwissend in ihre unbekannte Rolle ein.

Später während der Aufstellung besteht jederzeit die Möglichkeit, das Thema aufzudecken, der Gruppe zu erzählen worum es gerade geht, und den StellvertreterInnen mitzuteilen, welche Rolle sie darstellen. Aber man kann es auch bis zum Ende der Aufstellung verdeckt lassen.

Halb verdeckt: Die Aufstellerin ist sich noch unsicher, wie sie ihr Problem genau aufstellen kann, was für Aspekte oder Personen sie durch StellvertreterInnen vertreten lassen soll. Deshalb erzählt sie der Gruppe zunächst offen ihr Thema und lässt sich Vorschläge für den Beginn der Aufstellung machen. Die Aufstellerin wählt nach ihrem Gefühl, was sie von diesen Vorschlägen umsetzen möchte. Daraufhin sucht sie aus der Gruppe einzelne Personen aus und fragt sie, ob sie ihr zur Verfügung stehen. Dabei stellt sie sich in ihren Gedanken genau vor, welche Rollen die jeweiligen StellvertreterInnen darstellen sollen, ohne es ihnen zu sagen. Das bedeutet also: Die Gruppe ist zwar in das Thema eingeweiht, was hier gerade aufgestellt wird, aber außer der Aufstellerin weiß niemand, welche/r StellvertreterIn welche Rolle darstellt. Ergo: halb verdeckt.

Sind die StellvertreterInnen ausgesucht, dann hat der Aufsteller die Wahl, ob er den StellvertreterInnen einen Platz zuweist, sie „aufstellt“, ihnen Anweisungen gibt, oder ob sie sich ihren persönlichen Gefühlen und Impulsen nach frei bewegen und frei agieren dürfen.

Aufstellen: Der Aufsteller nimmt den ersten Stellvertreter an die Hand oder stellt sich hinter ihn, berührt ihn mit beiden Händen an den Schultern und „schiebt“ ihn sanft nach seinem Gefühl an den Ort im Raum, wo es sich gerade stimmig anfühlt, wo er stehen/sitzen/liegen und in welche Richtung er dabei schauen soll. Dann geht er zur zweiten Stellvertreterin und gibt ihr ebenso einen

Platz im Raum usw. Auf diese Weise gibt er allen StellvertreterInnen einen Platz und „baut“ seine Aufstellung auf.

Frei bewegen: Der Aufsteller sagt den StellvertreterInnen: „Sucht euch selbst einen Platz nach eurem Gefühl“ oder „Ihr könnt euch frei bewegen“. Die StellvertreterInnen bewegen sich von Anfang an frei nach ihren Gefühlsimpulsen, wo es sie spontan hinzieht. Ohne darauf zu warten, dass ihnen Fragen gestellt werden, dürfen sie jederzeit mitteilen, wie es ihnen geht und was sie fühlen. Auch Dialoge unter den StellvertreterInnen dürfen geführt werden.

Aufstellen/frei bewegen: Der Aufsteller stellt zuerst alle StellvertreterInnen auf und teilt ihnen anschließend mit, dass sie sich von diesem Platz aus nun frei bewegen und all ihren Impulsen folgen dürfen.

Wenn alle StellvertreterInnen stehen/sitzen/liegen oder sich bewegen, beginnt nun der Teil der Aufstellung, in dem die Gefühle der StellvertreterInnen in den Mittelpunkt rücken. Wie fühlen sie sich in den Rollen? Was für Impulse haben sie? Was denken sie? Die Aufstellerin kann ihre StellvertreterInnen befragen und beobachten.

Fragen stellen: Die Aufstellerin kann einzelne StellvertreterInnen fragen, wie sie sich fühlen, warum sie sich so fühlen, was wäre, wenn sie sich woanders hinstellen würden usw.

Ebenso besteht die Möglichkeit, die StellvertreterInnen aufzufordern, etwas zu tun, etwas Bestimmtes zu sagen oder sich auf einen anderen Platz zu stellen/setzen/legen.

Und es gibt die Möglichkeit, den StellvertreterInnen einen neuen Rahmen anzubieten, z. B. „Angenommen das Problem wäre gelöst. Was würdet ihr dann fühlen/tun?“ oder „Wie würdet ihr euch fühlen, wenn eine bestimmte Zeit verstrichen wäre?“

Anschließend schaut man: Was für Folgen hat das? Wie fühlen sich die StellvertreterInnen damit? Auf diese Weise erforscht die

Aufstellerin genauer ihre Aufstellung – sie folgt dabei einfach ihrem Wissensdurst, ihrer spontanen Ideen oder ihrer Neugierde.

Beobachten: Die Aufstellerin setzt sich auf einen Stuhl am Rand des Aufstellungsfeldes und beobachtet ihre StellvertreterInnen, was sie selbstständig tun und sagen, ohne dass sie dazu extra befragt werden. Sie beobachtet das intuitive Rollenspiel und schaut, in welche Richtung die StellvertreterInnen durch ihre Gefühle gesteuert werden, was sie sich gegenseitig zu sagen haben, was sie von ihren Gefühlen berichten und was sie für eigenständige Impulse haben, um ein Ungleichgewicht zu verbessern oder zu lösen. Sie beobachtet, wie sich die Aufstellung von selbst entwickelt.

Fragen/Beobachten: Die Aufstellerin kann je nach Gefühl zwischen Befragen und Beobachten abwechseln. Wenn sie dem Aufstellungsverlauf eine ganze Weile schweigend zugeschaut hat, kann sie dem Verlauf manchmal einen neuen Impuls geben, wenn sie gezielt Fragen zu stellen beginnt. Vielleicht kommt ein Stellvertreter durch eine Frage auf neue Ideen oder es entsteht mehr Klarheit.

Umgekehrt könnte es sein, dass die Aufstellerin durch permanente Fragen neue Ideen der StellvertreterInnen behindert. In dem Fall wäre zu empfehlen, dass sie sich zurücklehnt, die StellvertreterInnen einfach sich selbst überlässt und nur noch beobachtet, was sie jetzt wohl als nächstes tun werden. Dann könnten sich neue Ideen wie von selbst entfalten.

Wenn ich in meiner eigenen Aufstellung nicht weiterweiß und sowohl die StellvertreterInnen als auch die beobachtende Gruppe keine neuen Ideen haben, dann lehne ich mich manchmal zurück und sage mir innerlich: „Ich gebe uns nun allen die Möglichkeit, zehn Minuten lang in dieser Ratlosigkeit schweigend zu verharren. Wenn sich bis dahin dann immer noch nichts bewegt hat, beende ich meine Aufstellung." Ich beobachte, was passiert. Meistens muss ich nicht länger als eine Minute warten, dann hat jemand eine neue Idee oder einen Impuls und es bewegt sich weiter.

Oder ich stelle die „Ratlosigkeit“ oder „die neue Idee“ als Stellvertreterin dazu und beobachte, ob sich dadurch etwas ändert.

Es kann sein, dass während der Aufstellung die StellvertreterInnen über problematische Gefühle und Gedanken berichten und Spannungen in der Aufstellung auftauchen. Wenn man dann eine Weile beobachtend und geduldig wartet, könnte es sein, dass die StellvertreterInnen durch gemeinsames Interagieren und durch den verbalen Austausch über die Probleme ganz selbstständig eine Lösung dafür finden.

Es kann aber auch sein, dass die Spannungen/Probleme sich nicht lösen. In dem Fall besteht die Möglichkeit, neue StellvertreterInnen mit neuen Rollen dazuzustellen und zu beobachten, was für eine Wirkung sie auf die Probleme haben. Rollen könnten sein: „die Ratlosigkeit“, „die Liebe“, „die Heilung“, „die rettende Idee“, „das lösende Element“, „das, was den nächsten Schritt zeigt“, „das, was fehlt“ oder auch „die homöopathische Erstverschlimmerung“ etc. Man kann dazustellen, was die eigene Fantasie einem anbietet. Und man kann auch StellvertreterInnen aus ihren Rollen entlassen, um eine Verbesserung zu bewirken.

Wer sich diese Möglichkeiten nicht alle merken will, kann auch ein extra dafür angefertigtes Kartenset benutzen: „Impulskarten für Freie Systemische Aufstellungen“ (siehe auch Seite 260). Fühlen Sie sich in Ihrer Aufstellung ratlos, dann ziehen Sie eine Karte, lesen die darauf stehenden Begriffe, wählen einen Begriff aus, der Ihnen gerade besonders ins Auge springt, geben einem neuen Stellvertreter eine Rolle mit diesem Begriff, stellen ihn in Ihrer Aufstellung dazu und beobachten die Wirkung.

Ziel ist es oft, dass in der Aufstellung ein „besseres Gleichgewicht“ erreicht werden kann, so dass der Aufsteller dadurch neue Hinweise, neue Ideen, neue Lösungsimpulse für sein Thema erhält. Ein besseres Gleichgewicht ist daran ablesbar, dass die StellvertreterInnen immer zufriedener werden oder auch dass der Aufsteller immer zufriedener mit dem Verhalten und den Mitteilungen seiner StellvertreterInnen wird. Im extremsten Fall könnte sogar das Ergebnis der Aufstellung dazu beitragen, dass die Selbstheilungskräfte des Aufstellers vollständig aktiviert werden und das Problem des Aufstellers verschwindet. Happy End.

Manche AufstellerInnen wollen aber nur schauen, wie sich die Stellvertreter verhalten, ohne etwas dabei zu „lösen". Sie suchen nur nach einer gewissen Bestätigung. Und wenn sie diese haben (oder eben auch nicht), kann die Aufstellung beendet werden.

Eine Aufstellung beendet sich, wenn bei ungelösten Ungleichgewichten weder die StellvertreterInnen noch die Gruppe noch der Aufsteller weiterwissen und der Aufsteller aufgibt. Dann lässt man es erst einmal so stehen, wie es ist, und stellt das gleiche Thema später in der gleichen oder in einer neuen Gruppe noch einmal auf.

Eine Aufstellung beendet sich, wenn der Aufsteller genug erfahren hat und sich bei seinen Stellvertretern bedankt.

Sie beendet sich, wenn ein Happy End gefunden wurde und alle das Gefühl haben, dass man an dieser Stelle aufhören kann.

Oder sie beendet sich, wenn die Aufstellungszeit vorbei ist, falls man sich vorher auf einen ungefähren Zeitrahmen geeinigt hat.

Die Regeln der Freien Systemischen Aufstellungen

Damit eine Aufstellungsveranstaltung oder ein privates Aufstellungstreffen in gewisser Weise geordnet und auf jeden Fall „frei" ablaufen kann, sollte man sich vorher auf Regeln einigen. In meinen Workshops stelle ich immer folgende Regeln auf:

1. Alles gehört dazu.

Diese erste Regel teilt allen Beteiligten mit, dass es bei dieser Veranstaltung wirklich „frei" ablaufen darf. Die Aufstellerin darf tatsächlich frei und eigenverantwortlich entscheiden, was sie mit ihrer Aufstellung anfangen möchte. Gleichzeitig ist diese Regel eine Erinnerung daran, dass während des Aufstellens auftauchende Störungen oder Unruhe in der Gruppe vielleicht irgendwie zum aufgestellten Thema passen könnten, sich zum Thema in „Resonanz" befinden und etwas spiegeln. Auch andere Phänomene, die man zunächst einmal nicht als zu der Aufstellung dazugehörig sieht (Glockenläuten einer Kirche in der Nachbarschaft, das Zuspätkommen eines Teilnehmers etc.), könnten irgendwie dazugehören, eine Resonanz oder Synchronizität darstellen und daher eine „Botschaft" enthalten. Deswegen dürfen während der Veranstaltung Handys angeschaltet bleiben, die Gruppe darf sich während einer Aufstellung unterhalten, man darf sich bewegen, rausgehen, essen, sich mit Ideen und Impulsen in die Aufstellung einmischen etc.

Ich habe einmal erlebt, dass während einer Aufstellung drei beobachtende Teilnehmerinnen sich immer lauter über scheinbar unwichtige Themen unterhalten haben – und plötzlich haben sie für die aufstellende Person in ihrer Aufstellung eine wichtige Rolle gespielt und am Ende zur Lösung beigetragen.

Es kommt auch immer wieder vor, dass eine aufstellende Person während ihrer Aufstellung eine SMS erhält und der Text sehr gut zum aufgestellten Thema passt. Oder der nicht anwesende Partner spürt, dass irgendetwas passiert, und ruft während der Aufstellung an…

Weil alles dazugehört, gehört es auch dazu, *dass Grenzen gesetzt werden dürfen*. Diese Grenzsetzungen verteilen sich wie folgt:

2. Die Organisatorin darf jederzeit Grenzen für sich und ihre Veranstaltung setzen.

Wenn ich zum Aufstellen eingeladen habe, wenn ich eine Aufstellungsgruppe organisiert habe, wenn ich derjenige bin, der den Raum gemietet, die Leute angerufen/angemailt und ein Treffen angeboten hat, oder wenn ich einen Workshop gegen Gebühren anbiete, dann habe ich das Freie Aufstellen organisiert. Also bin ich der „Organisator". Dementsprechend bin ich auch dafür verantwortlich, dass ich den Leuten das biete, wozu ich eingeladen habe. Ich bin *für mich selbst* und *für den Raum* verantwortlich und ich bin dafür verantwortlich, dass wir auch wirklich „*Freies Aufstellen*" durchführen.

<u>*Ich selbst*</u>: Wenn ich selbst etwas organisiere, dann möchte ich auch, dass es mir dabei gut geht. Werde ich aber von einer Teilnehmerin so behandelt, dass ich mich unwohl fühle, kann ich jederzeit für mich eine Grenze setzen und die Teilnehmerin bitten, mit diesem Verhalten aufzuhören oder meine Veranstaltung zu verlassen. Auch wenn das Verhalten dieser Teilnehmerin nachvollziehbar ist oder „zurecht" geschieht: Es ist meine Veranstaltung, die ich organisiert habe, und wenn jemand mit etwas unzufrieden ist, kann er jederzeit gehen. Bleibt er aber und konfrontiert mich mit seiner Unzufriedenheit, ohne dass ich darum gebeten habe und ohne, dass ich offen dafür bin, dann kann ich ihn auffordern, meine Veranstaltung zu verlassen.

Des Weiteren fühle ich mich am wohlsten in meiner Veranstaltung, wenn die StellvertreterInnen besonders aggressive Impulse erst einmal ankündigen, bevor sie sie ausleben. Manchmal fühlt ein

Stellvertreter intensive Wut und möchte schreien oder einen anderen Stellvertreter schubsen. Ich habe bereits erlebt, dass die gesamte Gruppe sich erschrocken hat, wenn jemand einen plötzlichen Schrei ausgestoßen hat, oder dass ein anderer Stellvertreter unvorbereitet gestolpert und gefallen ist, nachdem er geschubst wurde. Beides halte ich in meiner Veranstaltung nicht für notwendig und bitte daher die Gruppe um eine Ankündigung vor dem Ausleben solcher Impulse.

Der Raum: Ich trage die Verantwortung für den Raum und muss daher aufpassen, dass die TeilnehmerInnen keine Einrichtungsgegenstände beschädigen, dass sie achtungsvoll mit dem Raum umgehen. Bei „Gefahr" setze ich eine entsprechende Grenze.

Freies Aufstellen: Beim Freien Aufstellen darf eine Aufstellerin frei über ihre Aufstellung bestimmen. Also muss ich als Organisator aufpassen, dass bei meiner Veranstaltung jede Aufstellerin auch tatsächlich *frei* bestimmen und auch Grenzen setzen darf. Niemand aus der Gruppe (ich auch nicht) sollte ihr das Ruder aus der Hand nehmen, auch wenn die Aufstellerin das Ruder nicht sehr fest hält oder vielleicht aus Versehen selbst losgelassen hat. Ich passe auf, dass alles, was von den StellvertreterInnen oder der Gruppe oder von mir gemacht oder geäußert wird, immer mit Zustimmung der Aufstellerin geschieht.

Im Zweifelsfall frage ich: „Ist das in Ordnung für dich, was hier gerade passiert oder gesagt wird?" Dies kann auch jeder andere Teilnehmer die Aufstellerin fragen. Sobald die Antwort „Nein" lautet, unterstütze ich die Aufstellerin, wenn sie es nicht schafft, selbst eine Grenze zu setzen: „Stopp, hört damit bitte auf. Die Aufstellerin möchte es nicht und will hier eine Grenze setzen." Damit bleibt die freie Entscheidung über die Aufstellung immer bei der Aufstellerin.

Sollte ein Teilnehmer diese gesetzte Grenze nicht einhalten, so kann ich ihn als Organisator darauf hinweisen, ihn ermahnen, ihn aus dem Raum schicken oder vollständig aus der Veranstaltung ausschließen. Denn ich möchte Freies Aufstellen anbieten, und wenn ein Teilnehmer sich so verhält, dass ein Freies Aufstellen nicht möglich ist, passt er nicht zu meinem ursprünglichen Angebot. In dem Moment gehört er nicht mehr in meinen Zielbereich und ich kann ihn ausschließen. Schließlich schließt er mit seinem Verhalten auch mein Ziel „Freies Aufstellen“ aus, indem er die Grenzsetzung der Aufstellerin nicht achtet und nicht einhält.

3. Der Aufsteller darf jederzeit Grenzen für sich und seine Aufstellung setzen.

Wenn ich als Teilnehmer zu Gast bei einer Organisatorin bin, die gerade eine Veranstaltung „Freies Aufstellen“ anbietet, und ein eigenes Thema aufstellen darf, dann darf ich mit meiner Aufstellung frei umgehen. Genauso wenn ich bei meiner eigenen organisierten Aufstellungsveranstaltung ein eigenes Thema aufstelle und sowohl Organisator als auch gerade Aufsteller bin, darf ich frei über meine Aufstellung bestimmen. Das bedeutet, dass ich auch jederzeit Grenzen setzen darf, wenn mir etwas nicht gefällt, wenn ich mich nicht wohl fühle oder wenn ich eine bestimmte „Botschaft“ jetzt gerade einmal *nicht* wahrnehmen möchte. Ich kann StellvertreterInnen oder BeobachterInnen aus der Gruppe (dazu gehört auch die Organisatorin) bitten, mit einem bestimmten Verhalten aufzuhören. Ich kann auch zu Beginn der Gruppe mitteilen, was sie während der Aufstellung tun darf und was bitte nicht. Ich kann die Gruppe auffordern, während meiner Aufstellung die Handys auszuschalten und sich nicht nebenbei zu unterhalten oder zu essen. Ich kann alle darum bitten, sich nicht in meine Aufstellung einzumischen. Tritt ein beobachtendes Gruppenmitglied während meiner Aufstellung über meine gesetzte Grenze, kann ich ihn bitten, für die Dauer meiner Aufstellung den Raum zu verlassen.

So eine Grenzüberschreitung könnte z. B. sein, dass derjenige immer wieder dazwischenredet, obwohl ich die beobachtende Gruppe gebeten hatte, sich herauszuhalten und ruhig zu sein. Auch wenn eine Stellvertreterin meine Grenze nicht achtet, kann ich sie jederzeit aus meiner Aufstellung entlassen und sie bitten, wieder in der beobachtenden Gruppe Platz zu nehmen. Eine Stellvertreterin überschreitet meine Grenze, wenn sie z. B. einfach weiter macht und nicht auf meine Grenzsetzung Rücksicht nimmt oder wenn sie meine Art, wie ich mit meiner Aufstellung umgehe, verletzend abwertet. Ebenso kann ich die Aufstellung jederzeit beenden, wenn ich genug erfahren habe oder es mir zu viel wird.

4. Jede/r TeilnehmerIn darf jederzeit für sich selbst Grenzen setzen.

Angenommen ich bin Teilnehmer in einer Aufstellungsgruppe und werde gefragt, ob ich als Stellvertreter für eine Aufstellung zur Verfügung stehen möchte. Wenn ich dabei ein ungutes Gefühl oder keine Lust habe, dann darf ich jederzeit signalisieren, dass ich nicht zur Verfügung stehe und lieber weiterhin nur beobachten möchte.

Bin ich ein Stellvertreter und stehe zur Verfügung, dann kann ich jederzeit während der Aufstellung meine Rolle ablegen. Es könnte sein, dass ich mich nicht wohl fühle, weil z. B. die Gefühle in der Rolle sehr unangenehm sind oder weil mich ein anderer Stellvertreter verletzend und achtungslos behandelt oder weil ich mich durch die Aufstellerin oder die Organisatorin unangenehm eingeschränkt und begrenzt fühle. Dann kann ich aus der Rolle gehen und mich nicht weiter zur Verfügung stellen. Ich kann wieder in der Gruppe Platz nehmen oder sogar vollständig den Raum verlassen.

Genauso kann ich auch als außen sitzender Beobachter mich zurückziehen, wenn ich mich während einer Aufstellung nicht wohl fühle oder wenn ich nicht damit einverstanden bin, wie ein Aufsteller mit seiner Aufstellung umgeht. Wenn ich das Beobachten nicht mehr aushalte, weil es mich zu sehr aufregt, kann ich einfach aus dem Raum gehen.

Auch wenn ich das Gefühl habe, dass die Organisatorin hier nicht wirklich „Freies Aufstellen“ anbietet, kann ich jederzeit die Veranstaltung verlassen und mir eine Gruppe suchen, die *wirklich* Freies Aufstellen anbietet.

Ich erkenne ein „unfreies“ Aufstellen daran, dass

- o die Organisatorin sich immer wieder in die Aufstellung einmischt, ohne den Aufsteller zu fragen, ob es für ihn in Ordnung ist;
- o oder sie lässt es zu, dass andere TeilnehmerInnen ohne Zustimmung des Aufstellers die Regie übernehmen;
- o oder sie spekuliert über die Aufstellung in Behauptungen, ohne ihre Gedanken als „Wahlmöglichkeit“ anzubieten;
- o oder die Organisatorin vermischt das Aufstellen mit anderen Methoden, die nicht nur als Wahlmöglichkeit „angeboten“ werden, sondern die der Aufsteller während seiner Aufstellung automatisch integrieren *soll*;
- o oder sie stellt sich auf irgendeine andere Weise in der Entscheidungshierarchie an die erste Stelle und macht Vorgaben für eine Aufstellung;
- o oder der Aufsteller lässt einen Teilnehmer, der für die Aufstellung nicht weiter zur Verfügung stehen möchte und für sich eine Grenze gesetzt hat, nicht in Ruhe.

In den Momenten findet hier kein „Freies Aufstellen“ mehr statt, wie ich es in meinen Büchern beschreibe.

Zusammengefasst: Wer muss wessen Grenzen achten?

Alle TeilnehmerInnen müssen die vom Organisator gesetzten Grenzen achten und können die Veranstaltung verlassen, wenn ihnen das nicht gefällt oder der Organisator durch sein Verhalten doch kein „Freies Aufstellen“ anbietet.

Alle TeilnehmerInnen müssen während einer Aufstellung die von der Aufstellerin gesetzten Grenzen achten und können den Raum verlassen, wenn ihnen die Aufstellung oder das Verhalten der Aufstellerin nicht gefällt.

Die Aufstellerin muss es achten, wenn ein Stellvertreter die übernommene Rolle nicht weiter spielen möchte. Sagt ein Stellvertreter, dass er nicht weiter zur Verfügung steht und geht aus der Aufstellung, dann kann zwar die Aufstellerin innerlich diese gesetzte Grenze zu ihrem Thema als dazugehörig werten und sich fragen, was für eine Botschaft hinter dieser Grenze für sie steckt, sie muss aber äußerlich diesen Teilnehmer „in Ruhe lassen", ihm also auch keine weiteren Fragen mehr über seine Befindlichkeit stellen oder Kommentare dazu abgeben. Genauso muss sie alle übrigen beobachtenden TeilnehmerInnen in Ruhe lassen, die nicht zur Verfügung stehen wollen.

Wenn der Organisator der Aufstellerin als Leiter oder Stellvertreter zur Verfügung steht, sich dann aber während der Aufstellung zurückziehen und nicht weiter zur Verfügung stehen möchte, dann muss die Aufstellerin dies achten und den Organisator in Ruhe lassen. Wehrt sich die Aufstellerin gegen die Entscheidung des Organisators und seine persönliche Grenze, dann kann der Organisator diese Teilnehmerin auch aus seiner Veranstaltung schicken.

Da jeder eigenverantwortlich teilnimmt, hat niemand einen Anspruch darauf, dass der Organisator oder andere TeilnehmerInnen ihm zur Verfügung stehen. Jede Hilfe und jedes Zur-Verfügung-Stehen während einer Aufstellung sind immer freiwillige Geschenke, sowohl von den TeilnehmerInnen als auch von OrganisatorInnen.

Diese Regeln sind notwendig, damit jeder Beteiligte den sicheren Freiraum hat, seine Eigenverantwortung auch wirklich auszuüben. Im Konfliktfall ist ganz klar geregelt, wer in welcher Situation seinen Selbstschutz durchsetzen darf und wer auf welche Weise nachgeben muss. Jeder soll sich jederzeit selbst schützen und für sein eigenes Wohl sorgen können, sobald er sich auf irgendeine Weise unwohl fühlt.

Wenn der Aufsteller bei seiner eigenen Aufstellung in der Entscheidungshierarchie immer an erster Stelle steht und der Chef seiner

Aufstellung ist, trägt er automatisch die volle Eigenverantwortung dafür. Gleichzeitig tragen die StellvertreterInnen – da sie jederzeit die „freie“ Wahl haben, ob und wie lange sie zur Verfügung stehen – ebenso ihre volle Eigenverantwortung. Und die BeobachterInnen tragen die volle Verantwortung dafür, auf was sie schauen, also was sie beobachten.

„Jeder hat das Recht, Fehler zu machen, das Recht, die eigene Auffassung zu ändern, und das Recht, in jedem Moment den Raum zu verlassen.

Denn wer Fehler machen darf, der kann sich korrigieren. Wer das Recht besitzt, seine Meinung zu ändern, der kann nachdenken. Wer immer auch aufstehen und gehen könnte, der bleibt nur auf eigenen Wunsch.“ (Humberto Maturana)

Werden die in diesem Abschnitt aufgeführten Regeln von allen Beteiligten beachtet und eingehalten und sieht jeder die Verantwortung für das eigene Wohl vollständig bei sich selbst, dann kann sich konfliktfrei und ungehindert ein tief berührendes Freies Aufstellen entfalten.

Muss ich als OrganisatorIn eine Ausbildung haben?

Ganz klar: Nein. Um das Freie Aufstellen zu organisieren, benötigt man keine Qualifikation, kein Zertifikat, keine Erlaubnis, keine Ausbildung in irgendeiner Weise. Man organisiert Freies Aufstellen genauso, wie man eine Diskussionsrunde organisiert: Man lädt zu einem Treffen ein. Bei diesem Treffen stellen sich die eigenverantwortlichen TeilnehmerInnen mit bestimmten Fragestellungen gegenseitig zur Verfügung. Und wenn Antworten auf Fragen gegeben oder Gefühle mitgeteilt werden, dann ist das nichts weiter als eine einfache „Meinungsäußerung". Es ist keine Therapie. Man kann sogar den Begriff „Beratung" weglassen (und damit auch in Österreich ungehindert Freies Aufstellen organisieren). Die Menschen treffen sich und äußern zu den unterschiedlichsten Themen nach bestimmten Regeln ihre persönliche Meinung. **Jemand hat eine persönliche Frage, die anderen antworten und sagen ihre persönliche Meinung dazu.** Ein alltägliches Phänomen. Was ein Teilnehmer dann mit diesen Meinungen der anderen TeilnehmerInnen macht und wie weit er sie sogar zur Selbstheilung nutzt, bleibt immer ihm selbst überlassen. Jeder ist und bleibt bei diesem Treffen eigenverantwortlich – wie bei einer Diskussionsrunde. Und wenn es jemandem einmal schlechter gehen sollte, dann gibt es genug liebevolle TeilnehmerInnen, die sich um diesen Teilnehmer kümmern – auch wie bei einer Diskussionsrunde. In Notfällen wird Erste Hilfe geleistet und der Arzt gerufen. Solche Notfälle habe ich aber in meinen vielen aktiven Jahren bisher noch nicht erlebt.

Wenn sich jemand in der von mir organisierten Diskussionsrunde meiner Ansicht nach danebenbenimmt, kann ich ihn jeder Zeit auffordern, meine Veranstaltung zu verlassen. Auch dafür brauche ich keine Ausbildung, nur etwas Mut.

Sie dürfen das Freie Aufstellen nicht als „Heilung" oder „Diagnose" anbieten, wenn Sie kein Heilpraktiker, Arzt oder Psychotherapeut sind. Denn dann würden Sie sich strafbar machen. Das Freie

Aufstellen kann jeder anbieten, wenn er es als „Möglichkeit zur Aktivierung der Selbstheilungskräfte“ definiert – oder einfach nur als „unterstützender Meinungsaustausch“.

Andere Aufstellungsmöglichkeiten

Die Gesetze der Allverbundenheit und der Resonanz scheinen immer und überall zu wirken – auch im Wohnzimmer. Sollten Sie gerade mit Ihrem Partner in einer Auseinandersetzung stecken, dann können Sie auch innehalten und sich dazu entscheiden, über das Streitthema eine Aufstellung zu machen. Die eine Person verteilt verdeckt die Rollen, die andere Person fühlt sich ein.

Zuerst einigen sich beide darauf, welche Personen/Aspekte für das Thema der Aufstellung eine Rolle spielen sollen. Dann beschriftet die eine Person ein DinA4-Blatt mit dem ersten Namen der ersten Rolle, ohne dass die andere Person sieht, welchen Namen die erste Person auf den Zettel schreibt. Der Zettel wird umgedreht, so dass der Name nicht sichtbar ist, und der anderen Person in die Hand gedrückt. Die entscheidet nun nach Gefühl, wo sie diesen Zettel auf den Boden legt. Anschließend stellt sie sich auf diesen Zettel und beobachtet, wie sie sich fühlt, wenn sie dort steht.

So wird mit jedem weiteren Zettel verfahren. Die erste Person beschriftet die Zettel und dreht sie um. Die andere Person verteilt die Zettel im Raum und fühlt sich unwissend ein.

Wenn alle Zettel verteilt sind, wird nun nach einem besseren Gleichgewicht gesucht, so dass möglichst ein „Happy-End-Gefühl“ auf allen Positionen erreicht werden kann. Anschließend wechselt man. Nun beschriftet die andere Person die Zettel neu und die erste Person verteilt und fühlt sich ein. Kommt man im umgekehrten Fall zu einem ähnlichen Ergebnis? Wo ist der rote Faden?

Genauso kann man im Restaurant sitzend mit Gegenständen auf dem Tisch freie Aufstellungen durchführen. Man gibt den Gläsern, Bierdeckeln, Salzstreuern etc. verschiedene Rollen und fühlt sich in die Gegenstände ein, indem man sie dort, wo man sie aufgestellt hat, mit den Fingern berührt. Auf diese Weise kann man auch mit Figuren frei aufstellen. Letztendlich ist auch während eines Telefonates eine Aufstellung mit kleinen Zetteln oder Figuren auf dem Schreibtisch möglich.

Möchte man für sich alleine aufstellen, kann man auch mit Figuren spielen und ihnen unterschiedliche Rollen geben. Hier folgt man seiner eigenen Intuition, Kreativität, seinem eigenen Bauchgefühl.

Letztendlich kann man sogar die Figuren weglassen, die Augen schließen und in seiner Fantasie vor dem geistigen Auge Aufstellungen durchführen.

Je länger Sie sich mit Aufstellungen beschäftigt und sich an die Resonanz-Phänomene gewöhnt haben, desto besser können Sie auch Resonanz-Phänomene im Alltag realisieren und mit ihnen gezielt umgehen lernen. Sie erspüren, wo Sie sich einem anderen Menschen aus Versehen für eine Stellvertreterrolle zur Verfügung gestellt haben, und haben die Wahl, ob Sie auch weiterhin zur Verfügung stehen oder es lassen. Sie nehmen immer besser wahr, wo andere Menschen sich Ihnen unabsichtlich zur Verfügung stellen, und können sie entsprechend aus diesen Rollen wieder entlassen (siehe dazu mein Buch „*Ich stehe nicht mehr zur Verfügung*").

Außerdem können Sie Begebenheiten im Alltag klarer als Orakel für eigene Fragestellungen oder als Spiegel zur Selbsterkenntnis nutzen. Sie lernen, lösungsorientierter und offener, freier und liebevoller durch Ihr Leben zu gehen.

* * *

Das war bis hierhin eine Kurzbeschreibung des Freien Aufstellens. Natürlich gibt es jetzt noch viele Fragen, die nicht beantwortet wurden. Die Antworten dazu gebe ich auf den nächsten Seiten ausführlicher. Gleichzeitig sind all diese folgenden Informationen immer weniger „notwendig", um mit dem Freien Aufstellen zu beginnen. Es sind alles zusätzliche Möglichkeiten, die Sie nutzen *können*, wenn Sie wollen. Sie müssen es aber nicht. Sie können auch jetzt schon anfangen und alles selbstständig und eigenverantwortlich ausprobieren, ausknobeln und selbst erfahren.

So war es auch bei mir: Ich habe ohne jegliche Ausbildung im Familienstellen einfach angefangen, kostenlose Workshops anzubieten. Meine TeilnehmerInnen wussten alle, dass ich keine Ausbildung besitze und keine Therapie anbiete. Jede/r verantwortete seine Teilnahme selbst. Und ich habe von Workshop zu Workshop durch das Erleben der unterschiedlichsten Happy Ends immer mehr dazugelernt und Erfahrungen gesammelt.

Im Jahr 2002 schrieb ich in einem Artikel für eine Aufstellungszeitschrift: „Gibt es da nicht einen Unterschied zwischen jemandem, der mit dem Druck nach Qualifikation eine Arbeit ausübt, und dem, der durch seine eigene Leidenschaft angeregt eine Arbeit ausübt? Ideal wäre natürlich derjenige, der durch seine Leidenschaft zu Qualifikation gelangt, doch der fordert nicht von anderen eine Qualifikation, sondern Leidenschaft."

Und da ich damals ganz „grün hinter den Ohren" und leidenschaftlich mit dem Organisieren von Aufstellungen begonnen und Schritt für Schritt dabei meine Erfahrungen gesammelt habe, fordere ich Sie zu dem Gleichen auf: Beginnen Sie, leidenschaftlich Aufstellungen zu organisieren (auch ohne Ausbildung). Bleiben Sie dabei ehrlich und sagen allen TeilnehmerInnen, wie unerfahren Sie noch sind. Vermerken Sie es auch in Ihrer Einladung, dann kommen meist nur Leute, die sich darauf eingestellt haben, und die Veranstaltung kann ganz offen verlaufen. Sammeln Sie Schritt für Schritt Ihre Erfahrungen.

Irgendwann können Sie den Hinweis auf Ihre fehlende Erfahrung weglassen und die Leute kommen zu Ihnen, weil sie sich bei Ihnen wohl fühlen, gerne in Ihrer Veranstaltung eine eigene Aufstellung frei durchführen und weil sie bei Ihnen sagen können „Ich stelle selbst auf".

Noch einmal: Für das Organisieren von Freien Familienaufstellungen oder Freien Systemischen Aufstellungen benötigt man keinerlei Qualifikation. Das kann jeder. Organisieren Sie ein Treffen, geben Sie dabei *keine* Heilversprechen (höchstens einen Hinweis, dass durch das Miterleben von Rollenspielen möglicherweise Selbstheilungskräfte aktiviert werden könnten), stellen Sie sich in der Gruppe gegenseitig für Ihre Fragestellungen zur Verfügung und äußern Sie Ihre persönlichen Meinungen und Gefühle – nach den oben aufgeführten Regeln.

Kapitel II

Wie kann ich mit meiner eigenen Aufstellung umgehen?

Der Anfänger

Je mehr Erfahrungen Sie darin haben, Ihre eigene Aufstellung zu leiten, zu untersuchen und daraus zu lernen, desto mehr können Sie auch anderen zeigen, wie es geht. Sie können aus eigener Erfahrung anderen Menschen Unterstützung anbieten, wenn diese noch unsicher sind. Deswegen konzentriere ich mich in diesem Kapitel darauf, wie Sie mit Ihrer eigenen Aufstellung umgehen können. Dabei gehe ich zunächst davon aus, dass Sie es noch nicht kennen, und erkläre ganz ausführlich alle Möglichkeiten, die Sie haben. Später im Buch können Sie dann als Fortgeschrittener ohne meine Erklärungen selbstständig frei aufstellen.

Wenn Sie jetzt bereits zu den Erfahrenen gehören, können Sie das folgende Beispiel für sich nutzen, um zu lernen, wie man als OrganisatorIn AnfängerInnen strukturiert und Schritt für Schritt das Freie Aufstellen vermitteln kann.

Angenommen ich habe einen Workshop für Freie Systemische Aufstellungen organisiert, Sie nehmen daran teil, sind ausgelost worden und dürfen jetzt gleich als Erste/r aufstellen. Wenn Sie noch nie eine Freie Aufstellung miterlebt haben, wissen Sie jetzt natürlich nicht, was Sie tun sollen. In dem Fall nützt Ihnen das Freie Aufstellen gar nichts. Sie sind nur unsicher und haben keine Ahnung, wie Sie nun an die ganze Sache „frei“ herangehen sollen. Für diesen Fall ist der Organisator da – er erklärt Ihnen, was Sie und wie Sie es tun können.

Doch das bedeutet nicht, dass dies nur der Organisator kann. Wenn eine andere Teilnehmerin schon öfter beim Freien Aufstellen war oder Bücher über Freies Aufstellen gelesen hat, besitzt sie ebenso eine gewisse Erfahrung und kann Ihnen eine kleine Einweisung geben.

Ich lerne gerade das Wasserskifahren (auf einem See mit einer Art waagerechten „Seilbahn“). Dort ist es genauso. Zuerst wird einem erklärt, wie man sich am besten über Wasser hält. Hat man dann einige Runden geschafft, werden einem dann noch einige Feinheiten verraten, wie man leichter die Kurve kriegt. Die meisten Anfänger fliegen aus der letzten Kurve, weil diese besonders scharf und schwer zu nehmen ist. Diese unterstützenden Tipps habe ich nicht nur vom Einweiser erhalten, sondern auch von anderen, die beim Anstehen an der Seilbahn in meiner Nähe standen und schon mehr Erfahrung im Wasserskifahren haben. Nach einiger Zeit bekommt man ein Gefühl dafür und benötigt keine Hilfestellung mehr. Es sei denn, man möchte bestimmte Kunststücke einüben, dann kann man sich wieder an jemanden wenden, der das schon kann …

Erhalten Sie also von mir im Aufstellungsworkshop eine Einweisung und unterstützende Vorschläge für den Umgang mit Ihrer Aufstellung, so bedeutet das nicht, dass Ihre Aufstellung nun nicht mehr „frei“ verläuft. Auch übernehme ich durch meine Hinweise und Hilfestellungen keine Verantwortung für Sie.

Der Begriff „frei“ steht dafür, dass Sie in der Entscheidungshierarchie immer an oberster Stelle stehen und die/der ChefIn bleiben. Dementsprechend behalten Sie auch die volle Verantwortung für Ihre Aufstellung. Ich kann Ihnen viele Tipps, Hinweise, Hilfestellungen, Ratschläge geben, doch Sie „müssen" diese nicht umsetzen. Sie müssen sich nicht mit Skiern an den Füßen ins Wasser ziehen lassen oder den Anweisungen folgen, wie man sich über Wasser halten könnte. Sie können alle Techniken selbst ausprobieren und schauen, was für Sie funktioniert und was nicht. Es sind alles nur *Möglichkeiten*. Sie können sich jederzeit eigenverantwortlich anders entscheiden und etwas anderes tun.

Ich habe als Organisator schon oft erlebt, dass ich nach meinem Gefühl eine geniale Idee hatte, die aber der Aufstellerin nicht geholfen hat. Allerdings hatte sie später selbst eine Idee, die ihr dann auch die Lösung brachte. Die meisten Leute tragen die Lösung in sich, erahnen sie teilweise schon und können sie sich mithilfe von Aufstellungen bewusst machen.

Es bleibt also allein in Ihrer Verantwortung, ob Sie Tipps und Hinweise von anderen annehmen und umsetzen. Meine Empfehlung: Folgen Sie sowohl Ihrem eigenen Bauchgefühl als auch Ihrem Verstand und fällen Ihre Entscheidungen auf der Basis von beidem.

Sie haben die Wahl und die Verantwortung für sich selbst – und behalten Sie auch bis zum Ende Ihrer Aufstellung.

Es gibt einen Unterschied zwischen der Verantwortung und der Leitung. Die Verantwortung behalten Sie immer selbst – die Leitung können Sie auch abgeben.

Was macht eine Leiterin, wenn sie Ihre Aufstellung leitet? Sie stellt Fragen an die StellvertreterInnen, wie sie sich fühlen, gibt den StellvertreterInnen Anweisungen, was sie eventuell tun oder sagen sollen, probiert Verschiedenes aus und sucht nach einer Lösung, so dass sich die StellvertreterInnen besser fühlen können – und letztendlich dann auch die Aufstellerin.

Im optimalen Fall konzentriert sich die Leiterin auf die einzige Frage: „Was hilft im Moment *wirklich*?" – und nimmt Sie und Ihr Gefühl dabei als Maßstab. Sie weiß, dass nur Sie fühlen können, was

Ihnen wirklich hilft. Wenn Ihnen etwas wirklich hilft, dann hilft es. Wenn nicht, dann nicht.

Im schlimmsten Fall behauptet Ihre Leiterin, was Ihnen helfen *würde*, wenn Sie offen dafür *wären*. Dies ist eine indirekte Suggestion und suggeriert, dass Sie im Moment verschlossen sind und sie es besser weiß als Sie oder davon ausgeht, dass die StellvertreterInnen in der Aufstellung eine „Wahrheit“ zeigen. Wenn Ihnen solche Behauptungen und Suggestionen in dem Moment nicht wirklich helfen und nicht gut fühlen lassen, können Sie beim Freien Aufstellen Ihre Leiterin aus ihrer Leitungsfunktion wieder entlassen.

Sie können bezüglich der Leitung unter folgenden Optionen wählen:

„Olaf, bitte übernimm du die Leitung meiner Aufstellung. Ich möchte einfach nur zuschauen und nicht aktiv sein. Ich möchte mir alles von außen anschauen. Sobald mir etwas unangenehm oder zu viel wird, gebe ich Bescheid.“

„Olaf, bitte übernimm du am Anfang die Leitung. Wenn ich dann während der Aufstellung eigene Ideen oder Fragen habe, greife ich ein und übernehme dann selbst die Leitung.“

„Olaf, ich würde mich freuen, wenn wir gemeinsam meine Aufstellung leiten. Jeder kann seine Ideen mit einbringen. Und ich entscheide dann auch immer, welchen Vorschlag ich besser finde.“

„Ich leite meine Aufstellung alleine – und wenn ich nicht weiter weiß, bitte ich dich, Olaf, mir unterstützend zur Verfügung zu stehen.“

„Ich leite meine Aufstellung vollständig alleine. Dabei darf aber jeder aus der Gruppe seine Ideen und Ratschläge mitteilen, wenn ihm während der Aufstellung etwas auffällt.“

„Ich leite meine Aufstellung alleine und bitte auch die gesamte Gruppe inklusive Organisator, sich zurückzuhalten und keine Kommentare abzugeben. Ausnahme: Ich bitte euch konkret um Hilfe.

Dann würde ich mich freuen, wenn ihr mir eure Ideen mitteilt, falls ihr welche habt."

Auch dies sind nur einige Beispiele und jederzeit kombinier- und erweiterbar.

Das Thema „Leitung" ist ein Punkt des Freien Aufstellens, der öfter zu Verwechslungen führt. Neue TeilnehmerInnen vermischen oft „Leitung", „Verantwortung" und „Platz 1 der Entscheidungshierarchie" miteinander. Und wenn sie sehen, wie z. B. der Organisator eine Aufstellung leitet, dann denken sie, dass er gleichzeitig die Verantwortung für die Aufstellung trägt und die Entscheidungsgewalt innehat. Gerade wenn jemand hauptsächlich das therapeutisch begleitete Familienstellen kennt, wo es so praktiziert wird, projiziert er am Anfang in das Freie Aufstellen, dass der Organisator auch die Verantwortung trägt. Doch diese Projektion klärt sich sofort auf, wenn man einmal erlebt, dass z. B. der Aufsteller nicht damit einverstanden ist, was der Organisator gerade macht, eine Grenze setzt und der Organisator sich ohne Widerspruch sofort danach richtet. Oder man erlebt, dass der Organisator sich immer mal wieder an den Aufsteller wendet und fragt:

„Ist das noch in Ordnung so für dich?" oder „Ich würde jetzt … (xyz) … vorschlagen – ist das o.k. für dich, wenn wir das ausprobieren?"

Man erfährt beim *wirklichen* Freien Aufstellen, dass der Leiter dem Aufsteller immer untergeordnet ist. Der Aufsteller bleibt der „echte Chef" und der Hauptverantwortliche, der letztendlich auch die Folgen trägt. Er hat die volle Verantwortung für den Verlauf der Aufstellung und behält immer die oberste Entscheidungsgewalt inne – auch wenn jemand anderes seine Aufstellung leitet.

Es liegt in der Verantwortung des Aufstellers, die Leitung der Aufstellung an jemanden abzugeben; es liegt in seiner Verantwortung, währenddessen zu entscheiden, ob dieser „gewählte Leiter" gerade Dinge tut oder sagt, die hilfreich sind oder eher nicht; es liegt in seiner Verantwortung, seinem Leiter Anweisungen zu geben, was er tun oder lassen soll. Der Aufsteller darf immer das letzte Wort über seine eigene Aufstellung haben. Dementsprechend leitet ein „gewählter Leiter“ aus der zweiten Rang-Position heraus, während der Aufsteller auf der ersten Position prüft, ob es seiner Aufstellung und damit ihm selbst auch hilft.

Der gewählte Leiter steht dem Aufsteller für die Führungsrolle „zur Verfügung“. Das bedeutet: Wenn der Aufsteller unzufrieden mit der Leitung des anderen ist, sich unwohl fühlt, nicht einverstanden ist, eine Grenze setzt oder etwas anderes ausprobieren möchte, dann hat er *immer* Vorrang und der Leitende muss sofort zurückstecken und seine Führungsrolle (vorübergehend?) wieder abgeben.

Entscheidungs-Rangfolge bezogen auf die gesamte Veranstaltung „Freies Aufstellen“:	Entscheidungs-Rangfolge bezogen auf eine einzelne Freie Aufstellung:
1. OrganisatorIn (verantwortet die „Freiheit“) 2. Übrige TeilnehmerInnen	1. AufstellerIn (2. eventuell gewählte/r LeiterIn) 3. StellvertreterInnen, übrige TeilnehmerInnen, OrganisatorIn

Man muss nicht immer die Organisatorin zur Leiterin wählen, wenn man eine Unterstützung durch jemand anderen wünscht. Es kann auch eine Teilnehmerin gewählt werden, zu der man großes Vertrauen hat und bei der man fühlt, von ihr hilfreiche Unterstützung bekommen zu können. Die Organisatorin von Freien Aufstellungen organisiert im Grunde nur die „freie“ Veranstaltung. Sie ist nur dafür verantwortlich, dass es „frei“ bleibt, d. h. dass die Aufstellerin immer „frei“ entscheiden darf und alle Regeln eingehalten werden. Sie ist nicht automatisch auch gleichzeitig eine „kompetente Leiterin“, auch wenn die meisten OrganisatorInnen mehr Erfahrung haben und viele hilfreiche Tipps geben können.

Jede/r TeilnehmerIn kann gebeten werden, die Leitung der Aufstellung zu übernehmen (noch einmal: nur die Leitung – nicht die Verantwortung und nicht die letztendliche Entscheidungsgewalt).

Auch wenn eine Organisatorin sehr aktiv ist und vielen AufstellerInnen hilfreiche Ideen anbietet, bleibt jede Aufstellerin während ihrer eigenen Aufstellung immer diejenige, die in der Entscheidungshierarchie an erster Stelle steht. Wenn das nicht der Fall ist, wenn die Organisatorin sich in der Entscheidungshierarchie tatsächlich an die erste Stelle setzt, den Eindruck vermittelt, etwas besser zu wissen, oder einen Druck ausübt oder die Aufstellerin bewertet oder zu etwas überredet, was die Aufstellerin eigentlich lieber nicht wollte, ist es kein Freies Aufstellen mehr. Genauso wenn eine andere Teilnehmerin sich ungebeten dominant verhalten sollte und die Organisatorin nichts dagegen unternimmt, ist es kein Freies Aufstellen mehr. In diesem Moment können Sie dann zur Organisatorin sagen:

„Also, ich dachte, das wäre hier eine Veranstaltung für Freies Aufstellen. Da man aber offensichtlich nicht frei und absolut uneingeschränkt über seine eigene Aufstellung bestimmen darf, ist es nicht wirklich frei. Ich gehe und suche mir ein anderes Freies Aufstellen."

Oder Sie gehen einfach heimlich, still und leise und suchen sich eine Gruppe, die *wirklich* so ein Freies Aufstellen durchführt, wie ich es hier beschreibe.

Wenn Sie auf der Suche nach Freiem Aufstellen sind, sollten Sie immer genau prüfen, wie ein Freies Familienstellen oder Freie Systemische Aufstellungen oder Freies Aufstellen in der Einladung oder Werbung beschrieben wird. Denn manchmal kann man schon in der Ausschreibung erkennen, dass es nicht in dem von mir gemeinten Sinne „frei" abläuft, sondern bereits gewisse Vorgaben gemacht werden. Nicht jedes Freie Aufstellen ist ein Freies Aufstellen, wie ich es hier beschreibe.

Wenn allen Beteiligten in jedem Moment klar ist, dass die Aufstellerin jederzeit absolut freie Entscheidungen über ihre eigene Aufstellung fällen darf, dann ist ein „freier Rahmen“ vorhanden. In diesem freien Rahmen kann auch eine intensive Führung von einer Teilnehmerin oder Organisatorin übernommen werden, wenn die Aufstellerin diejenige dazu aufgefordert oder nichts dagegen hat.

Damit die folgenden Begriffe geordnet und klar bleiben, erkläre ich sie noch einmal:

Die/der OrganisatorIn ist, wer die Veranstaltung organisiert.

Die/der AufstellerIn ist ein/e TeilnehmerIn der Veranstaltung, die/der gerade ein eigenes Thema mithilfe von StellvertreterInnen aufstellt.

Die/der StellvertreterIn ist ein/e TeilnehmerIn, die/der für das Rollenspiel in der Aufstellung zur Verfügung steht.

Die/der beobachtende TeilnehmerIn ist nicht aktiv an einer Aufstellung beteiligt, sondern beobachtet von außen in der Gruppe sitzend.

Die/der ChefIn einer Aufstellung ist immer, wer die *freie* letztendliche Entscheidungsgewalt über die eigene Aufstellung hat, egal, ob sie/er die Aufstellung leitet oder nicht.

Der Leiter einer Aufstellung kann jeder sein, sowohl ein Organisator als auch der Aufsteller selbst oder ein Stellvertreter oder ein außen sitzender Teilnehmer, der sich für die Leitung zur Verfügung stellt. Sucht sich der Aufsteller einen Leiter aus, dann ist dieser Leiter vom Aufsteller „angestellt“ und leitet aus der zweiten Position heraus, ist also dem Aufsteller immer untergeordnet und kann jederzeit von ihm wieder entlassen werden.

Verdeckt oder offen?

Wir waren oben davon ausgegangen, dass Sie zu mir in den Workshop gekommen sind. Nun wissen Sie schon ein wenig, was Sie erwartet und dass Sie mit Ihrer Unerfahrenheit nicht ganz alleingelassen werden. Sie können mithilfe Ihres Bauchgefühls immer frei entscheiden und werden gleichzeitig durch Angebote, Vorschläge und Meinungen unterstützt, wenn Sie es so wollen.

In meinen freien Workshops biete ich das „Du“ an. Ich habe bisher noch kein Familienstellen erlebt, in dem sich die TeilnehmerInnen nicht duzen. Deswegen möchte ich auch hier im Buch nun zum Du übergehen. Auf diese Weise tauchst du gleich noch tiefer in die Aufstellungsatmosphäre ein und kannst dich beim Lesen des Buches besser in alles hineinversetzen. So ein Hineinversetzen unterstützt effektiv den Kennenlernprozess.

Angenommen du hast noch nie aufgestellt, dann sagst du nun zu mir:

„Olaf, ich hab so etwas noch nie gemacht. Könntest du mich bitte am Anfang unterstützen?“

„Klar, mach´ ich.“

„Was kann ich jetzt tun?“

„Du kannst verdeckt, halbverdeckt oder offen aufstellen. Wie entscheidest du dich?“

Hier siehst du, dass ich dir Möglichkeiten anbiete und dir die Entscheidung nicht abzunehmen versuche. So mache ich es immer und so bleibt es für dich frei.

Du antwortest jedoch:

„Ich weiß nicht so recht. Was würdest du denn empfehlen?“

Da ich dich nicht wirklich kenne, kann ich auch keine Empfehlung aussprechen. Ich weiß im Grunde nie, was für einen anderen Menschen „gut“ wäre. Ich kann so etwas immer nur vermuten und mich jederzeit irren. Daher gebe ich keine Empfehlungen, sondern ich helfe, dass du dich selbst besser entscheiden kannst. Zunächst mache ich dir den Vorschlag, dich nach deinem Bauchgefühl zu richten. Wenn du aber im Moment kein entsprechendes Bauchgefühl wahrnehmen kannst, gebe ich dir mehr Informationen und erkläre noch genauer, was meiner Erfahrung nach *eventuell* die Folgen der verschiedenen Formen wären.

Meine Erfahrungen mit verdecktem Aufstellen:

Wenn ich meine eigene Aufstellung verdeckt durchführe, dann finde ich es immer wieder faszinierend, wie die StellvertreterInnen die ihnen unbekannten Rollen intuitiv erspüren können.

Beispiel: Ich möchte mich und meine Eltern aufstellen und frage einen Teilnehmer, ob er eine Rolle übernehmen würde. Er steht zur Verfügung und steht auf. Ich stelle mir innerlich vor: *Das ist mein Vater*. Doch ich sage es keinem. Dann suche ich nach einer Frau in der Runde, der ich die Rolle meiner Mutter geben möchte. Ich schaue umher und spüre, wie mein Blick an jemandem hängen bleibt. Ich frage sie:

„Spielst du auch mit?“

Sie nickt und steht auch von ihrem Stuhl auf (*Das ist meine Mutter* denke ich). Jetzt fehlt noch ein Stellvertreter für mich. Ich schaue mich wieder um und kann mich zwischen zwei Männern nicht so richtig entscheiden. Ich brauche eine Weile, bis ich mir sage, dass ich den nehme, den ich zuerst angeguckt habe.

„Und dann brauche ich noch dich. Würdest du auch eine Rolle übernehmen?“ Interessanterweise sagt er, dass er im Moment nicht zur Verfügung steht. – Später vielleicht.

Der andere macht mit.

Habe ich gespürt, dass derjenige, den ich zuerst angeschaut hatte, nicht mitmachen wollte, und war deswegen schon gleichzeitig auf einen zweiten Mann fixiert? Ich weiß es nicht, aber der Gedanke könnte passen.

Ich bitte die drei StellvertreterInnen, sich frei zu bewegen und einfach ihren Gefühlen und Impulsen zu folgen. Außerdem dürfen sie auch gerne frei reden und gleich berichten, wie es ihnen geht, ohne dass ich Fragen stelle. Nach wie vor weiß keiner im Raum, dass ich hier meine Eltern und mich aufgestellt habe. Jeder sieht nur drei Menschen im Raum umhergehen. Nur ich „sehe" meine Eltern und mich.

Allmählich entwickeln sich Bewegungen und Gespräche zwischen den dreien, die ich tatsächlich gut aus meinem Alltag kenne. Ja! So wie sich meine StellvertreterInnen intuitiv verhalten, kann ich es sehr gut zuordnen. Beim verdeckten Aufstellen bin ich mir „sicher", dass die drei mir nichts absichtlich „vorspielen". Denn keiner weiß, wer Eltern und wer Kind ist. Keiner kennt die Dynamiken in meiner Familie. Nur ich „sehe" hier eindeutig etwas, womit ich sehr viel anfangen kann.

Faszinierend. Die StellvertreterInnen meiner Eltern fühlen und verhalten sich wie meine Eltern. Und in meinem Stellvertreter entdecke ich bekannte Verhaltensmuster von mir selbst wieder. Dieses Phänomen, diese übereinstimmenden Resonanz-Gefühle von Stellvertretern, nennt man oft „repräsentierende Wahrnehmung" (Prof. Dr. Matthias Varga von Kibéd und Insa Sparrer). Ich nenne es inzwischen „resonierende Empfindungen".

Hätte ich nicht verdeckt aufgestellt, dann könnte es auch sein, dass ich zweifelnd denke: *Die Stellvertreter wissen ja, dass sie Eltern sind, nur deswegen verhalten sie sich dem Kind gegenüber, wie Eltern sich eben verhalten. Sie beeinflussen die Aufstellung mit Ihrem Bewusstsein. Ihre Darstellung hat nichts mit Resonanzgefühlen zu tun.*

Doch stelle ich verdeckt auf, dann fällt dieser Zweifel vollständig weg. Ich persönlich kann manchmal der Resonanz einer verdeckten Aufstellung mehr glauben, als einer offenen Aufstellung. Niemand ist eingeweiht, niemand kann etwas durch seinen bewussten Verstand manipulieren. Alles, was hier geschieht, kommt einfach nur aus den Gefühlen der StellvertreterInnen – und ich bin fasziniert, wie vieles passt.

Wenn dann mein eigener Stellvertreter Gefühle äußert, die ich intensiv von mir kenne, dann berührt es mich tief. Ich fühle mich sehr verstanden.

Das ist meine persönliche Erfahrung – anderen kann es anders damit gehen.

Aus der Perspektive eines Stellvertreters:

Wenn ich als Stellvertreter eine Rolle in einer verdeckten Aufstellung übernommen habe, dann kann ich mich in aller Ruhe auf mein Gefühl konzentrieren. Ist mir aber bekannt, was für eine Rolle ich spielen soll, so könnte mein Wissen auch ein bisschen mein Verhalten in der Rolle beeinflussen. Jedenfalls denke ich das und bin mir dann ab und zu unsicher, ob ich es auch „richtig“ mache. Ich habe zwar Gefühle, die ich ausdrücke und auslebe, doch gleichzeitig analysiert auch mein Verstand, wie das Gefühl zu meiner Rolle passt – und ich weiß nicht, ob meine Analyse nicht auch ein wenig meine Gefühle beeinflusst.

Wenn ich vertrauen kann, dass sowieso alles dazugehört, dann habe ich als Stellvertreter kein Problem damit, die Bezeichnung meiner Rolle zu kennen. Es könnte sogar sein, dass es mir leichter fällt, meine Gefühle klar zu formulieren und auch einen Bezug herzustellen, wenn ich weiß, welche Rolle ich gerade darstelle. Vielleicht kann ich es dann besser auf den Punkt bringen, was ich fühle und warum ich es fühle.

Aus der Perspektive eines Beobachters:

Bin ich beobachtender Teilnehmer und schaue zu, wie eine Aufstellerin eine verdeckte Aufstellung durchführt, und beobachte, wie die StellvertreterInnen durch den Raum gehen und Gefühle mitteilen, so bin ich kaum beteiligt. Ich sehe nur verschiedene Menschen, die sich bewegen und reden, und kann keine Verknüpfungen in meinem Verstand herstellen. Ich kann nicht „mitdenken“, weil ich keine Hintergründe kenne. Deswegen fühle ich mich tendenziell auch unbeteiligt, ein wenig ausgeschlossen, ich spiele keine Rolle. Ich kann nichts damit anfangen, was hier passiert.

Allerdings könnte es da ein paar Gefühle geben, die mich einfach so ergreifen, ohne dass ich sie genau verstehe, und durch die ich irgendwie zu der Aufstellung dazugehöre und eine Rolle zu spielen beginne.

Fazit:

Eine verdeckte Aufstellung kann für die Aufstellerin von Vorteil sein, wenn sie die Faszination der resonierenden Empfindungen von StellvertreterInnen direkt erleben will.

Sie kann von Vorteil sein, wenn die Aufstellerin wünscht, dass die Gruppe erst einmal nicht mitdenken kann und sich daher auch weniger mit Ratschlägen einmischt.

Sie kann von Vorteil sein, wenn alle sich zunächst einmal nur auf ihre Gefühle konzentrieren sollen und dabei der Verstand vollkommen ausgeschlossen ist.

Sie kann aber auch von Nachteil sein, wenn die Aufstellerin Hilfe benötigt, aber niemand weiß, wonach eigentlich gesucht wird.

Für die StellvertreterInnen kann es ein Vorteil sein, sich nur auf die Gefühle zu konzentrieren.

Es könnte aber auch ein Vorteil sein, die eigene Rolle zu wissen und daher die Gefühle besser auf den Punkt bringen zu können.

Für die beobachtende Gruppe kann es ein Nachteil sein, nicht mitdenken zu können und daher tendenziell gelangweilt zu fühlen.

Meine Erfahrungen mit halbverdecktem Aufstellen:

Halbverdecktes Aufstellen bedeutet: Man erzählt sein Thema, lässt aber verdeckt, welchen StellvertreterInnen man welche Rolle zuweist.

Wenn ich als Aufsteller vor meiner Aufstellung der Gruppe mein Thema erzähle, kann ich von ihr Hilfestellung erhalten. Sie kann mir Meinungen mitteilen, Vorschläge unterbreiten und Möglichkeiten aufzeigen, wie ich meine Aufstellung beginnen könnte.

Da ich aber im nächsten Schritt zu Beginn meiner Aufstellung die StellvertreterInnen nicht offen benenne und keiner weiß, wem ich innerlich in Gedanken welche Rolle zuweise, kann ich immer noch die Faszination der „resonierenden Empfindungen" testen. Ich kann erfahren, ob die StellvertreterInnen auch ohne Informationen sich stimmig in die Rollen einfühlen können, und kann beobachten, was sich in ihren Gefühlen zeigt.

Aus der Perspektive eines Stellvertreters:

Als Stellvertreter bin ich in diesem Fall versucht, darüber nachzudenken, welche der Rollen ich wohl spiele. Denn ich kenne ja das Thema, weiß, worum es geht, weiß nur nicht, welche der entsprechenden Rollen ich zugewiesen bekommen habe. Trotz allem hindert es mich aber nicht daran, meine Gefühle zu spüren und meinen Impulsen in der Rolle zu folgen.

Aus der Perspektive eines Beobachters:

Als beobachtender Teilnehmer erlebe ich mich bei halbverdecktem Aufstellen tendenziell auf der Suche und überlege, welche StellvertreterInnen wohl welche Rolle erhalten haben. Interessant wird es dann, wenn die Aufstellerin irgendwann die Rollen aufdeckt und allen mitteilt, wer welche Rolle darstellt. Dann zeigt sich, ob ich richtig vermutet hatte – und ich beginne, das bisher erlebte Rollenspiel nun mit den aufgedeckten Rollen zu verbinden und meine eigenen Schlüsse aus dem Geschehenen zu ziehen.

Meine Erfahrungen mit offenem Aufstellen:

Wenn ich meine Aufstellung von Anfang an offen durchführe, so dass alle in mein Thema eingeweiht sind und alle StellvertreterInnen wissen, welche Rolle sie darstellen, dann hat auch das Vor- und Nachteile. Zunächst einmal könnte es sein, dass es mir nicht so wichtig ist, ob die StellvertreterInnen ihre Rolle unwissend oder wissend darstellen. Ich vertraue, dass die resonierenden Empfindungen in beiden Fällen gut funktioniert.

Ein Nachteil könnte es sein, dass die Stellvertreter und die Gruppe mitdenken können und aus ihren persönlichen Sichtweisen heraus den Aufstellungsverlauf bewusst oder unbewusst „beeinflussen".

Es könnte aber auch sein, dass mir das unwichtig ist, weil ich sowieso denke, dass diese Beeinflussung dazugehört, mir das Stimmige gezeigt wird und ich eine für mich passende Lösung finden kann.

Umgekehrt könnte es auch ein Vorteil sein, dass alle mitdenken können, denn nun kann mir jeder seine Meinung dazu äußern, neue Ideen oder helfende Impulse anbieten, so dass ich mir mithilfe aller Beteiligten eine Lösung für mein Problem erarbeiten kann.

Die Möglichkeit, nur die Organisatorin einzuweihen:

Ich habe eine Zeit lang als Organisator die Möglichkeit angeboten, mich zu Anfang mit der Aufstellerin in den Nebenraum zurückzuziehen. Sie erzählte mir dann ihr Thema und ich bot ihr mehrere Möglichkeiten an, wie sie ihre Aufstellung beginnen könnte. Danach gingen wir wieder in den Raum und es wurde verdeckt aufgestellt. Nur ich als Organisator war eingeweiht – und konnte der Aufstellerin meine Meinungen mitteilen und unterstützende Impulse und Ideen während der Aufstellung anbieten. Die Gruppe und die StellvertreterInnen wussten nichts.

Irgendwann habe ich diese Möglichkeit aber nicht mehr angeboten und mich nicht mehr als Organisator dafür zur Verfügung gestellt. Begründung: Ich mochte den Unterschied zwischen der Gruppe und mir nicht mehr. Ich wollte nicht mehr im „Vorteil“ sein und während der Aufstellung mitdenken, mitfühlen und mitleben können, während die beobachtende Gruppe sich langweilte und niemand „sehen“ konnte, was hier unter den StellvertreterInnen eigentlich gespielt wird.

Mir ist es lieber, wenn ich mit der Gruppe auf dem gleichen Wissensstand stehe. Entweder werden alle in das Thema eingeweiht und es wird halbverdeckt oder offen aufgestellt, oder nur die Aufstellerin weiß, was gespielt wird, und stellt verdeckt auf.

Es gibt aber auch die Möglichkeit, dass die Aufstellerin sich einen anderen Vertrauten sucht, den sie persönlich einweiht und der sie als einziger wissend begleitet. Wenn jemand anderes sich dafür zur Verfügung stellt, habe ich kein Problem damit. Hauptsache ich selbst befinde mich mit dem Großteil der Gruppe im Gleichgewicht. Das ist meine ganz persönliche Wertung. Jede/r OrganisatorIn ist frei, es anders zu machen.

Verdeckt/offen:

Inzwischen erlebe ich sehr oft, dass ein Aufsteller zunächst verdeckt beginnt. Wenn er dann genug Gefühle und Impulse der StellvertreterInnen wahrgenommen und untersucht hat und nun nicht mehr weiterweiß, deckt er die Aufstellung auf und erzählt allen, was für ein Thema er aufgestellt hat und welche StellvertreterInnen welche Rollen haben. Anschließend verläuft die Aufstellung offen weiter – und die Gruppe inklusive des Organisators können Möglichkeiten, Ideen und Impulse anbieten, damit sich die Aufstellung in ein besseres Gleichgewicht bewegen kann. Sie äußern ihre Meinung, auf welche Weise ein Happy End erreicht werden könnte.

Olaf: „So, jetzt weißt du ein bisschen mehr über eventuelle Vor- und Nachteile. Und? Was möchtest du jetzt tun? Verdeckt, halbverdeckt oder offen?“

Du antwortest: „Ich kann mich immer noch nicht entscheiden. Könntest du bitte die Entscheidung für mich fällen?“

Und schon hast du eigenverantwortlich entschieden, dass ich für dich entscheiden soll und ich nehme diese Aufgabe gerne an. Ich entscheide nun nach meinem persönlichen Gefühl, dass du offen aufstellst und dein Thema von Anfang an erzählst. Solltest du jedoch nach meiner Entscheidung noch sagen: „Nee, jetzt weiß ich: Ich möchte doch verdeckt anfangen“, dann ist das vollkommen in Ordnung. Aber im Moment scheinst du dich nicht umentscheiden zu wollen. Du bleibst dabei, offen aufzustellen.

Die Gruppenaktivität

Olaf: „Jetzt ist die nächste organisatorische Frage, wie du den Rahmen deiner Aufstellung gestalten möchtest. Auf welche Weise darf die Gruppe während deiner Aufstellung aktiv sein? Soll alles dazugehören? Soll jeder spontan all seinen Gefühlen, Gedanken und Impulsen folgen? Oder möchtest du eine Grenze setzen und die TeilnehmerInnen bitten, sich zu melden und dich zuerst zu fragen, bevor sie etwas sagen oder tun? Oder soll die Gruppe sich vollständig raushalten?“

Mir ist diese Frage über die Aktivität der Gruppe in letzter Zeit als Organisator besonders wichtig geworden. Ich habe früher die Erfahrung gemacht, dass die Gruppe aufgrund der Regel 1 *Alles gehört dazu* sich bei jeder Aufstellung zunächst einmal grundsätzlich frei fühlt, allen Impulsen zu folgen, sich permanent einzumischen, Meinungen mitzuteilen und öfter die Initiative zu übernehmen. Diese Gruppenaktivität wird in dem Moment zu einem Problem, wenn die Aufstellerin sich nicht wirklich in der Lage fühlt, dies während ihrer Aufstellung zu steuern oder einzugrenzen. Möglicherweise ist sie so in die Thematik ihrer Aufstellung vertieft und so von Ihren StellvertreterInnen hypnotisiert, dass sie nicht mehr selbstständig daran denkt, der Gruppe jederzeit Grenzen setzen zu können. Manche trauen sich auch gar nicht, ihren manchmal dominant auftretenden MitteilnehmerInnen Grenzen zu setzen.

Wird aber von Anfang an diese Frage geklärt, dann kann sich die Gruppe auch von Anfang an darauf einstellen, wie „frei“ sie sich verhalten darf oder wie stark sie sich während dieser einen Aufstellung zurückhalten sollte, und der Organisator kann ein bisschen mit aufpassen.

An dieser Stelle sei noch einmal betont, dass das „Freie“ Aufstellen nicht bedeutet, dass alle TeilnehmerInnen sich jederzeit frei verhalten können und alle StellvertreterInnen frei tun dürfen, was sie wollen. Das Wort „frei“ bezieht sich also nicht auf das freie Verhalten der Gruppe, sondern nur auf die freien Entscheidungsmöglichkeiten der AufstellerInnen während ihrer eigenen Aufstellung. Und die Regel, dass „alles dazugehört“, ist eine grundlegende Basis, die sogar alle schützenden Grenzsetzungen integriert, damit jeder seine Eigenverantwortung vollständig ausüben kann.

Du fragst: „Was wäre denn besser? Dass die Gruppe mitmischt oder dass sie sich raushält?“

„Das hängt von deinen eigenen Wünschen und Zielen ab. Aber da du das Freie Aufstellen ja noch nicht kennst, wirst du wahrscheinlich diesbezüglich auch noch keine konkreten Wünsche und Ziele entwickelt haben.“

Und deswegen beschreibe ich wieder ausführlich meine persönlichen Erfahrungen mit einer sich einmischenden Gruppe, damit du besser entscheiden kannst.

Zunächst einmal sehe ich mich selbst als Organisator während einer Aufstellung ebenbürtig zur Gruppe gehörig. Wenn die Gruppe sich raushalten soll, halte ich mich selbst auch raus. Wenn die Gruppe frei ihren Impulsen folgen darf, dann folge ich ebenso frei meinen

Impulsen. Wenn aber die Aufstellerin zwischen mir und der Gruppe unterscheidet und mich direkt bittet, all meinen Ideen und Impulsen zu folgen, vielleicht sogar die Aufstellung aus der zweiten Position heraus zu leiten, während die übrige Gruppe sich raushalten soll, dann mache ich es so, wie gewünscht (wenn mein Gefühl nichts dagegen hat und ich gerne dafür zur Verfügung stehe).

Die Gruppe soll frei ihren Impulsen folgen:

Wenn sich die Gruppe frei verhält, könnten Situationen entstehen, in denen z. B. gleich zu Beginn oder auch später während der Aufstellung einige Gruppenmitglieder das Gefühl haben, dass noch etwas oder noch jemand fehlt. In dem Moment stehen sie auf und stellen sich selbst als StellvertreterIn dazu – für das, was ihrem Gefühl nach noch fehlt.

Es könnte sein, dass während der Aufstellung TeilnehmerInnen ungefragt ihre Gefühle äußern oder Wertungen mitteilen, was sie gut finden und was nicht. Oder die TeilnehmerInnen erzählen, was ihrer Meinung nach das Problem lösen könnte oder was notwendig wäre.

All diese Impulse aus der Gruppe könnten positiv unterstützen und den Aufstellungsverlauf auf positive Weise anregen. Sie könnten neue wichtige Aspekte hinzufügen. Und es könnten Hinweise auf etwas sein, was die Aufstellerin bisher übersehen hatte.

Auf der anderen Seite könnte es aber auch sein, dass die Aufstellerin sich gerade auf etwas ganz bestimmtes konzentrieren möchte und daher diese freien Impulse aus der Gruppe als störend empfindet. In dem Moment wäre es sinnvoll, der Gruppe für eine kurze Zeit eine Grenze zu setzen und sie zu bitten, mit ihren Impulsen noch zu warten.

Genauso könnte es sein, dass man als AufstellerIn die meisten Impulse aus der Gruppe nicht als Unterstützung empfindet. Auch dann wäre es sinnvoll, einzelnen Gruppenmitgliedern eine Grenze zu setzen und zu sagen: „Nee, das passt für mich im Moment nicht.

Bitte nimm mal wieder Platz“ oder „Bitte lass deinen Impuls mal außen vor“ oder „Ich habe gehört, was du gesagt hast. Es ist aber für mich im Moment nicht so wichtig.“

Hier tritt die Aufstellerin bei ihrer Aufstellung insgesamt eher als Grenzenzieherin auf.

Die Gruppe soll erst fragen:

Das bedeutet, dass jeder in der Gruppe, der gerade etwas sagen oder tun möchte oder eine Idee hat, sich zunächst nur melden (Hand in die Höhe heben) und damit anzeigen soll, dass er einen Impuls hat.

Wenn die Aufstellerin diese Meldung nicht sieht, kann man als TeilnehmerIn auch laut sagen: „Ich hätte da einen Impuls/eine Idee.“ Dann entscheidet die Aufstellerin, ob sie diesem Impuls gerade nachgehen und ihn zulassen möchte.

Wenn ja, dann erlaubt sie der Person, aktiv zu werden oder die Idee mitzuteilen. Wenn sich die Aufstellerin aber gerade auf etwas anderes konzentrieren möchte, kann sie reagieren mit: „Im Moment nicht.“ Mit dieser Methode bleibt die „Kontrolle“ über die Gruppenaktivität gleich von Anfang an in den Händen der Aufstellerin.

Es könnte aber sein, dass durch diese Grenze manche Impulse aus der Gruppe gar nicht erst ausgedrückt werden, weil man als Gruppenmitglied das Gefühl hat, sowieso gerade nicht von der Aufstellerin zugelassen zu werden. Man hat zwar eine Idee, hält sich aber selbst zurück. Manche Ideen werden auf diese Weise nicht gesehen, obwohl sie vielleicht dem Aufstellungsverlauf helfen könnten.

Auf jeden Fall können dadurch einige störende Ideen und unpassende Impulse aus der Gruppe besser herausgefiltert werden. Doch ob eine Idee/ein Impuls hilft oder stört, kann man eigentlich erst erfahren, wenn es formuliert oder ausgeführt wird. Das Freie Aufstellen erlaubt solche Experimente. Man kann also einem Gruppenmitglied erlauben, seine Idee mitzuteilen oder seinen Impuls auszuleben, und dabei beobachten, ob es eventuell hilft. Wenn man es als nicht hilfreich empfindet, kann man das Gruppenmitglied auch wieder bitten, Platz zu nehmen. Oder man kann die Idee nachträglich abweisen und die Aufstellung dann an dem Punkt wieder aufnehmen, an dem sie unterbrochen wurde.

Hier tritt die Aufstellerin insgesamt eher als „Türöffner“ für bestimmte Impulse/Ideen auf.

Die Gruppe soll sich von Anfang an zurückhalten:

Bei dieser dritten Möglichkeit muss man sich während seiner Aufstellung nicht mit der Gruppe auseinandersetzen, weder Grenzen setzen noch Impulse erlauben. Die Aufstellerin kann sich von Anfang an ganz in Ruhe auf ihre StellvertreterInnen konzentrieren.

In diesem Fall könnte es sein, dass die Gruppe zwar viele Ideen hat, wie man dem Aufstellungsverlauf helfen könnte, es aber zurückhält und nicht ausspricht. Dies muss nicht negativ sein. In Veranstaltungen, in denen man mit einer bestimmten Gruppe die Erfahrung macht, dass hier sowieso nur wenig hilfreiche Ideen mitgeteilt werden (die Gruppe erscheint einem als tendenziell inkompetent und uneinfühlsam), wäre so eine Grenzziehung befreiend. In Gruppen, in denen man die Erfahrung macht, dass die Leute sehr einfühlsame hilfreiche Impulse haben, würde man sich dadurch eher eine gute Ressource verweigern.

Es kann aber auch sein, dass die Aufstellerin zu Beginn ihrer Aufstellung ein ganz bestimmtes Ziel verfolgt, bei dem sie keine Unterstützung von außen benötigt. Dann wäre es sinnvoll, die Gruppe zu bitten, sich zunächst einmal vollständig herauszuhalten. Später kann man dann immer noch die Grenze öffnen und der Gruppe mitteilen, dass man nun ihre Mithilfe wünscht.

Das Problem von „stillen Grenzen“:

Ich habe schon erlebt, dass manche TeilnehmerInnen für ihre eigene Aufstellung von sogenannten stillen Grenzen ausgehen. Das bedeutet, dass sie eine bestimmte Rücksicht der Gruppenmitglieder voraussetzen, weil sie es aus anderen Aufstellungsveranstaltungen kennen. Natürlich sind sie dann empört, wenn beim Freien Aufstellen plötzlich gar keine Rücksicht genommen wird und einige TeilnehmerInnen einfach so „reinplatzen". Dabei vergessen sie, dass sie den Gruppenmitgliedern bisher noch keine Grenzen gesetzt haben und diese davon ausgehen, dass immer noch „alles dazugehören" darf.

Es könnte z. B. sein, dass ein beobachtender Teilnehmer während der Aufstellung absichtlich permanent störende Geräusche macht, weil er damit auf etwas hindeuten möchte. Die Aufstellerin versucht, diese Geräusche zu ignorieren und hofft, dass ihre Ignoranz vom Teilnehmer als ein „Zeichen" verstanden wird, dass das Geräusch im Moment nicht wichtig sei. Die Aufstellerin erwartet, dass der Teilnehmer von selbst begreift, dass seine Geräusche hier keine Rolle spielen und er selbstständig damit aufhört.

Dies kann zu Missverständnissen führen. Der Teilnehmer könnte davon ausgehen, dass er überhört wird, und die Geräusche noch verstärken, während die Aufstellerin sich allmählich aufzuregen beginnt und innerlich denkt, warum der andere denn nicht begreift und endlich aufhört.

Daher ist also eine „stille Grenze" beim Freien Aufstellen eher problematisch und sollte von Aufstellenden in eine „klar formulierte Grenze" verwandelt werden. Jeder sollte vor oder während seiner Aufstellung der Gruppe klar mitteilen, was er nicht möchte, damit sich die Gruppe danach richten kann.

Richtet sich die Gruppe nicht nach einer klar gesetzten Grenze, dann greift der Organisator ein, verstärkt die klare Grenze und sorgt dafür, dass sich die Gruppe danach richtet, damit die Aufstellerin weiterhin frei aufstellen kann.

Wenn ein Teilnehmer sich dann immer noch nicht zurückhält und die klar gesetzte Grenze nicht einhält, kann er von der Veranstaltung ausgeschlossen werden. Denn er verhindert das Durchführen von

Freiem Aufstellen und verhält sich in dieser Veranstaltung kontraproduktiv, auch wenn er behauptet, dass sein Verhalten zum Thema der Aufstellung gehören und etwas Wichtiges spiegeln würde.

Also: Alles gehört so lange dazu, wie keine klaren Grenzen gesetzt wurden.

Olaf: „Und? Wie wünschst du es dir? Soll die Gruppe frei ihren Impulsen folgen oder sich erst einmal melden oder sich vollständig raushalten?"

„Ich fände es gut, wenn die Gruppe sich zunächst voll einbringt, jeder all seinen Impulsen einfach folgt und wenn du mir dabei helfen würdest, zwischendrin Grenzen zu setzen, falls es mir zu viel sein würde."

„Alles klar – so machen wir es. Du stellst dein Problem also offen auf und die Gruppe darf frei ihren Impulsen folgen. Und ich als Organisator folge auch all meinen Ideen und Impulsen, achte darauf, dass alles mit deinem Einverständnis geschieht und unterstütze dich beim eventuellen Grenzensetzen. Dann erzähl einmal offen, was du gerne aufstellen möchtest, was dein Thema ist."

Das Thema

„Mein Thema … hmm … das ist nicht so einfach. Ich merke, mir fällt es schwer, hier ganz offen vor der Gruppe über mein Problem zu sprechen. Ich möchte nicht, dass jemand außerhalb der Veranstaltung anderen Menschen davon erzählt."

Damit sprichst du einen weiteren Konfliktherd an, den es bei Aufstellungen gibt. Ich kenne es aus anderen Aufstellungsgruppen, in denen die Aufstellungen von SeminarleiterInnen geführt wurden. Dort wurde gesagt, dass die Problematiken der einzelnen TeilnehmerInnen „in diesem Raum“ bleiben sollten. Es wurde eine Grenze gesetzt und dazu aufgefordert, außerhalb der Aufstellungsveranstaltung nicht mit anderen Menschen über das Geschehene zu reden. Die Themen sollen dadurch in einem geschützten Rahmen bleiben und die Aufstellerin sollte das Gefühl bekommen, dass ihre Themen tatsächlich nicht weitererzählt werden.

Doch ich habe immer wieder erlebt, wie SeminarleiterInnen in neuen Gruppen über Ihre Erfahrungen sprechen und erzählen, was sie in einer früheren Aufstellung schon mal erlebt haben. Einige schreiben sogar in ihren Büchern darüber, auch wenn die Namen der entsprechenden AufstellerInnen nicht genannt wurden. Ich tue es in diesem Buch auch und nutze meine Erlebnisse fremder Aufstellungen, allerdings so verändert, dass keine Rückschlüsse auf bestimmte Personen gezogen werden können und die Privatsphäre geschützt bleibt.

Des Weiteren habe ich erlebt, dass manche TeilnehmerInnen ihre Aufstellungserlebnisse auch dafür nutzen, um anderen „ungläubigen“ Menschen etwas zu erklären oder etwas zu beweisen.

Mein Fazit lautet: Egal, wie intensiv man eine Aufstellungsgruppe darauf einschwört, dass sie doch bitte mit den hier auftauchenden Themen achtsam umgehen und sie nicht nach außen tragen möge, egal, wie selbstverständlich eine gegenseitige Rücksichtnahme vorausgesetzt wird – man wird niemals 100%ig davon ausgehen können, dass nicht doch einmal etwas weitererzählt oder sogar ausgenutzt wird.

Um das Schlimmste zu verhindern, kann man zwar die Gruppe bitten, Stillschweigen zu bewahren, doch man wird sich nie darauf verlassen können. Auch ich erzähle ab und zu Erlebtes weiter und versuche es dabei so zu verpacken, dass ich möglichst keine Privatsphäre verletze und es mit meinem Gewissen vereinbaren kann. Nicht immer gelingt es mir – und manchmal plaudere ich auch aus Versehen etwas aus und bereue es dann hinterher, kann es aber nicht mehr rückgängig machen. Ich finde das menschlich.

Ein weiterer Aspekt, der zu einer Hemmung führen kann, sein Thema offen zu erzählen: Es kommt immer mal wieder vor, dass ein Teilnehmer in einer Gruppe aufstellen möchte, in der er ein bekanntes Gesicht entdeckt, ein Mensch, den er aus dem Alltag kennt und dem er sein Thema gerade nicht offen ausbreiten möchte. In Aufstellungsgruppen, die auf einem Dorf durchgeführt werden, kommt so etwas häufiger vor. Die TeilnehmerInnen scheuen sich, sich gegenseitig völlig zu offenbaren, weil es dann im Dorf heimlich herumerzählt wird. Oder man traut dem Nachbarn nicht zu, achtsam mit diesen Informationen umzugehen und sie nicht persönlich zu bewerten. Oder man möchte seiner hier zufällig teilnehmenden Yoga-Lehrerin nicht seine persönlichen Schwächen offenbaren.

Aus diesen aufgezählten Gründen empfehle ich, als AufstellerIn die Gruppe zwar um Stillschweigen zu bitten, gleichzeitig aber davon auszugehen, dass Themen immer irgendwie irgendwann weitererzählt werden, teilweise auch sehr achtungslos und verletzend. Man sollte sich als AufstellerIn vorher also genau überlegen, welche Folgen man zu tragen bereit ist. Wie viel möchte man von seinem Thema preisgeben und was behält man für sich?

Auch wenn sich im Verlauf der Aufstellung ein Thema zeigt, was einem unangenehm ist und was man nicht innerhalb einer großen Gruppe bearbeiten möchte, kann man als AufstellerIn jederzeit eine Grenze setzen. Man kann das Thema ausgrenzen oder die Aufstellung unterbrechen und sie irgendwann in einem kleineren Rahmen (Freundeskreis oder Einzelberatung) fortsetzen.

Wenn ich bei meiner eigenen Aufstellung genau darauf achte, wie weit ich mich öffne und mein Thema erzähle, und wenn ich weiß, dass immer etwas weitererzählt werden könnte, dann übernehme ich die volle Verantwortung für eine Verletzung meiner Privatsphäre. Ich bin mir vollständig bewusst: Alles, was ich preisgebe, kann von anderen Menschen unabsichtlich oder auch absichtlich verletzt werden (d. h. ich traue niemandem). Ich rechne immer damit und achte auf mein Bauchgefühl, was mir wichtiger ist: mein Thema offen auszubreiten, mit allen eventuellen positiven und negativen Folgen, oder es nur teilweise zu erzählen oder es vollständig verdeckt zu lassen.

Wenn ich aber die Gruppe bitte, Stillschweigen zu bewahren, und erwarte dann, dass sich alle Beteiligten tatsächlich danach richten, dann fessle ich mich damit selbst. Ich verstricke mich mit dem Verhalten der anderen. Ich weise Ihnen eine bestimmte Verantwortung zu. Das bedeutet, ich werde höchstwahrscheinlich verletzt fühlen, emotional kämpfend, wütend und empört reagieren, wenn jemand meinem Wunsch nicht entspricht und „verantwortungslos“ etwas weitererzählt oder Informationen über mich ausnutzt.

Ich will nicht sagen, dass so eine Verstrickung grundsätzlich „falsch“ ist – ich will nur mögliche Folgen aufzeigen. Und jeder kann selbst entscheiden, was er tun und eventuell erfahren möchte.

Olaf: „Ja, deine Befürchtung, dass dein Thema weitererzählt wird, halte ich für berechtigt. So etwas lässt sich meiner Erfahrung nach nie vollständig verhindern. Daher schlage ich dir vor, dass du hier die Gruppe darum bittest, möglichst Stillschweigen zu bewahren, und gleichzeitig genau überlegst, was du aussprechen möchtest und was nicht. Du kannst bestimmte Dinge auch einfach verdeckt lassen oder allgemein formulieren.“

„Ja, das ist eine gute Idee. Jetzt kann ich sagen, was mein Thema ist, und ich bitte euch, es nicht außerhalb dieser Veranstaltung weiterzuerzählen. – Ich habe ein bestimmtes Verhaltensmuster an mir entdeckt, das ich verändern möchte. Was es für ein Verhaltensmuster ist, möchte ich hier nicht weiter konkretisieren. Das soll geheim bleiben.“

Liebe/r LeserIn, an dieser Stelle kannst du dir ein bestimmtes Verhaltensmuster vorstellen, mit dem du nicht zufrieden bist, und kannst es eventuell beim Lesen mit der folgenden Aufstellung bearbeiten.

„Gut, dann kannst du das jetzt aufstellen, wenn du möchtest."

„Wie?"

Die StellvertreterInnen

Olaf: „Mein Vorschlag ist, dass du eine Stellvertreterin aussuchst, die dieses Verhaltensmuster von dir repräsentiert. Dazu muss sie nicht wissen, was genau für ein Verhaltensmuster sie darstellt. Die Art deines Verhaltensmusters darf also verdeckt bleiben, wenn du es nicht erzählen möchtest.

Außerdem könntest du auch einen Stellvertreter aussuchen, der dein Ziel repräsentiert, denn wenn das Verhaltensmuster erfolgreich verändert ist, dann verhältst du dich ja anders, oder?"

„Ja, klar."

„Dieses neue andere Verhaltensmuster würde ich als einen zweiten Stellvertreter dazustellen. Und letztendlich könntest du dann noch eine Stellvertreterin oder einen Stellvertreter für dich selbst auswählen – oder du stellst dich gleich selbst in die Aufstellung."

„Upps? Du meinst, ich soll mich zu den beiden Stellvertretern selber dazustellen? Was wäre denn besser?"

„Auch hier hast du die Wahl.

Du kannst dich von Anfang an selbst reinstellen,

du kannst von Anfang an einen Stellvertreter für dich selbst auswählen,

du kannst aber auch zunächst einen Stellvertreter für dich aufstellen und später dann selbst in die Aufstellung gehen und deinen Stellvertreter entlassen.

Und du kannst dich natürlich auch zunächst einmal selbst in die Aufstellung stellen und später dann rausgehen und von außen weiter beobachten, während dein Stellvertreter für dich weitermacht.

Wenn es deinem Bauchgefühl entspricht, kannst du sogar immer mal wieder wechseln.

Und die letzte Möglichkeit, die mir einfällt: Du kannst auch gleichzeitig mit deinem eigenen Stellvertreter zusammen drinstehen.“

Im Folgenden berichte ich wieder von meinen Erfahrungen und persönlichen Wertungen bezüglich dieser verschiedenen Möglichkeiten.

Mich selbst in die Aufstellung stellen:

Der Nachteil könnte sein, dass ich mich als Aufsteller am Anfang vor der fremden Gruppe so befangen fühle, dass ich mich gar nicht auf mein Thema und meine StellvertreterInnen konzentrieren kann. Ich bin nur mit meinem Lampenfieber beschäftigt. Alle schauen auf mich, ich stehe im Mittelpunkt, jeder ist neugierig, wie ich mich wohl verhalten werde – und ich weiß nicht, was ich jetzt tun soll, was mich noch mehr verunsichert.

Natürlich könnte dieses Lampenfieber auch zu meinem Thema gehören, es könnte zur Aufstellung dazugehören, ich könnte hier lernen, mit diesem Lampenfieber umzugehen. Das wäre dann ein Vorteil, damit konfrontiert zu werden. Doch wenn es für mich gerade zu viel wird, würde ich diese Möglichkeit lieber nicht wählen und dafür einen Stellvertreter in die Aufstellung schicken.

Habe ich kein Lampenfieber, so kann ich mich in meiner Aufstellung selbst erleben. Ich kann beobachten, was für Gefühle im Kontakt mit meinen StellvertreterInnen auftauchen, kann mich in direkter Beziehung zu ihnen erleben, kann daraus lernen und neue Schlüsse ziehen, und kann einen lösenden Entwicklungsprozess während der Aufstellung leibhaftig durchleben.

Ein Nachteil könnte sein, dass ich bestimmte blinde Flecken über mich selbst habe, die mir durch eine direkte Teilnahme an der Aufstellung nicht bewusst werden können, weil ich sie unbewusst geschickt umgehe.

Einen Stellvertreter für mich selbst wählen:

Diese blinden Flecken könnte ich vielleicht besser erkennen, wenn ich von außen das Verhalten meines eigenen Stellvertreters beobachte. Er könnte Dinge sagen oder sich auf eine Weise verhalten, so dass mir plötzlich klar wird, worum es hier „eigentlich" geht.

Außerdem finde ich es immer wieder faszinierend, wie ich mich selbst in meinem eigenen Stellvertreter wiedererkennen kann. Es ist verblüffend, wie ein fremder Mensch in meiner Rolle meine Problematik auf den Punkt bringt. Dadurch werde ich in gewisser Weise geöffnet und bin doppelt gespannt und erwartungsvoll, welche Lösung mir von den StellvertreterInnen im Laufe der Aufstellung angeboten wird.

Allerdings ist mein Unterbewusstsein stark. Wenn es einen blinden Fleck über mich selbst gibt, der mir noch nicht bewusst werden soll, wird es auch kein Stellvertreter schaffen. In dem Fall werde ich sein Verhalten einfach nicht verstehen und nicht nachvollziehen können.

Oder mein Stellvertreter schützt mich unbewusst, indem er nicht so sehr mit mir in Resonanz geht und stattdessen etwas darstellt, was weniger mit mir zu tun hat. Er spiegelt meine innere Blockade, meinen Schutz, indem er sich ganz anders verhält, wie ich mich selbst kenne. Auch das ist möglich. Ich kann mich fragen, was es mir zu sagen hat, und kann die Frage offen lassen. Vielleicht wird mir dann irgendwann einmal nachträglich etwas bewusst.

Der Wechsel:

Manchmal bin ich während meiner Aufstellung auf verschiedene Weisen neugierig. Zuerst suche ich einen Stellvertreter für mich selbst aus und beobachte von außen. Dann sagt er, wie er sich im

Kontakt mit den anderen StellvertreterInnen fühlt, und ich will es nachvollziehen können. Deshalb bitte ich ihn, aus der Aufstellung mal kurz hinauszugehen, und ich stelle mich selbst an den Platz, wo er gerade stand, fühle nach und sammle eine Erfahrung. Anschließend soll er wieder weitermachen und wir tauschen wieder.

Irgendwann kommt vielleicht eine Phase, in der ich selbst länger in der Aufstellung stehe und auch manche Prozesse durchlebe. Dann kommt ein Punkt, an dem ich eine Pause brauche. Mir wird etwas zu viel, es ist zu unangenehm und ich bitte meinen Stellvertreter wieder, für mich zu übernehmen und sich wieder in die Aufstellung zu stellen, während ich außerhalb auf meinem Stuhl Platz nehme. Ich folge dabei immer meinem Bauchgefühl und wechsle, wie es mir gerade guttut oder wie ich es mir wünsche.

Manchmal habe ich einen Stellvertreter für mich selbst in der Aufstellung stehen und merke, dass die Aufstellung sich an einer bestimmten Stelle nicht weiterbewegt oder mein Stellvertreter einen Schritt nicht vollziehen möchte, zu dem ich mich selbst aber bereit fühle. Dann kann ich selbst in die Aufstellung gehen, meinen Platz einnehmen und den Schritt vollziehen.

Oder ich nehme meinen Platz ein und erlebe, wie sich dadurch die Aufstellung weiterentwickelt, indem die anderen StellvertreterInnen auf meine Anwesenheit neu reagieren und sich neue Gefühle oder Zusammenhänge zeigen.

Wir stehen gleichzeitig in der Aufstellung:

Auch das könnte eine interessante Erfahrung sein, zusammen mit seinem eigenen Stellvertreter in der eigenen Aufstellung zu stehen. Auf diese Weise kann ich mich ganz langsam an meinen Stellvertreter und seine Position annähern und vorsichtig erspüren, wie es sich an seiner Stelle anfühlen könnte, indem ich mich hinter ihn stelle und über seine Schulter schaue.

Oder ich deute es manchmal so, dass mein Stellvertreter einen bestimmten Anteil von mir selbst darstellt, und ich stehe in dem Moment für andere Anteile. Wir beide stellen verschiedene Anteile von mir dar. Man könnte sogar mehrere StellvertreterInnen als „unterschiedliche Anteile von mir“ dazustellen – je nachdem ob es für meine Aufstellung gerade Sinn macht und mir bei meinem Thema weiterhilft.

Eine Aufstellung ohne mich selbst:

Natürlich besteht auch noch die Möglichkeit, ein Thema aufzustellen, bei dem man sich nur auf anderes konzentriert, nicht auf sich selbst. Es steht weder ein/e StellvertreterIn für einen selbst in der Aufstellung noch steht man selbst drin.

Beispiel: Ein Arbeitskollege, der hier nicht anwesend ist, hat mir den Auftrag gegeben, für ihn und seine Frau eine Aufstellung zu machen und ihm hinterher davon zu berichten.

Ab und zu habe ich bei einer solchen Aufstellung „ohne mich“ erlebt, dass die StellvertreterInnen sich dann trotzdem auf mich beziehen, mich ansprechen, mit mir reden. Ich rutsche dadurch irgendwie in die Aufstellung mit hinein. Schließlich stelle ich ja auch dieses Thema auf und habe mich dafür zur Verfügung gestellt – ich habe also irgendwie mit diesem Thema zu tun.

Es besteht auch die Möglichkeit, die Aufstellung zunächst ohne sich selbst zu beginnen, und sich dann später (als StellvertreterIn oder selbst) dazuzustellen und zu beobachten, welche Wirkung es auf die übrigen StellvertreterInnen hat, wenn man dazukommt.

Meine Grundauffassung bei Aufstellungen lautet immer: Es gibt nichts Falsches. Es gibt nur Erfahrungen und Folgen, die zu unseren Wünschen und Zielen passen oder nicht passen. Deshalb kann zunächst einmal jedes Experiment, jeder Versuch, jede Möglichkeit „dazugehören“. Und das, was man als AufstellerIn nicht möchte, kann man jederzeit wieder ausschließen oder begrenzen.

Olaf: „Und? Möchtest du selbst in deine Aufstellung gehen oder eine Stellvertreterin oder einen Stellvertreter für dich wählen?"

„Ich glaube, ich möchte zunächst lieber von außen beobachten und jemanden als Stellvertreterin für mich selbst aussuchen."

„Gut. Dann habe ich hier noch die Frage an die Gruppe, ob von euch jemand vielleicht eine Idee hat, wie man das Thema mit den Verhaltensmustern auch anders aufstellen könnte."

An dieser Stelle wende ich mich an die Gruppe und erinnere durch meine Frage daran, dass die Gruppe im Moment noch frei ist, all ihren Impulsen und Ideen zu folgen und sie auszusprechen oder auszuleben. Jeder darf ungefragt Vorschläge machen.

Oft erlebe ich, wenn ich als Organisator am Anfang mit der Aufstellerin so intensiv im Gespräch bin, dass die Gruppe in eine „Beobachter-Trance" rutscht, sich selbst eher nur als ausgeschlossene Beobachter wahrnimmt und damit jegliche Eigeninitiative aufgibt. Verständlich: In allen bisher erlebten Seminaren war es üblich, dass SeminarleiterInnen im Gespräch mit einzelnen TeilnehmerInnen nicht von anderen TeilnehmerInnen unterbrochen wird.

Doch hier beim Freien Aufstellen ist es anders. Hier sind (scheinbare) „Unterbrechungen" möglich, solange nicht die Aufstellerin gegenüber der Gruppe eine Grenze gesetzt hat. Jedes Gruppenmitglied darf jederzeit eine Frage stellen oder eine Idee mitteilen, wie etwas vielleicht noch anders funktionieren könnte. Dadurch kann man sich gegenseitig intensiv bereichern. Voraussetzung ist natürlich, dass die Aufstellerin die Impulse aus der Gruppe nicht als Störung empfindet. Alles darf dazugehören, solange noch keine klare Grenze von der Aufstellerin (oder der OrganisatorIn) gesetzt wurde.

Teilnehmer: „Ich habe zwar keine Idee, aber eine Frage. In anderen Aufstellungsveranstaltungen habe ich miterlebt, dass besonders Wert darauf gelegt wurde, dass für eine weibliche Person auch eine Stellvertreterin und für eine männliche Person ein Stellvertreter ausgesucht wird. Wie ist deine Auffassung dazu?"

Olaf: „Meine Erfahrung ist die, dass ich in meiner eigenen Aufstellung selbst drin stand und mit einer Stellvertreterin Kontakt hatte, die meinen Vater darstellte. Obwohl sie eine Frau war, konnte ich in mir alle Gefühle wahrnehmen, die ich von mir gegenüber meinem Vater kannte. Ich konnte in dieser Frau sehr gut meinen Vater sehen, ihn in sie hineinprojizieren. Daher weiß ich, dass eine Vertauschung der Geschlechter ganz einfach möglich ist.

Es gibt aber auch Menschen, die damit ein Problem haben oder die gleiche Geschlechter bevorzugen. Auch hier sage ich wieder einmal: Du hast die Wahl. Folge deinem Bauchgefühl, wie es für dich passt. Wähle die StellvertreterInnen in deiner eigenen Aufstellung so, wie du es am liebsten möchtest. Und vielleicht kann man im Verlauf der Aufstellung auch bestimmte Rückschlüsse von deiner StellvertreterInnenwahl auf deine Problematik ziehen und daraus neue Lösungsansätze erarbeiten? Auch das wäre möglich."

„Alles klar. Danke."

Ich wende mich wieder dir zu.

„Möchtest du deine Aufstellung so beginnen, wie ich es dir vorgeschlagen habe?"

„Ja, ist für mich in Ordnung so, und mir selbst fällt auch nichts anderes dazu ein."

„Da im Moment jetzt auch kein weiterer Vorschlag aus der Gruppe kommt, ist der nächste Schritt nun, für die Rollen StellvertreterInnen aus der Gruppe auszusuchen. Möchtest du dir deine StellvertreterInnen selbst aussuchen?"

„Äh, ... deine Frage verwirrt mich. Ich habe gehört, dass man sie immer selbst aussucht. Sollte ich sie denn *nicht* selbst aussuchen?"

„Es gibt auch die Möglichkeit, dass ich deine StellvertreterInnen für dich aussuche, wenn du nicht weißt, wen du nehmen sollst, oder dich nicht traust, anderen eine Rolle aufzubürden.

Oder du bittest einen deiner MitteilnehmerInnen darum, für dich die StellvertreterInnen auszusuchen.

Es gibt aber noch eine weitere Möglichkeit: Du kannst die Gruppe direkt fragen, wer die Rolle des momentanen Verhaltensmusters übernehmen möchte, wer die Rolle des neuen Verhaltensmusters und wer die Rolle für dich darstellt. Dann entscheiden die TeilnehmerInnen selbst.

Wenn du es ganz spannend machen möchtest, kannst du auch sagen: ‚Ich stelle mir die erste Rolle jetzt innerlich vor, ohne euch zu sagen, welche Rolle es ist. Wer fühlt sich angesprochen, diese Rolle zu übernehmen?' – und wenn sich auf diese Weise für jede Rolle ein/e TeilnehmerIn gemeldet hat, kannst du anschließend aufdecken und allen mitteilen, wer sich intuitiv für welche Rolle entschieden hat."

„Oh ja, das letzte möchte ich einmal ausprobieren. Wer möchte die Rolle übernehmen, an die ich jetzt gerade denke?"

Ein junger Teilnehmer meldet sich. Er heißt Martin.

„O.k. – und wer möchte die Rolle übernehmen, die ich mir *jetzt* vorstelle?"

Eine Teilnehmerin meldet sich und steht auf. Inge.

„Und wer steht für die dritte Rolle zur Verfügung?"

Zwei Teilnehmer stehen gleichzeitig auf, wobei der eine sofort wieder Platz nimmt, als er sieht, dass der andere auch aufgestanden ist. Er gibt dem anderen den Vortritt. Robert bleibt stehen.

„Gut …, so …, dann kann ich jetzt sagen, wer sich für welche Rolle gemeldet hat, richtig?"

„Genau."

„Also, zuerst habe ich an die Rolle des ‚neuen Verhaltensmusters' gedacht. Martin hat sich für das neue Verhaltensmuster zur Verfügung gestellt, für mein Ziel, wie ich mich verhalten möchte, wenn mein Problem gelöst ist. Inge steht für mich. Und Robert steht für mein momentanes Problem-Verhaltensmuster. Dabei habe ich schon gleich eine Übereinstimmung entdeckt. Denn dass sich zwei Männer gleichzeitig gemeldet haben und dann der eine sofort wieder zurückgesteckt hat, passt wunderbar zu meinem Verhaltensmuster, das ich lösen möchte. Mehr will ich dazu aber nicht verraten."

Das Aufstellen

Olaf: „Und wie möchtest du mit deinen StellvertreterInnen umgehen?"

„Was kannst du mir denn für Möglichkeiten anbieten?"

„Du kannst sie konkret aufstellen, sie sich von Anfang an frei bewegen lassen oder eines nach dem anderen."

Aufstellen:

Wenn ich als Aufsteller eine ganz bestimmte Vorstellung habe, wie die StellvertreterInnen zueinander stehen müssten, dann will ich das manchmal ausprobieren. Ich möchte sie meinem inneren Bild entsprechend genauso aufstellen und dann schauen, wie sie sich auf diesen Plätzen fühlen.

Es gibt TeilnehmerInnen, die davon überzeugt sind, dass sie durch das konkrete Aufstellen ihren StellvertreterInnen eine bestimmte Rollenenergie mitgeben, so dass dann ihre Gefühle noch besser mit der entsprechenden Rolle übereinstimmen. Einige denken, dass durch das Aufstellen das sogenannte Aufstellungsfeld aktiviert wird, wodurch die StellvertreterInnen die resonierenden Empfindungen in ihren Gefühlen entwickeln können. Viele sind das Aufstellen der StellvertreterInnen einfach aus früheren Aufstellungsseminaren gewohnt und mögen diese Gewohnheit. Jeder hat die Wahl, ob er seine StellvertreterInnen aufstellt, egal aus welchen Beweggründen. Alles darf dazugehören.

Und auch bei der Aufstellungstechnik gibt es verschiedene Möglichkeiten: Die Aufstellerin nimmt den ersten Stellvertreter an die Hand oder stellt sich hinter ihn, berührt ihn mit beiden Händen an den Schultern und „schiebt" ihn sanft nach ihrem Gefühl an den Ort im Raum, wo er stehen/sitzen/liegen und in welche Richtung er dabei schauen soll. Dann geht sie zum zweiten Stellvertreter und gibt ihm ebenso einen Platz im Raum usw. Auf diese Weise gibt sie allen StellvertreterInnen einen Platz und „baut" ihre Aufstellung auf.

Oder die Aufstellerin bittet die StellvertreterInnen einfach, sich an die Stellen zu stellen, auf die sie mit ihrem Finger deutet.

Oder die Aufstellerin denkt überhaupt nicht nach, wie ihre Stellvertreter stehen sollen, sondern folgt beim leichten Schieben der StellvertreterInnen ganz gesammelt ihrem momentanen Gefühl, wohin es sie mit ihrem Stellvertreter steuert. Sie führt jeden einzelnen Stellvertreter intuitiv an den Platz, an dem es sich gerade „richtig" anfühlt.

Frei bewegen:

Ich habe sehr oft erlebt, dass ein Teilnehmer, noch bevor er überhaupt als Stellvertreter ausgesucht wurde, schon bestimmte Rollengefühle entwickelt. Wird er dann „zufällig" angesprochen und gefragt, ob er eine Rolle übernehmen möchte, sagt er: „Ich habe gewusst, dass ich drankomme!" In dem Moment, in dem er aufsteht, befindet er sich bereits gefühlsmäßig in der Rolle.

Es ist also nicht immer notwendig, den StellvertreterInnen einen Platz zuzuweisen, um sie dadurch in ihre Rolle zu bringen oder der Aufstellung einen „Start" zu geben. Schon allein die Tatsache, dass TeilnehmerInnen die Bereitschaft haben, sich als StellvertreterIn „zur Verfügung zu stellen", kann die resonierende Empfindung aktivieren und TeilnehmerInnen sofort in eine Rolle rutschen lassen.

Aus diesem Grund kann es auch genügen, den StellvertreterInnen einfach nur zu sagen, dass sie sich ab jetzt frei bewegen dürfen – ganz, wie es ihren Gefühlen entspricht. Die Aufstellerin gibt nach dem Aussuchen aller StellvertreterInnen den Hinweis: „Sucht euch selbst einen Platz nach eurem Gefühl“ oder „Ihr könnt euch jetzt frei bewegen“. Die StellvertreterInnen dürfen dabei auch jederzeit mitteilen, wie es ihnen geht und was sie fühlen, ohne gefragt zu werden. Ausnahme: Die Aufstellerin setzt eine Grenze und hat den Wunsch, dass die StellvertreterInnen zwar frei ihren Gefühlen folgen, aber ohne dabei zu reden, also schweigend. Auch das ist möglich.

Aufstellen/frei bewegen:

Manche AufstellerInnen bevorzugen es trotzdem, der Aufstellung einen „Start“ zu geben. Sie stellen zuerst alle StellvertreterInnen auf und teilen ihnen dann anschließend mit, dass sie sich von diesem Platz aus nun frei bewegen und all ihren Impulsen folgen dürfen.

Hier in unserer imaginierten Aufstellungsveranstaltung entscheidest du dich, alles frei zu lassen:

„Ich möchte, dass ihr einfach frei euren Impulsen folgt.“

Olaf: „Und sollen deine StellvertreterInnen auch gleich mitteilen, wie sie sich fühlen? Oder sollen sie schweigen und du fragst sie selbst in den Momenten, in denen du es wissen willst?“

Ich frage dich das, weil ich das Ziel dabei verfolge, deinen StellvertreterInnen indirekt noch mehr Klarheit für ihr Verhalten zu geben. Denn in einer neuen Aufstellungsgruppe, in der viele das Freie Aufstellen gar nicht kennen, erlebe ich häufig, dass die StellvertreterInnen sich zunächst zwar bewegen und ihren Gefühlen folgen, aber dabei überhaupt nicht kommunizieren. Sie gehen automatisch davon aus, dass sie irgendwann von der Aufstellerin gefragt werden, weil sie aus anderen Aufstellungsseminaren kennen, dass man sich als StellvertreterIn zurückhält und irgendwann über die

Gefühle befragt wird. Wenn du aber deinen StellvertreterInnen noch einmal bewusst erlaubst, spontan ihre auftauchenden Gefühle beschreiben zu dürfen, dann wissen sie Bescheid. Manchmal muss man sich an die „Freiheit“ beim Freien Aufstellen noch gewöhnen.

„Ich bin damit einverstanden, wenn jeder sofort über seine Gefühle redet. Fühlt euch einfach frei, bis ich eine Grenze setze.“

Das Andocken

Jetzt beginnt eine hochinteressante Phase. Die StellvertreterInnen beginnen ihr Rollenspiel und alle anderen beobachten, was sie tun und sagen werden. Besonders die Aufstellerin beobachtet meistens ihre StellvertreterInnen mit Hochspannung.

Was werden sie fühlen? Wie werden sie miteinander klar kommen? Zeigt sich das Problem in den Gefühlen der StellvertreterInnen? Was bedeutet das, was sie jetzt fühlen?

Die Aufmerksamkeit auf die StellvertreterInnen steht vollständig im Mittelpunkt. Man ist konzentriert und beginnt sich irgendwie innerlich an den StellvertreterInnen zu orientieren. Alles, was die StellvertreterInnen tun oder sagen, wird dabei oft als „Zeichen“ oder „Hinweis“ auf die aufgestellte Problematik genutzt.

Und ich sage: Es gibt noch mehr nützliche Möglichkeiten, mit seiner Aufstellung umzugehen. Ich „kontrolliere“ bei meiner eigenen Aufstellung zunächst einmal meine StellvertreterInnen, ob das, was sie tun/sagen überhaupt zu der Rolle passt und ob ich etwas damit anfangen kann, vielleicht berührt es mich auch auf eine bestimmte Weise im Gefühl. Meine allererste Frage an meine Aufstellung lautet: Können die StellvertreterInnen ihrer Rolle entsprechen? Ich teste meine StellvertreterInnen. Ich prüfe sie. Ich messe sie an meinem Bauchgefühl. Passt es, was sie sagen oder tun?

Warum prüfe ich sie?

Meine Erfahrung ist, dass eine Aufstellung, in der ich das Verhalten meiner StellvertreterInnen kaum zuordnen kann, bei mir auch hinterher kaum eine Wirkung hinterlässt – unabhängig davon, wie schön das Happy End gewesen ist. Dagegen hilft mir eine Aufstellung intensiv weiter, wenn die StellvertreterInnen in meinen Augen von Anfang an ihren Rollen tatsächlich entsprechen und ich etwas mit ihrem Verhalten anfangen kann. So eine Aufstellung ist eine größere Unterstützung für mich, als eine Aufstellung, in der ich kaum „lesen" kann, weil ich nicht verstehe, was hier los ist und was die StellvertreterInnen eigentlich spiegeln oder zeigen wollen.

Also erlaube ich mir, StellvertreterInnen, mit deren Verhalten ich nichts anfangen kann, einfach auszutauschen. Ich entlasse den entsprechenden Stellvertreter und bitte ihn, wieder Platz zu nehmen. Dann suche ich jemand anderen aus und frage ihn, ob er bereit wäre, diese Rolle zu übernehmen. Anschließend schaue ich, wie er sich in der Aufstellung fühlt und verhält und ob ich es besser zuordnen kann.

Wenn nicht, dann tausche ich auch ihn aus. Allerdings behalte ich im Hinterkopf, wie sich beide Stellvertreter gefühlt/verhalten haben. Wenn ich jetzt noch einen dritten Teilnehmer bitte, diese Rolle zu übernehmen, und er fühlt sich so ähnlich, wie seine beiden Vorgänger, dann weiß ich allmählich, dass hier in dieser Rolle eine Dynamik existiert, die für mich neu ist und wohl wichtig zu sein scheint. In dem Fall lasse ich den dritten Teilnehmer die Rolle weiterspielen und akzeptiere zunächst, dass ich seine Gefühle (noch) nicht zuordnen kann.

Wenn aber bisher alle drei Teilnehmer diese Rolle sehr unterschiedlich dargestellt haben, dann suche ich noch einen vierten Teilnehmer für diese Rolle aus und teste, wie er sich fühlt/verhält usw.

Durch dieses Suchen nach dem „richtigen" Stellvertreter sammle ich gleichzeitig eine bestimmte Erfahrung bezüglich dieser Rolle. Ich lerne sie genauer kennen. Dabei gibt es mehrere Möglichkeiten:

1. Ich finde irgendwann einen Teilnehmer, bei dem ich das Gefühl habe, dass er die Stellvertreterrolle gut darstellen kann. Ich empfinde sein Verhalten/Gefühl als „stimmig“ oder es berührt mich irgendwie. Dieser kann dann zunächst einmal die Rolle beibehalten.
2. Ich finde in den Gefühlen mehrerer TeilnehmerInnen, die alle dieselbe Rolle testweise übernommen haben, einen roten Faden und akzeptiere diese mir noch unbekannte Dynamik als einen wohl wichtigen Teil dieser Rolle.
3. Ich mache die Erfahrung, dass jede/r TeilnehmerIn diese Rolle vollständig anders darstellt und ziehe nach meinem Bauchgefühl meine Schlüsse daraus. Mögliche Schlüsse könnten sein:
   a) Diese Rolle ist in dieser Aufstellung vielleicht gar nicht so wichtig und will mir nichts Konkretes zeigen. Deshalb sind die Gefühle der StellvertreterInnen in gewisser Weise „beliebig“ und hängen eher mit der jeweiligen Person zusammen, die die Rolle übernommen hat.
   b) Diese Rolle „will nicht gesehen werden“ – aus irgendeinem Grund, und deswegen existiert irgendwo ein Schutz, der dazu führt, dass eine permanent wechselnde Unstimmigkeit in der Rolle entsteht.
   c) ? … vielleicht sagt mir direkt in der Situation mein Bauchgefühl etwas, was ich hier im Buch an dieser Stelle nicht in Worte fassen kann …?

Ich fasse noch einmal zusammen: Durch die Suche nach einem richtigen Stellvertreter in meiner Aufstellung, der die Rolle so darstellen kann, dass ich darin etwas wiederentdecke, lerne ich die entsprechende Rolle und ihre Dynamik genauer kennen. Ich sammle auf diese Weise meine ersten Erfahrungen mit meiner Aufstellung.

Gleichzeitig sorge ich dafür, dass ich meine Aufstellung insgesamt besser verstehe/erkenne. Entweder finde ich den richtigen Stellvertreter und erkenne besser, was er darstellt, oder ich mache die Erfahrung einer mir noch unbekannten Dynamik und verstehe das Neue allmählich besser.

Sobald ich meine Aufstellung besser verstehe/erkenne, dockt sie an meine Problematik an und hilft mir besser bei der Lösung.

Natürlich gibt es auch viele sehr gute Erfahrungen mit Aufstellungen, die am Anfang überhaupt nicht verstanden wurden, auch am Schluss nicht, und die ihre Wirkung dann einige Tage oder Wochen später bei der entsprechenden Teilnehmerin entfaltete. In diesen Fällen wurde einer Teilnehmerin nachträglich etwas klar und sie „verstand" nachträglich, was ihr ihre Aufstellung sagen wollte.

Deshalb gibt es beim Freien Aufstellen auch hier wieder einmal die „Wahl". Die Aufstellerin kann wählen, ob sie „unstimmige" StellvertreterInnen austauscht, bis sie etwas mit ihrem Verhalten anfangen kann, oder ob sie keinen Austausch vornimmt und sich darauf verlässt, dass sie in dem Verhalten eines Stellvertreters irgendwann später einen Sinn entdeckt.

Es gibt noch eine weitere Möglichkeit, mit dem unstimmigen Verhalten eines Stellvertreters umzugehen. Angenommen ein Stellvertreter hat die Rolle deines Vaters übernommen, verhält sich aber ganz anders, dann kannst du diesem Stellvertreter eine neue Rolle geben als „das, was hier gesehen werden will" und suchst einen neuen Teilnehmer aus, der nun die Rolle deines Vaters übernimmt. So bleibt beides in der Aufstellung erhalten und man kann damit arbeiten.

Olaf: „Ich möchte dir die Möglichkeit anbieten, dass du deine StellvertreterInnen jederzeit austauschen kannst, wenn du das Gefühl hast, dass hier irgendetwas nicht stimmt. Es könnte sein, dass eine Stellvertreterin einen Aspekt der Rolle spiegelt, der für dich hier im Moment nicht so wichtig ist oder mit dem du nicht so viel anfangen kannst. Dann kannst du eine andere Teilnehmerin bitten, diese Rolle zu übernehmen, und kannst testen, ob sie in der Rolle andere Aspekte spiegelt, mit denen du dann mehr anfangen kannst. Und du kannst auch jede Stellvertreterin wieder entlassen, wenn du das Gefühl hast, sie hier in der Aufstellung gerade nicht mehr zu brauchen."

„O.k., alles klar. Danke."

Inge (= LeserIn) und Robert (= altes Verhaltensmuster) beginnen, sich zu bewegen und durch den Raum zu gehen. Martin (= neues Verhaltensmuster) bleibt einfach regungslos an seinem Platz stehen, dort, wo er aufgestanden war.

Wozu das alles?

An dieser Stelle komme ich zu der Frage, warum wir eigentlich Aufstellungen durchführen. Was ist unser Ziel? Warum suchen wir StellvertreterInnen aus, die sich in Rollen einspüren, über ihre Gefühle berichten und ihren Impulsen folgen? Wozu dieses Rollenspiel?

Entweder wir sind neugierig oder wir haben ein Problem oder ein bestimmtes Ziel. Deswegen suchen wir nach Möglichkeiten, unsere Neugierde zu befriedigen, unser Problem zu lösen oder unser Ziel zu erreichen.

Warum aber das Spiel mit den StellvertreterInnen?

Immer wieder machen TeilnehmerInnen die Erfahrung, dass die ausgesuchten StellvertreterInnen sich auf eine Art und Weise fühlen oder verhalten, wie es der Rolle entspricht, ohne über die Rolle bestimmte Informationen erhalten zu haben.

Eine Stellvertreterin fühlte sich in einer Rolle sehr dick und hatte Schmerzen im Unterleib. Sie wusste nicht, dass die Person, die sie vertrat, im realen Leben gerade schwanger war.

Ein Stellvertreter fühlte Schmerzen in der linken Kopfhälfte. Er wusste nicht, dass die Person, die er vertrat, ein Großvater war, der im Krieg durch einen Kopfschuss gestorben ist.

Ein Stellvertreter fühlte sich wie ein Macho. Er wusste nicht, dass der Aufsteller ihm tatsächlich die Rolle eines Machos gegeben hatte.

Zwei Stellvertreterinnen konnten sich gegenseitig nicht leiden. Beide wussten nicht, dass die entsprechenden Personen, die sie vertraten, im realen Leben miteinander verfeindet waren.

Eine Stellvertreterin musste von Anfang an auf dem Boden auf allen Vieren kriechen. Sie wusste nicht, dass die Aufstellerin ihr die Rolle eines Meerschweinchens gegeben hatte.

Eine Stellvertreterin fühlte sich sehr schwach und musste sich auf den Boden legen. Sie wusste nicht, dass sie die Rolle einer Frau hatte, die bereits gestorben war und deren Tod von den übrigen Familienmitgliedern bisher nur wenig betrauert worden war.

Im Jahr 2006 habe ich in 80 Freien Aufstellungen die aufstellenden Personen gebeten, ihre StellvertreterInnen zu bewerten. Ich stellte ihnen die Frage, zu wie viel Prozent das Rollenverhalten der StellvertreterInnen mit den Charakteren und Schicksalen der realen Personen übereinstimmte. Dabei war der Maßstab folgender: 0 % bedeutete „Die/der StellvertreterIn verhielt sich völlig anders als die Person, die sie/er vertreten hat"; 100 % bedeutete „Die/der StellvertreterIn verhielt sich haargenau so, wie ich die entsprechende Person aus meinem Alltag kenne." Das Ergebnis meiner schriftlichen Befragung lautete: Bei 65 von 80 Aufstellungen wurde den StellvertreterInnen eine Stimmigkeit zwischen 70 % und 100 % bescheinigt.

Nicht immer, aber immer wieder, können bei Aufstellungen solche Erlebnisse gemacht werden, dass die StellvertreterInnen intuitiv etwas fühlen oder äußern, was genau zur Rolle passt. Es ist faszinierend, dies immer wieder auszuprobieren. Allerdings – wie bereits angedeutet – scheint es nicht immer zu funktionieren. StellvertreterInnen können sich auch auf eine Weise verhalten, mit der die Aufstellerin absolut nichts anfangen kann. Auch das gehört dazu und kann etwas aussagen.

Über die Frage, wie solche Übereinstimmungen überhaupt möglich sind und wann sie stattfinden und wann nicht, wird in der Aufstellungsszene viel debattiert. Es gibt viele Theorien, Sichtweisen und Vermutungen über das Phänomen der „resonierenden Empfindungen" von StellvertreterInnen. Da bisher aber noch keine wirklich „wissenschaftliche" Erkenntnis vorliegt, möchte ich es in diesem Handbuch der Leserin / dem Leser und ihrer / seiner Fantasie überlassen, darüber zu spekulieren. Denn auch hier haben wir die Wahl, wie wir uns etwas erklären wollen.

Wie ich persönlich über das Phänomen denke, habe ich zwar in meinen bisherigen Büchern ausführlich geschildert (siehe die Literaturliste im Anhang), doch entscheidend für den Umgang mit Aufstellungen ist für mich die Praxis. Ich darf die Stimmigkeit von Stellvertretergefühlen immer wieder konkret erleben und bei eigenen Aufstellungen auch „benutzen". Sehr oft schon haben mir StellvertreterInnen durch ihr intuitives Verhalten meine gegenwärtige Situation bestätigt, mir neue Ideen vermittelt und mir geholfen, meine Probleme zu lösen oder einen nächsten Schritt in Richtung Lösung zu gehen.

Durch diese Erfahrungen habe ich besonders im Kontakt mit Freien Aufstellungen eine tiefe Freude entwickelt und freue mich, auch in Zukunft mithilfe von StellvertreterInnen ab und zu Lösungen oder neue Ideen für mich zu finden. Das Freie Aufstellen ist zu einem Teil meines Lebens geworden: Ich stelle immer mal wieder etwas auf, was mich beschäftigt – mal in einer Gruppe, mal mit Zetteln auf dem Fußboden, wenn ich allein bin, mal zu zweit mit meiner Frau –, und ich beobachte die Folgen.

Jeder darf fragen

Ich konzentriere mich nun wieder auf deine Aufstellung. Martin hat sich im Gegensatz zu den anderen beiden StellvertreterInnen bisher nicht bewegt. Ich frage:

„Martin? Warum bleibst du dort an deinem Platz stehen?"

„Ich habe das Gefühl, dass ich im Moment noch nicht so wichtig bin. Ich warte."

„Weißt du auch, worauf du wartest?"

„Nein, das kann ich im Moment nicht sagen. Allerdings ist meine Aufmerksamkeit schon etwas stärker auf Robert gerichtet."

Die beobachtende Gruppe erlebt mich gerade im Gespräch mit dem Stellvertreter Martin, der für „das neue Verhaltensmuster" steht. Die meisten TeilnehmerInnen, die bereits das therapeutisch begleitete Familienstellen kennen aber das Freie Aufstellen noch nicht verinnerlicht haben, rutschen an dieser Stelle in ihr gewohntes Gefühl: Hier leitet ein Seminarleiter die Aufstellung und stellt den StellvertreterInnen Fragen.

Doch das ist ein Trugschluss. Jeder aus der Gruppe hätte diese Frage stellen können, denn du als AufstellerIn hast ja vorhin erlaubt, dass jeder seinen Impulsen folgen darf. Und da ich gerade neugierig war, warum Martin an seinem Platz stehen geblieben ist, bin ich meinem Impuls einfach gefolgt und habe diese Frage laut ausgesprochen.

Ich habe bei fremden Aufstellungen oft Ideen und spreche sie aus oder werde aktiv, solange der Aufsteller keine Grenze gesetzt hat. Da die übrige Gruppe sich meistens schüchtern noch etwas zurückhält, entsteht dadurch automatisch eine Situation, die man vom geführten Aufstellen kennt: Der Seminarleiter leitet und die Aufstellerin sowie die Gruppe schauen zu.

Da ich mir als Organisator dieser möglichen Verwechslung bewusst bin, erwähne ich ab und zu der Gruppe gegenüber, dass jeder genauso aktiv sein darf wie ich – solange die Aufstellerin keine Grenze gesetzt hat. Außerdem frage ich manchmal die Aufstellerin, ob es noch in Ordnung ist, wenn ich hier einfach meinen Impulsen folge. Durch diese Frage rufe ich allen Beteiligten ins Bewusstsein, dass ich nur aus einer untergeordneten Position heraus aktiv bin. Ich signalisiere meine Bereitschaft, mich jederzeit nach den Wünschen und Grenzen der Aufstellerin zu richten.

Olaf: „Ist das in Ordnung für dich, wenn ich hier einfach so deinen StellvertreterInnen Fragen stelle?"

„Ja, klar."

Olaf zur Gruppe: „Auch wenn ich durch meine Fragen wie ein ‚kompetenter Leiter' auf Euch wirke: Ihr dürft jederzeit genauso Fragen stellen. Ihr dürft alles tun, was ich auch tue oder was ihr von SeminarleiterInnen aus anderen Aufstellungsseminaren her kennt, solange uns hier von der Leserin / vom Leser keine Grenzen gesetzt werden."

In der Zwischenzeit sind Inge und Robert weiter im Raum herumgegangen. Es kristallisiert sich heraus, dass Inge den Kontakt mit Robert meidet und ihm tendenziell aus dem Weg geht, während Robert hinter ihr her schlendert. Aus Spaß beschleunigt er seinen Schritt in Richtung Inge – und Inge beginnt, vor ihm wegzulaufen. Robert grinst.

Ein Teilnehmer sagt zu dir: „Es erscheint mir logisch, dass Inge vor Robert wegläuft. Anscheinend wehrst du dich gegen dein altes Verhaltensmuster, oder?"

„Ja, klar, ich will es ja loswerden."

Die Anrede

Eine andere Teilnehmerin fragt: „Mir fällt gerade auf, dass die StellvertreterInnen direkt mit ihrem Namen angesprochen werden. Ich kenne es aus anderen Aufstellungsveranstaltungen, dass die StellvertreterInnen mit der Bezeichnung der Rolle angesprochen werden. In dem Fall würden wir also nicht mehr über ‚Inge' und ‚Robert' reden, sondern über die ‚Leserin' und ihr ‚altes Problem-Verhaltensmuster'. Wie ist das beim Freien Aufstellen?"

Olaf: „Ja, das kenne ich auch. Ich habe von SeminarleiterInnen gehört, dass sie die Bezeichnung der Rolle vorziehen. Ihrer Meinung nach können sich die StellvertreterInnen während der Aufstellung besser mit der Rolle identifizieren. Auch das Ablegen der Rolle am Ende der Aufstellung soll leichter fallen, wenn man dann wieder mit dem normalen Namen angesprochen wird."

Das möchte ich an dieser Stelle etwas anschaulicher erklären.

Wenn ein Teilnehmer, z. B. mit dem Namen Erik, für eine Stellvertreterrolle ausgesucht wird, in der er einen Vater repräsentiert, dann wird er in vielen Aufstellungsseminaren während der Aufstellung nicht mehr mit „Erik" angesprochen, sondern immer mit „der Vater" oder direkt mit „du" angeredet. Es wird z. B. die Frage gestellt: „Wie fühlt sich der Vater jetzt?" oder „Frage an den Vater: Warum verhältst du dich gerade so?"

Erst beim Entlassen aus der Aufstellung wird diesem Stellvertreter gesagt: „Jetzt bist du wieder Erik." Oder Erik sagt es sich selbst: „Ich bin jetzt wieder Erik."

Wird Erik aber während der Aufstellung in seiner Rolle als Vater direkt mit „Erik" angesprochen („Erik, wie fühlst du dich gerade?"), dann haben manche SeminarleiterInnen Befürchtungen. Sie werden u. a. wie folgt formuliert: „Wenn die StellvertreterInnen während der Aufstellung mit ihrem wirklichen Namen angeredet werden, vermischen sich die Energien der Persönlichkeit zu sehr mit der Rolle" oder „Die TeilnehmerInnen verstricken sich zu sehr mit den Rollengefühlen, wenn ihr wirklicher Name permanent mit diesen Gefühlen in Verbindung gebracht wird“ oder „Die TeilnehmerInnen können dann nicht mehr so leicht zwischen ihren wirklichen Gefühlen und den Rollengefühlen unterscheiden“.

Ich habe die Erfahrung gemacht, dass das Eine nicht unbedingt mit dem Anderen zusammenhängen muss. Es gab in meinen Veranstaltungen TeilnehmerInnen, denen nicht klar war, ob ihre Gefühle gerade ihre eigenen Gefühle oder die Rollengefühle sind, *obwohl* sie mit der Rollenbezeichnung angesprochen wurden. Und ich habe viele TeilnehmerInnen erlebt, die kein Problem damit hatten, in der Rolle mit ihrem persönlichen Namen angesprochen zu werden.

Mein Fazit: Es gibt keinen wirklichen Beweis für diese Zusammenhänge. Es gibt nur Vermutungen und Befürchtungen, die teilweise auch die Wirkung einer selbsterfüllenden Prophezeiung entfalten können. Daher kann es beim Freien Aufstellen jeder so machen, wie er es für richtig hält. Und jeder Stellvertreter kann selbst entscheiden und den Wunsch äußern, lieber mit der Rollenbezeichnung oder mit dem eigenen Namen angesprochen zu werden.

Olaf: „Hier kann sich jeder dafür entscheiden, was ihm selbst guttut. Die Aufstellerin kann entscheiden, wie ihre StellvertreterInnen angesprochen werden sollen, als auch die StellvertreterInnen können entscheiden, wie sie angesprochen werden wollen. Meistens gehen wir ganz spontan damit um. Jeder macht es einfach so, wie er intuitiv gesteuert wird oder wie er es gewohnt ist.“

„Alles klar.“

„Hat einer von euch drei Stellvertretern ein Problem damit, direkt beim Namen genannt zu werden?“

Alle drei schütteln den Kopf. Inzwischen hat deine Stellvertreterin Inge sich in die Ecke des Raums verzogen und einen Stuhl als Schutz vor sich hingestellt. Aus dieser Ecke heraus hinter dem Stuhl stehend beobachtet sie vorsichtig Robert. Robert ist in größerem

Abstand stehen geblieben. Er sagt: „Jetzt, wo du mich anschaust, kann ich hier stehen bleiben." Er geht sogar noch ein paar Schritte zurück, während Inge erleichtert durchatmet.

Das Deuten

Um ein Problem lösen zu können, müssen wir es erst genauer kennenlernen. Allein durch das Beobachten der Aufstellung kann schon vieles deutlicher werden. Man könnte z. B. in diese letzte Situation zwischen Inge und Robert hineindeuten, dass es dem alten Verhaltensmuster wichtig ist, einfach nur wahrgenommen zu werden. Dann weicht es schon von selbst ein wenig zurück. Im Alltag würde das bedeuten, dass du, liebe/r LeserIn, dich selbst beobachtest, während du schon wieder dein problematisches Verhaltensmuster an dir entdeckt hast. Du nimmst es wahr, beobachtest es und sagst: „Aha, da ist es ja wieder." Vielleicht mit ein bisschen Schutz davor (= der Stuhl), aber ohne Abwehr dagegen (= kein Weglaufen mehr). Vielleicht wird das alte Verhaltensmuster dann weniger intensiv, beweglicher, lässt sich besser verändern.

Was ich hier gerade geäußert habe, sind Vermutungen, Deutungen, Übertragungen von dem, was wir gerade bei der Aufstellung erlebt haben, auf den Alltag. Ich kenne es von manchen SeminarleiterInnen, dass sie gerne solche Deutungen als „Wahrheit" formulieren, als ob es wirklich so sei. Sie sagen: „Ganz klar. Du solltest dein Verhaltensmuster einfach anschauen, dann weicht es allmählich von selbst zurück."

Ich formuliere meine Gedanken meistens als Angebot: „Vielleicht will dein Verhaltensmuster nur angeschaut werden, um zurückweichen zu können. Wenn du möchtest, kannst du es ja mal ausprobieren, ob es dir irgendwie weiterhilft."

Wer eine Wahrheit formuliert, geht davon aus, dass es eindeutige Wahrheiten gibt. Ich will nicht behaupten, dass es keine eindeutigen Wahrheiten gibt, denn das wäre auch eine Wahrheitsäußerung von mir. Ich sage nur: „Ich weiß nicht, was wirklich ‚wahr' ist. Ich habe nur meine ‚eigene Realität', aus der heraus ich meine Sichtweisen mitteile. Ich weiß, dass es immer nur meine persönliche Sichtweise ist."

Die Hirnforschung hat schon länger festgestellt, dass wir uns in unserem Gehirn eine eigene Realität von der Realität bilden. Um mit unserem Umfeld in Kontakt treten zu können, erschafft sich unser Gehirn innere Modelle, die es nach außen projiziert und immer wieder neu überprüft und neu der Gegenwart anpasst – mit Hilfe unserer Sinneswahrnehmungen. Alles, was wir wahrnehmen, sind nicht äußere Realitäten, sondern es sind die Modelle, die unser Gehirn durch Anregungen unserer Sinnesorgane mithilfe von vielen Synapsen in sich selbst „bildet". Im Grunde kann man zu diesen Modellen auch „Fantasiewelt" sagen. Wir leben in ganz präzise ausgefeilten Fantasiewelten, die der Realität sehr nahe kommen, doch es bleiben immer unsere persönlichen Fantasiewelten.

So sehe ich es in meiner Realität/Fantasiewelt: Jeder lebt in seiner ganz eigenen Realität/Fantasiewelt und projiziert sie auf sein Umfeld. Aus dieser persönlichen Realität/Fantasiewelt heraus deutet und wertet jeder und zieht seine Schlüsse.

Wenn also ein Leiter/Teilnehmer über deine Aufstellung sagt: „Ist ja ganz klar: Du solltest dein Verhaltensmuster einfach genau anschauen, dann weicht es allmählich von selbst zurück!", dann übersetze ich es für mich in: „Dieser Leiter/Teilnehmer ist in *seiner* Realität davon überzeugt, dass die Lösung hier ganz klar auf der Hand liegt und das Verhaltensmuster nur angeschaut werden müsste, damit es zurückweichen kann. Ob es wirklich so ‚ist', kann niemand wirklich wissen. Man kann es nur ausprobieren und testen."

Wenn ich auf diese Weise denke, dann übernehme ich nicht unbedingt die „Wahrheit" des anderen. Sondern ich bleibe in meinem

Denken beweglicher und offener. Ich lasse mir die Möglichkeiten offen, dass es auch noch andere Lösungen geben könnte oder dass hier diese Lösung in diesem Fall gar nicht wirklich funktioniert.

Ich empfehle aus *meiner* persönlichen Realität, es wie folgt zu sehen: Egal, was ein anderer Mensch dir für einen Tipp, einen Ratschlag oder eine Wahrheit vermittelt und welche Kompetenz er hat – es kommt immer aus *seiner* ganz persönlichen Realität, die sich durch seine Lebenserfahrungen gebildet hat. Du hast dabei die Wahl, ob du es in *deine* Realität integrierst, es übernimmst, es ausprobierst und die Wirkung seiner Sichtweise überprüfst. Hilft sie dir? Wirkt sie auf dich angenehm? Und wenn nicht, dann bist du frei, nach anderen Sichtweisen/Deutungen/Wahrheiten zu suchen, die dir „wirk"lich helfen.

Jede von anderen Menschen geäußerte Dogmatik kann man auf diese Weise entkräften.

Ich empfehle: Nimm immer dein eigenes Gefühl und deinen eigenen Verstand (= Realität/Fantasiewelt) als Maßstab. Und wenn du dir gerade nicht sicher bist, dann probiere etwas aus oder warte beobachtend so lange, bis du dir sicher wirst. So sammelst du allmählich deine eigenen Erfahrungen, bildest *deine* eigene Realität immer weiter auf für dich nützliche Weise aus und entwickelst deine Kraft aus deinem ganz eigenen Lebensweg.

Das war jetzt keine Wahrheit, sondern eine Empfehlung aus *meiner* ganz persönlichen Realität.

Natürliche Impulse

Inzwischen ist Inges Gesichtsausdruck sehr entspannt. Sie schaut weiterhin auf Robert, auf das alte Verhaltensmuster. Martin, das neue Verhaltensmuster, hat sich schon seit längerer Zeit von seiner Fixierung auf Robert gelöst und schaut von seinem Platz aus nun liebevoll auf Inge, seitdem sie hinter dem Stuhl in der Ecke steht. Das alte Verhaltensmuster hat sich hingesetzt, müde, energielos. Du bist neugierig und fragst:

„Was ist mit dem alten Verhaltensmuster los?"

Robert: „Irgendwie verschwindet meine Energie, ich fühle mich unwichtiger hier in der Runde. Deswegen habe ich mich hingesetzt."

„Und Martin? Ich beobachte, dass du jetzt auf Inge schaust."

Martin: „Ja, ich warte darauf, dass Inge mich anschaut."

Als Inge das hört, schaut sie zu Martin rüber. Sie muss lächeln und sagt:

„Wow, da ist ja noch jemand. Den hatte ich bisher gar nicht registriert!"

Sie dreht sich vollständig mit ihrem ganzen Körper zu Martin, richtet sich dabei noch ein bisschen auf und atmet tief durch. Jetzt braucht sie den Stuhl auch nicht mehr und schiebt ihn zur Seite.

Wenn wir uns diesen letzten Verlauf genau anschauen und uns fragen, wie Inge auf Martin aufmerksam wurde, dann war deine Frage an Martin der Auslöser. Durch deine Frage erzählte Martin, wie es ihm geht und worauf er wartet. Das hat Inge gehört, zu Martin hinübergeschaut und für sich etwas Neues entdeckt. Dadurch konnte sie sich kraftvoll aufrichten. Dein freier und neugieriger Impuls hat in der Aufstellung etwas bewegt.

Als ich 2002 damit begann, meine ersten Aufstellungsworkshops zu organisieren, habe ich sehr schnell festgestellt, dass man die StellvertreterInnen gar nicht unbedingt immer anweisen muss, etwas zu tun. Bisher kannte ich es, dass AufstellungsleiterInnen die StellvertreterInnen konkret auffordern, etwas zu tun. „Schau mal zu dieser Person" oder „Sag mal den folgenden Satz: ..." oder „Verbeuge dich ganz langsam vor dieser Person".

Doch viele Bewegungen oder Impulse einer Aufstellung entwickeln sich oft wie von selbst. Nicht nur, indem man den StellvertreterInnen freie Hand lässt, sondern auch dadurch, indem man genauso **AufstellerInnen und ihrer Neugierde freie Hand lässt**. So entwickelte ich sehr schnell ein Vertrauen in eine „natürliche Dynamik der Menschen“ und es entstand 2003 das Freie Aufstellen, in welchem AufstellerInnen frei über ihre Aufstellungen entscheiden und mit ihr umgehen dürfen.

Eine Lösung

Robert sieht, wie Inge sich zu Martin gedreht hat, steht auf und sagt: „Jetzt bin ich überflüssig. Ich könnte gehen.“

Olaf: „Soll Robert aus seiner Rolle gehen oder brauchst du ihn noch?“

Du bist erleichtert, denn dein altes Verhaltensmuster möchte sich offensichtlich verabschieden.

„Von mir aus kann er sich gerne wieder in die Gruppe setzen. Danke, Robert!“

Robert setzt sich wieder in der Gruppe auf seinen Platz. Inge und Martin lächeln sich an und gehen langsam aufeinander zu.

Mir fällt plötzlich etwas auf.

„Ich habe gerade einen Gedanken: Wir haben ja das neue Verhaltensmuster gar nicht wirklich benannt. Oder hast du dir etwas Konkretes darunter vorgestellt?“

„Nein.“

„Vorhin kam der Vorschlag, dass die Lösung vielleicht sein könnte, dein altes Verhaltensmuster weniger zu bekämpfen als viel mehr in Ruhe zu beobachten und einfach nur zu registrieren, dass es gerade wieder da ist. Im Grunde ist ja dieses Beobachten schon ein neues

Verhaltensmuster! Vielleicht ist das der Grund, warum Inge und Martin sich jetzt schon so schnell annähern können und Robert gerade gegangen ist. Vielleicht ist erst einmal nichts weiter zu klären und ein besseres Gleichgewicht bereits da, … oder wie empfindest du es?“

Du sagst: „Ja, mir ist auch inzwischen schon ziemlich klar, dass es damit zu tun haben könnte. Schon allein wenn ich daran denke, mein altes Verhaltensmuster nur zu beobachten, beruhigt sich etwas in mir. Im Grunde fühle ich mich gerade genauso, wie Inge es ausstrahlt. Mir geht es gut, wenn ich an mein altes Verhaltensmuster denke, und muss nicht mehr davor weglaufen.“

Ein Teilnehmer aus der Gruppe fragt dich: „Möchtest du dich vielleicht selbst mal an den Platz deiner Stellvertreterin stellen?“ Inzwischen stehen sich Inge und Martin schon sehr dicht gegenüber, halten sich an den Händen und strahlen sich an.

Du entscheidest dich, diese Idee anzunehmen, stehst auf, gehst zu Inge und sagst: „Danke, Inge. Jetzt stelle ich mich mal selbst an meinen Platz.“ Inge lächelt und setzt sich hin.

Nun stehst du vor Martin, hältst seine warmen Hände, siehst ihm in seine lächelnden Augen, weißt, dass er dein neues Verhaltensmuster ist, und fühlst dich richtig gut dabei. Du atmest ganz ruhig und entspannt. Allmählich taucht das Bedürfnis in dir auf, dein neues Verhaltensmuster zu umarmen. Auch Martin ist offen dafür – und so umarmt ihr euch liebevoll und drückt euch freudig und angenehm. Nach einer Weile löst du die Umarmung wieder und sagst: „Danke dir – Martin.“ Du schaust noch einmal in die Runde: „Danke an euch alle!“, gehst zu Inge, umarmst auch sie, und zum Schluss noch Robert.

So erlebe ich es sehr häufig. Es ist aber keine Verpflichtung, jede/n StellvertreterIn zum Abschluss noch einmal zu umarmen. Wem das unangenehm ist, der lässt die Umarmungen einfach sein und bedankt sich nur bei allen, die mitgewirkt haben.

Jede/r macht es so, wie es für sie/ihn passt.

Das Drängeln von TeilnehmerInnen

Eine Teilnehmerin sagt:

„Ich habe aber das deutliche Gefühl, dass hier noch irgendetwas fehlt.“

Ein anderer Teilnehmer:

„Und ich fand, die Umarmung mit Martin war nicht wirklich echt. Die LeserIn hat ihr neues Verhaltensmuster nicht wirklich angenommen.“

Und eine dritte Teilnehmerin bemerkt:

„Müsste das alte Verhaltensmuster nicht noch würdevoll verabschiedet werden?“

Du reagierst leicht verunsichert: „Hab ich was falsch gemacht?“

Olaf: „Es war *deine* Aufstellung. Hattest du während der Aufstellung das Gefühl, etwas falsch zu machen?“

„Nein, ich fand die Idee sehr stimmig, das alte Verhaltensmuster in Ruhe zu beobachten, wenn es wieder auftritt, und ich habe mich mit dem neuen Verhaltensmuster sehr gut gefühlt. Jetzt arbeitet es gerade ein wenig in mir. Ich habe aber das Gefühl, dass dies nur eine Art Neuorientierung ist, die sich entwickelt und ordnet.“

Olaf: „Hast *du* das Gefühl, dass dir noch etwas fehlt?“

„Nein … im Grunde nicht.“

„Und war für dich die Umarmung echt?“

„Voll und ganz!“

Olaf an Robert: „Hast du das Gefühl, du müsstest als altes Verhaltensmuster noch verabschiedet werden?“

Robert: „Nein, es war einfach gut, als die LeserIn die Entscheidung gefällt hat, dass ich mich wieder setzen könne, und sich bei mir bedankt hat. Das hat mir vollkommen genügt.“

Vielleicht denkst du, wie unhöflich es von den drei TeilnehmerInnen ist, dein Happy End noch irgendwie in Frage zu stellen oder Einwände zu bringen. Wenn du aber erlaubt hast, dass die TeilnehmerInnen all ihren Impulsen folgen dürfen, und ihnen bisher noch keine Grenzen gesetzt hast, dann gehört es auch dazu, dass sie nach deiner Aufstellung ihre Gedanken und Gefühle zum Happy End der Aufstellung mitteilen.

Manchmal sind es freudige bestätigende Mitteilungen, manchmal wird noch etwas in Frage gestellt oder eine Ergänzung gegeben. Du hast als AufstellerIn auch hier die Wahl, welchen Impuls du aufgreifst, was dir noch wichtig ist, was dich in deinem Lösungsprozess unterstützt und was nicht. Dein Maßstab für deine Entscheidungen sind nicht die Meinungen der anderen, sondern der Maßstab ist und bleibt immer dein eigenes Gefühl, deine eigene Erfahrung, dein eigenes Denken, also *deine* Realität.

Teilnehmerin: „Ich habe aber trotzdem das starke Gefühl, dass hier noch etwas ganz Wichtiges fehlt!“

Manche StellvertreterInnen oder TeilnehmerInnen haben sehr intensive Gefühle und drängeln darauf, dass ihre Gefühle vom Aufsteller ernst genommen werden. Aufgrund dieser Intensität gehen sie davon aus, dass ihre Gefühle eine Art „Wahrheit“ repräsentieren, einen wichtigen Spiegel darstellen und unbedingt berücksichtigt und aufgegriffen werden müssen. Diese Dringlichkeit im Gefühl gehört oft dazu, weil man etwas „so klar“ spürt. Sie ist auf jeden Fall zu respektieren.

Aber trotzdem bleiben in diesen Fällen die freie Wahl und die freie Entscheidung beim Aufsteller. Egal, wie überzeugt eine Stellvertreterin oder eine Teilnehmerin ihr Gefühl oder ihre Sichtweise mitteilt, die letztendliche Entscheidung, was für den Aufsteller wichtig ist, trifft immer der Aufsteller selbst. Er kann die Impulse der anderen ernst nehmen und ihnen nachgehen, indem er die Vorschläge aufgreift und umsetzt. Er kann die Impulse der anderen registrieren aber entscheiden, dass sie im Moment nicht wichtig sind. Er kann sich die Impulse merken und vielleicht später aufgreifen. Er kann entscheiden, dass die Impulse für ihn keine Rolle spielen.

Manchmal merke ich als Organisator, dass ein Aufsteller unsicher wird, wenn Bemerkungen oder Fragen aus der Gruppe kommen. Dann mache ich allen wieder bewusst, dass wir hier beim Freien Aufstellen sind. Und beim Freien Aufstellen entscheidet der Aufsteller selbst, was für ihn wichtig ist. Er bleibt der Chef. Deshalb frage ich z. B. den Aufsteller, wie er es *selbst* empfindet und was *seine* Wünsche sind. Egal, was er antwortet: Ich unterstütze ihn dabei. Meine Unterstützung sieht so aus: Eine Teilnehmerin ist davon überzeugt, dass hier in der Aufstellung noch etwas fehlt. Ich frage den Aufsteller, ob ihm noch etwas fehlt oder ob er „das, was fehlt" noch testweise aufstellen möchte. Wenn ihm aber nichts fehlt oder er den Impuls der Teilnehmerin nicht weiter verfolgen möchte, dann sage ich: „Gut! Ist o.k.".

Manchmal drängelt dann ein Teilnehmer noch mehr und betont, dass hier *wirklich* noch etwas fehlt. Sein Gefühl scheint sehr stark zu sein und er kann nicht davon loslassen. In solchen Momenten wird von diesem Teilnehmer die Aufmerksamkeit der Gruppe und des Aufstellers stark angezogen. Im Grunde übernimmt er dadurch eine gewisse „Führung", ohne dass er dazu beauftragt wurde. Ich schaue auf den Aufsteller und frage ihn noch einmal: „Wie willst du damit umgehen?" Mit dieser Frage signalisiere ich: „Du darfst nach wie vor frei entscheiden, egal wie intensiv und wertend ein anderer Teilnehmer sein Gefühl vermittelt." Und wenn der Aufsteller immer noch entscheidet, dass es keine Rolle für ihn spielt, aber der Teilnehmer einfach nicht loslassen kann, dann bitte ich den Teilnehmer:

„Der Aufsteller hat entschieden, deinen Impuls nicht aufzugreifen. Daher bitte ich dich nun, deine Hilfe ganz loszulassen und es einfach so stehen zu lassen. **Wenn es dir schwerfällt, von deinem Ziel loszulassen**, kannst du auch für eine kurze Zeit mal ganz aus dem Raum gehen und dich diesem Drang einfach nicht mehr zur Verfügung stellen."

Meistens lässt derjenige dann los.

In meiner Aussage steckt ein kleiner Trick: Manchmal ist ein Teilnehmer so sehr davon überzeugt, von einem wichtigen Gefühl gesteuert zu werden, dass er dabei seine Eigenverantwortung vergisst. Jeder, der sich durch ein Gefühl gedrängelt fühlt, ist in Wirklichkeit aber selbst dafür verantwortlich, sich diesem Drang zur Verfügung zu stellen oder nicht. Deswegen habe ich den Teilnehmer indirekt daran erinnert, dass er sich ja ganz eigenverantwortlich diesem Drang hingegeben hat. Meine Erinnerung ist dadurch geschehen, dass ich „sein Ziel" mit ins Spiel gebracht habe. Ich sagte: „Wenn es dir schwerfällt, von *deinem Ziel* loszulassen …". So wird dem Teilnehmer bewusst, dass er ja im Grunde ein eigenes Ziel verfolgt, welches er auch jederzeit wieder loslassen kann. Er kann das Ziel loslassen, **hier unbedingt helfen zu wollen**. Durch die Erinnerung an seine Eigenverantwortung und die Bewusstwerdung seines Helferdrangs könnte es sein, dass er sich diesem Drang nicht mehr „ausgeliefert" fühlt und nun besser loslassen kann.

Wenn du als AufstellerIn selbstsicher genug bist, dann kannst du selbst auf diese Weise mit einer drängelnden Teilnehmerin umgehen und die Grenze selbst setzen. Du weißt, dass hier Freies Aufstellen stattfindet, du die letztendliche Entscheidungsgewalt über deine Aufstellung besitzt und entsprechende Grenzen setzen darfst. Wenn sich TeilnehmerInnen diesen Grenzen nicht fügen wollen und drängeln immer weiter auf dich ein oder sind beleidigt, wenn ihr Wunsch nicht erfüllt wird, und es entsteht ein Konflikt, dann können diese TeilnehmerInnen gebeten werden, den Raum zu verlassen, damit auch weiterhin Freies Aufstellen stattfinden kann.

Lässt du dich aber von einem drängelnden Teilnehmer ungewollt überreden, um einem Konflikt aus dem Weg zu gehen, dann konnte der drängelnde Teilnehmer die Führung übernehmen. Das Freie

Aufstellen hat sich in ein geführtes Aufstellen verwandelt. Will ich als Organisator aber ein reines freies Aufstellen anbieten und möchte ich, dass sich meine TeilnehmerInnen auch darauf verlassen können, dann muss ich an dieser Stelle intervenieren. Ich muss diesem Teilnehmer die Führung wieder aus der Hand nehmen und in deine Hände zurücklegen – durch folgende Aussage: „Das entscheidet der Aufsteller. Er ist der Chef und es ist *sein* Problem, *seine* Aufstellung und *seine* Lösung."

Die Stimmigkeit

Ich behaupte nicht, dass eine drängelnde Teilnehmerin nicht eventuell sogar Recht hat. Vielleicht fehlt *wirklich* etwas.

Aber es kommt nicht darauf an, *dass* etwas fehlt, sondern *für wen* etwas fehlt und *für welches Ziel.*

Angenommen wir gehen auf die Impulse einer drängelnden Teilnehmerin ein und stellen das dazu, was ihrer Meinung nach fehlt. Dann könnte es tatsächlich sein, dass viele TeilnehmerInnen in der Gruppe das Gefühl haben: „Ja, jetzt fühlt es sich vollständiger an als vorher." Die vorher drängelnde Teilnehmerin lehnt sich nun bestätigt und zufrieden zurück und auch die StellvertreterInnen signalisieren: „Jetzt ist es noch besser!" Allerdings kommt es vor, dass nun die Aufstellerin überhaupt nichts damit anfangen kann. Sie kann nicht nachvollziehen, wieso sich fast alle besser fühlen, denn sie selbst fühlt sich nicht anders als vorher. Auch von ihrem Verstand her kann sie nicht nachvollziehen, was das Ganze hier soll.

Wem hat es dann letztendlich geholfen, dass „das, was fehlt" dazugestellt wurde? Nur einigen TeilnehmerInnen und StellvertreterInnen, aber nicht der Aufstellerin. Natürlich kann sich die Aufstellerin nun fragen, was es ihr zu sagen hat. Erkennt sie aber nichts, findet sie keine Antwort, weder bei der Aufstellung noch irgendwann hinterher, dann war es für die Aufstellerin nicht hilfreich.

Ich empfehle, bei allen Hilfsimpulsen immer darauf zu schauen, ob es *den Aufstellenden* hilft oder nicht. Alles, was ich denke und fühle, biete ich der Aufstellerin als eine Möglichkeit an, nie als eine „Wahrheit", die unbedingt jetzt beachtet werden sollte.

Würde ich tatsächlich drängeln, dass meine Wahrheit, Erkenntnis, Sichtweise oder mein Gefühl von der Aufstellerin anerkannt werden sollte, dann ist das ein Zeichen dafür, dass ich hier ein eigenes Ziel besitze und damit eine Führungsrolle übernehme. Ich drängle darauf, dass mein eigenes Ziel erfüllt wird, und schaue nicht mehr darauf, ob die Aufstellerin für diesen Schritt offen ist und es ihr wirklich hilft. Das ist kein Freies Aufstellen mehr.

Nicht jeder Schuh passt jedem Menschen. Wollen wir einem Menschen neue Schuhe schenken und ihm damit eine *wirkliche* Freude machen, dann müssen wir erstens darauf achten, dass die Schuhgröße auch passt, und zweitens, dass die Schuhe ihm gefallen. Passen sie im Moment nicht und gefallen sie auch nicht, dann heißt das aber immer noch nicht, dass diese Schuhe „falsch" sind. Sie könnten einem anderen Menschen passen und gefallen.

Genauso schaue ich auf Wünsche, Ziele und ihre Erfüllungen, auf Probleme und ihre Lösungen. Eine Lösung ist immer „relativ". Sie ist nur eine Lösung, wenn sie für den Menschen, der das Problem hat, auch etwas löst. Sehr oft erlebe ich bei Aufstellungen, dass TeilnehmerInnen aus der Gruppe der Überzeugung sind, „die" Lösung zu kennen. Dabei vergessen sie, diese Lösung, die ihnen vorschwebt, zunächst einmal dem anderen Menschen anzuprobieren und ihn zu fragen, ob diese Lösung zu seinem Problem passt und er sich dadurch nun besser fühlt.

Wie oft kommen unsere Lösungsvorschläge beim anderen nicht an, weil wir im Grunde sein Problem gar nicht gut genug kennengelernt und ein anderes Problem in ihn hineinprojiziert haben?! Unsere Lösung bezieht sich dann auf unsere Projektion, nicht auf das wirkliche

Problem des anderen. Vielleicht haben wir früher einmal selbst ein ähnliches Problem gehabt und diese Lösung für uns als lösend empfunden – und nun meinen wir, es sei auch die Lösung für den anderen. Doch eigentlich können wir es nicht wirklich „wissen".

Beim Freien Aufstellen geht es immer darum, etwas zu finden, was sich für den Aufsteller zum gegenwärtigen Zeitpunkt stimmig anfühlt. Nur er kann wahrnehmen, wann etwas stimmig und für ihn das Happy End erreicht ist. Und nur seine Seele kennt den Weg dorthin. Wir anderen können ihm einfach zur Verfügung stehen und Angebote machen. Es gibt eine schöne Zen-Weisheit:

Gehe nicht in den Fußspuren der Meister.
Suche, wonach sie suchten.

Ich erlebe an mir: Meine tiefsten Erkenntnisse über mich selbst hat mir nicht ein Buch vermittelt oder ein anderer Mensch oder Meister, sondern mein eigenes Leben, meine Erfahrungen mit mir selbst, meine Gedanken und Gefühle. Wieso sollte ich also einen anderen Menschen von meinen Weisheiten, meinen Erkenntnissen überzeugen? Wieso sollte ich mich zum Meister machen? Wenn das Überzeugen mir selbst nur selten geholfen hat, wieso sollte es einem anderen Menschen mehr helfen?

Wieso sollte ich auf einen anderen Menschen überzeugend wirken?

Wieso sollte eine Aufstellung auf einen Menschen überzeugend wirken?

Wieso sollte ein Meister auf seinen Schüler überzeugend wirken?

Die eigene Suche und die eigenen Erfahrungen sind viel überzeugender. Also stehe ich einem anderen Menschen nur für seine eigene Suche zur Verfügung. Ich biete ihm alle meine Gefühle und Ideen ohne Erwartungen an. Nicht mehr und nicht weniger. Und in meinen Augen kann das Freie Aufstellen vielen Menschen für ihre persönliche Suche ein gewisses Lernfeld darstellen. Die Organisatorin und die TeilnehmerInnen bieten ihre Gefühle und Sichtweisen an – und die Aufstellerin sucht sich das aus, was für sie in dem Moment stimmig ist und „passt“. Was nicht passt, muss nicht falsch sein – es passt eben nur im Moment nicht.

Das Zerreden von Wirkungen

Schließlich meldet sich ein weiterer Teilnehmer zu Wort und wendet sich an die Gruppe: „Ich verstehe gar nicht, warum ihr hier nach der Aufstellung noch so viele Einwände bringt. Dadurch wird doch die schöne Wirkung der Aufstellung für die aufstellende Person völlig zerredet!“

Auch hier gilt wieder: Solange die Aufstellerin keine Grenzen gesetzt hat, ist die Gruppe frei, ihre Meinungen sogar nach einer Aufstellung weiterhin zu äußern. Möchte die Aufstellerin eine Grenze signalisieren, dann könnte es sich wie folgt anhören:

„Ich möchte jetzt meine Aufstellung gerne ein wenig in mir wirken lassen und würde mich freuen, wenn wir nicht weiter darüber reden. Ich bitte euch darum, auch in der Pause mit mir nicht über die Aufstellung zu reden. Erst wenn ich von selbst anfange, das Thema anzuschneiden, dann bin ich auch offen dafür.“

Wie denke ich über das Zerreden von Wirkungen? Meine Meinung dazu lautet: Solange eine Wirkung tatsächlich zerredet werden kann, „soll“ sie auch zerredet werden, damit eine neue Wirkung entstehen kann und der Weg für einen nächsten Schritt frei wird. Eine Wirkung, die tatsächlich tiefgeht und Bestand hat, kann meiner Erfahrung nach auch durch die heftigsten Diskussionen nicht zerredet werden.

Ich erlebe es immer wieder an mir selbst: Wenn eine Aufstellung mich tief berührt und ich eine lösende Erkenntnis habe, dann kann keine Diskussion der Welt und keine Einwände oder Abwertungen von anderen TeilnehmerInnen mir diese Erfahrung wieder nehmen. Und wenn ich mich noch in einer Orientierungsphase befinde, mich vielleicht noch verwirrt von der Aufstellung fühle, dann wird mir eine Diskussion in der Gruppe zu viel und ich schütze mich selbst, indem ich entweder eine Grenze setze oder den Raum verlasse und mich mit meiner Verwirrung zurückziehe, bis ich eine neue Klarheit und Orientierung gefunden habe.

Fühle ich ausgeglichen und gelöst und zufrieden, dann können so viele TeilnehmerInnen neugierig Fragen stellen oder über das Ergebnis meiner Aufstellung diskutieren, wie sie wollen. Mich tangiert es nicht. Ich kann ihnen mit meiner Ausgeglichenheit zur Verfügung stehen und Auskunft über meine Gefühle erteilen. Vielleicht habe ich sogar das Bedürfnis, der Gruppe von meinen Erkenntnissen zu erzählen und sie an meiner Lösung und meinen Gefühlen teilhaben zu lassen. Solange es für mich als Aufsteller stimmig ist, ist es gut.

Manchmal teste ich gezielt die lösende Wirkung einer Aufstellung auf mich. Ich fordere die Gruppe auf, mir noch Feedbacks zu meiner Aufstellung zu geben, und beobachte dabei, ob es ein Feedback oder einen Einwand gibt, der die Wirkung in mir wieder ins Wanken bringt. Wenn ja, dann kann ich nach einer noch umfassenderen Lösung weitersuchen. Bleibt aber die lösende Wirkung in mir bestehen, dann festigt sie sich sogar noch durch diese Erfahrung. Ich erlebe: Auch wenn andere meine Lösung anzweifeln, bleibe ich klar und gelöst. Das motiviert und erfüllt mich zusätzlich.

Mit dem Ergebnis umgehen

Ein Teilnehmer fragt: „Und jetzt? Was macht man nun mit so einem Ergebnis einer Aufstellung? Wie sollte man im Alltag damit umgehen?“

Olaf: „Wenn du mit deinem Auto in der Werkstatt warst und du deine Reifen hast wechseln lassen, wohin sollte man anschließend fahren? – Übertrage ich das auf deine Frage, dann lautet meine Antwort: Lebe einfach weiter und schaue, wie es sich mit den neuen Reifen fährt. Schaue, wie es dir mit deiner Erkenntnis und deinen neuen Gefühlen geht. Ist dein Problem noch genauso vorhanden wie vorher? Ist es anders? Erlebst du dich gelöst? Oder taucht das nächste Problem auf? Und dann gehe die nächsten Schritte, die dich dein Gefühl führt.“

„Verstehe …“

„Gibt es noch weitere Fragen aus der Gruppe?“

„Ja, wann machen wir eine Pause?“

„Jetzt.“

Diese Aufstellung von dir war eine recht kurze und offensichtlich klare Aufstellung, in der du keinen Impuls hattest, deine StellvertreterInnen auszutauschen oder helfende Elemente als neue StellvertreterInnen dazuzustellen. Doch es gibt auch andere, wesentlich komplexer ablaufende Aufstellungen. Dazu komme ich später.

Im Folgenden mache ich ein paar Vorschläge, wie du das bisher Beschriebene auf deinen Alltag übertragen kannst.

Übertragungen auf den Alltag

Ressource Intuition

Wenn du im Alltag auf irgendein Problem stößt und nicht mehr weiterweißt, ratlos fühlst, wie du mit der Situation umgehen sollst, eine Aussichtslosigkeit empfindest, dann weißt du nun, dass du immer auf einer übergeordneten Resonanzebene nach einer Lösung dafür suchen kannst. Du kannst die Intuition von StellvertreterInnen in einer Gruppe oder zu Hause mit Partner oder Freunden oder mithilfe von Figuren oder Papierblättern nutzen und dich durch das „weise Universum" oder dein „weises Unbewusstes" mit neuen Erkenntnissen über die Problem-Situation überraschen lassen.

Rollenprojektion

Du weißt nun, dass du bei verdecktem Aufstellen deinen StellvertreterInnen geistig eine Rolle zuweisen kannst, die sie dann erspüren können. Du sagst Ihnen nicht, welche Rolle sie haben, sondern stellst es dir nur vor. Wenn beim Aufstellen so eine Rollenverteilung funktioniert, dann auch im Alltag. Ich bin davon überzeugt, dass wir sogar unbewusst permanent anderen Menschen Rollen zuweisen und etwas in sie projizieren.

Bist du dir dessen bewusst, dann kannst du Menschen, die dir auf irgendeine Weise zur Verfügung stehen (deine Angestellten, deine Kinder, Personen, die dir zuhören oder zuschauen oder für dich etwas tun etc.), gezielt angenehme und positive Rollen zuweisen und sie fühlen sich bei dir möglicherweise wohler als vorher. Vielleicht können sie sogar unter deiner Beobachtung ein ungeahntes Potenzial entwickeln – je nachdem was du in sie projizierst.

Denke beispielsweise über den anderen: „Du kannst allmählich ein ungeahntes Potenzial entwickeln und uns alle (dich selbst auch) positiv damit überraschen."

Rollen ablegen

Durch deine Erlebnisse als StellvertreterIn in Aufstellungen wirst du sensitiver für resonierende Empfindungen im Alltag. So, wie du nach einer Aufstellung eine Rolle als StellvertreterIn wieder ablegst und daraufhin die entsprechenden Rollengefühle verschwinden, kannst du auch im Alltag resonierende Empfindungen ablegen, indem du dich entscheidest, für die hier gerade passierende unabsichtliche „Aufstellung" nicht weiter zur Verfügung zu stehen (siehe auch mein Buch „*Ich stehe nicht mehr zur Verfügung – Wie Sie sich von belastenden Gefühlen befreien und Beziehungen völlig neu erleben*", aktualisierte und erweiterte Fassung 2021).

Aus Rollen entlassen

Wenn du erlebst, dass ein anderer Mensch dir aus Versehen zur Verfügung steht und unbewusst Resonanzgefühle entwickelt, die gerade mit deiner eigenen Problematik zu tun haben, kannst du ihn aus dieser Rolle entlassen, indem du innerlich oder laut den Satz formulierst: „Du stehst mir gerade für das Spiegeln meines eigenen Problems zur Verfügung. Ich bin mir dessen nun bewusst. Du brauchst mir dafür nicht weiter zur Verfügung zu stehen, wenn du nicht möchtest." Es kann die Partnerin / der Partner sein oder die eigenen Kinder, vielleicht auch deine Angestellten oder KollegInnen im Job.

Verständnis

So, wie du beim Freien Aufstellen lernst, deine StellvertreterInnen über ihre Gefühle zu befragen und daher ihre Beweggründe etwas genauer auszukundschaften, kannst du im Alltag in problematischen

Situationen auf andere Menschen zugehen, Interesse signalisieren und Fragen stellen, um die anderen besser verstehen zu lernen (anstatt immer nur selbst um Verständnis zu kämpfen). Außerdem lernst du, alltägliche Situationen öfter als „Aufstellungen“ umzudeuten, sie zu beobachten und dich selbst zu fragen: „Was für ein Problem habe ich hier in dieser Situation und was will mir die Situation über mich selbst bewusstmachen?“

Öffnung

Alles gehört dazu. Diese Regel beim Freien Aufstellen kannst du für deinen Alltag wie folgt nutzen: Wenn du dich innerlich permanent gegen etwas wehrst, etwas ändern willst, es einfach nicht klappt und du schon ziemlich verzweifelt bist, probiere aus, wie sich dein Gefühl ändert, wenn du deine Abwehr aufgibst und dir selbst sagst: „Vielleicht gehört das auch irgendwie dazu …“

Grenzen anderer

Die Organisatorin darf jederzeit Grenzen für sich und ihre Veranstaltung setzen. Im Alltag gibt es immer wieder Situationen, in denen du einem anderen Menschen zur Verfügung stehst und ihm dementsprechend untergeordnet bist. Erkenne an, dass du dich in seinem Rahmen aufhältst und er daher „berechtigt“ ist, jederzeit bewusste oder unbewusste Grenzen zu setzen. Wehre dich nicht mehr dagegen.

Wenn es dir damit aber nicht gut geht, dann gehe eigenverantwortlich aus dem „Rahmen“ heraus und stelle dich nicht weiter zur Verfügung, anstatt innerhalb des Rahmens gegen ihn zu kämpfen, dadurch die Rangfolge durcheinander zu bringen und alles nur noch schlimmer zu machen.

Eigene Grenzen

Der Aufsteller darf jederzeit Grenzen für sich und seine Aufstellung setzen – und: Jeder Teilnehmer darf für sich jederzeit Grenzen setzen. Im Alltag bist du innerhalb deines Hoheitsgebietes der Chef. Jeder, der ohne deine Erlaubnis deine Grenzen überschreitet, macht dies zu Unrecht und kann von dir zurechtgewiesen oder ausgeschlossen werden. Fühlt sich der andere innerhalb deines Hoheitsgebietes nicht wohl, dann hat er immer auch die Möglichkeit, dir nicht weiter zur Verfügung zu stehen und sich aus deinem Rahmen zurückzuziehen. Das liegt vollständig in seiner Eigenverantwortung. Solange er sich aber innerhalb deines Rahmens aufhält, muss er auch mit den Folgen leben und deine Grenzen achten, wenn er nicht Ungleichgewichte heraufbeschwören möchte.

LehrerInnen dienen dir

Wenn dir die Organisatorin beim Freien Aufstellen erklärt, wie man mit der eigenen Aufstellung umgehen kann, lehrt sie dich zwar etwas, ist aber keine Person, die dir übergeordnet ist. Sie macht dir nur Angebote.

Genauso kannst du verändert auf deinen Alltag schauen: Jede Lehrerin oder jeder Trainer oder Coach, der dir früher einmal etwas erklärt hat oder heute oder in Zukunft etwas erklärt, ist immer nur ein Mensch, der dir Möglichkeiten anbietet. Er ist dir persönlich nicht übergeordnet. Er weiß oft zwar besser als du, wie man etwas macht und bestimmte Ziele erreichen kann, ist dir dadurch menschlich gesehen aber nicht vorangestellt. *Du* bist ja derjenige, der etwas lernen will. Du hast das Ziel. Und so steht in „Wirklichkeit“ die Lehrerin dir „zur Verfügung“, damit du dein Ziel optimal erreichen kannst.

Viele LehrerInnen verwechseln ihre Rolle mit der Elternrolle und verhalten sich bei Fehlern ihrer SchülerInnen von oben herab bestrafend oder regen sich auf. Doch diese Rolle steht ihnen nicht zu.

Keiner kann deine Eltern ersetzen. Und nicht sie haben das Ziel, sondern du. Niemand ist dir menschlich übergeordnet. Du bist dein eigener Chef und entscheidest, was du lernen oder lösen willst.

Jeder Lehrer ist dir und deinen Zielen untergeordnet und teilt dir mit, wie du deine Ziele eventuell besser erreichen könntest. Doch ob du es nutzt oder nicht, bleibt allein in deiner Entscheidung und Eigenverantwortung.

Wenn du im Kontakt mit einem Lehrer die Lust verlierst, dann wechsle den Lehrer und suche dir jemanden, der dich und deine psychischen und emotionalen Strukturen versteht und dir genau die Tipps geben kann, die du jetzt gerade brauchst, die dich dort abholen, wo du bist, und dich tatsächlich motivieren und voranbringen. Du bist der Chef. Und jeder Lehrer muss von dir „gecastet" werden, ob er der Richtige für dich ist, dir optimal helfen kann und du dich bei ihm wohl fühlst.

Grenzen kommunizieren

Bei deiner eigenen Aufstellung darfst du der Gruppe sagen, was für ein Verhalten du von der Gruppe möchtest und was nicht. Du darfst der Gruppe Grenzen setzen. Mache auch im Alltag deinem Umfeld klar, wo deine Grenzen sind, was du möchtest und was nicht. Das kannst du beim Freien Aufstellen gut lernen, kannst eine gewisse Selbstsicherheit gewinnen – und sie dann auf deinen Alltag übertragen.

Stille Grenzen und unausgesprochene Erwartungen haben im Alltag wie auch beim Aufstellen verwirrende Effekte und können zu Konflikten führen. Gewöhne dich daran, Bedürfnisse, Wünsche und Grenzen klar zu kommunizieren – ohne Vorwürfe, sondern einfach nur klärend, damit sich dein Umfeld daran orientieren und entscheiden kann, ob es dir weiter zur Verfügung stehen möchte oder sich lieber ein wenig distanziert.

Indiskretion

Gehe auch im Alltag davon aus, dass die Themen, die du vertraulich von dir erzählst, doch irgendwann irgendwie weitererzählt und verraten werden. Bitte dein Umfeld um Diskretion, rechne aber gleichzeitig mit dem Schlimmsten, bereite dich darauf vor und hoffe das Beste.

Ebenbürtige Kritik

Wenn du von anderen Menschen kritisiert wirst oder dir mitgeteilt wird, dass du etwas auch hättest anders machen können, dann siehe den anderen Menschen immer als zu dir ebenbürtig (weder über- noch untergeordnet). Er lebt in *seiner* Realität mit *seinen* Zielen, Bedürfnissen und Wünschen und du lebst in *deiner* Realität mit *deinen* Zielen, Bedürfnissen und Wünschen. Beide Realitäten gehören auf dieser Welt dazu und sind ebenbürtig und gleichberechtigt. Es ist logisch, dass die Ziele unterschiedlicher Realitäten auch selbst unterschiedlich sind und deshalb „Unterschiede" in der Kommunikation und im Kontakt zum Vorschein kommen und als „Wertungen" ausgedrückt werden.

Jedes Ziel führt durch seine Existenz dazu, dass es Dinge gibt, die zum Ziel dazugehören, und Dinge, die nicht dazugehören. Jedes Ziel führt also automatisch zu Wertungen. Wertungen sind die normale Folge von (bewussten und unbewussten) Zielen, Wünschen, Bedürfnissen.

Du bleibst die Chefin deiner eigenen Ziele innerhalb deiner Realität – und jede Kritikerin teilt dir im Endeffekt nur mit, wie sie deine Ziele in ihrer Realität wahrnimmt und bewertet. Mehr nicht. Ein anderer Mensch kann niemals deinen menschlichen „Wert" bestimmen und festlegen (siehe auch mein Buch „*Ich stehe nicht mehr zur Verfügung 2. Die Kritik von anderen hat nichts mit mir zu tun*", überarbeitet 2020).

Andocken

Eine Aufstellung kann mir besser helfen, wenn ich von Anfang an etwas mit ihr anfangen kann, wenn sie also bei mir und meinem Problem „andockt". Genauso kannst du dir auch im Alltag bewusst machen: Hilfe ist am effektivsten, wenn ihr ein intensives Verständnis vorausgeht. Diejenige, die dich am besten versteht (und damit bei dir „andocken" kann), kann dir auch am besten helfen. Und je besser du andere Menschen verstehst, desto besser kannst du ihnen helfen. Bei der Hilfe ist also das erste Ziel, so gut wie möglich beim anderen andocken und sein Problem verstehen zu können. Wenn man einem anderen Schuhe schenken will, muss man erst den Geschmack des anderen und seine Schuhgröße herausfinden. Erst dann könnte man ein Geschenk finden, das auch passt.

Relative Wahrheiten

Beim Aufstellen sind alle Deutungen und Sichtweisen immer nur Spekulationen. Du kannst dies auch auf den Alltag übertragen und jede „Wahrheit" als „Teil einer menschlichen Realität" sehen, die auch änderbar oder erweiterbar ist. Jede Wahrheit ist relativ. Es kommt immer darauf an, für *wen* diese Wahrheit wahr ist.

Lösungsdefinition

Eine Lösung ist nur eine Lösung, wenn sie das Problem eines Menschen tatsächlich löst. Und das kann nur derjenige wahrnehmen, der das Problem hat. Wenn du ein Problem hast, dann kannst auch nur du wahrnehmen, was dir „wirk"lich hilft. Nur das, was du wirkungsvoll als Lösung empfindest, ist für dich auch eine. Die Definition von „Lösung" hängt immer vom „Problemträger" ab.

Ob ein Schuh passt, kann nur derjenige sagen, der ihn anprobiert.

Stärkendes Hinterfragen

Wenn du von etwas überzeugt bist oder eine Lösung für dich gefunden hast, kannst du die Wirksamkeit in dir selbst testen, indem du es von anderen Menschen hinterfragen lässt. Wirst du durch das Hinterfragen unsicher, dann könnte es für dich eine noch bessere, umfassendere Sichtweise oder Überzeugung oder Lösung geben. Wenn aber jedes Hinterfragen dich nur noch stärker macht, weil du tief in dir spürst, wie deine Sichtweise ganz von allein standhält und dir auch weiterhin Kraft gibt, ohne dass du sie verteidigen musst – dann gratuliere ich dir.

Kapitel III

Wie kann ich bei einer fremden Aufstellung mitwirken und dazulernen?

Das Auslosen

Die Pause ist inzwischen vorüber, die TeilnehmerInnen haben sich wieder im Raum versammelt und warten darauf, dass es weitergeht.

Ich greife zum Lostopf, eine kleine Schachtel, in der die gefalteten Zettel mit den Namen aller TeilnehmerInnen liegen, die aufstellen wollen.

„Wer möchte Losfee spielen?"

Eine Teilnehmerin meldet sich, ich gehe zu ihr und reiche ihr die Schachtel hin. Ohne hinzuschauen zieht sie einen Zettel, faltet ihn auseinander und liest: „Sandra!"

„Ich wusste, dass ich drankomme! Ich habe schon die ganze Pause über Herzklopfen gehabt. Außerdem ist mein Thema gerade sehr präsent in mir und beschäftigt mich permanent“, sagt Sandra.

Oft gehe ich beim Auslosen direkt zu der Teilnehmerin, die vorher aufgestellt hatte, und lasse sie den nächsten Zettel ziehen. Auf diese Weise übergibt die vorige Aufstellerin das „Feld“ symbolisch der nächsten Aufstellerin.

Das kann besonders hilfreich sein, wenn die vorige Aufstellerin noch mit ihrem Thema beschäftigt ist und sich mit ihrem Sitznachbarn immer noch darüber unterhält. Wenn ich sie dann einen Zettel ziehen lasse, unterbreche ich sie damit und ihr wird bewusst, dass nun ein neues Thema einer anderen Teilnehmerin dran ist.

Kann aber die Teilnehmerin schlecht von ihrem Thema loslassen und fühlt sich von mir gestört, dann hat sie auch die Möglichkeit, aus dem Raum zu gehen, draußen darüber nachzudenken oder sich draußen weiter zu unterhalten, während wir schon einmal mit der nächsten Aufstellung weitermachen.

Wieso lasse ich eigentlich auslosen, wer aufstellen darf?

Dafür gibt es mehrere Gründe.

1. Als ich im Jahr 2003 mit dem Freien Aufstellen begann, organisierte ich hauptsächlich kostenlose Workshops. Auf diese Weise bekam ich sehr schnell genügend TeilnehmerInnen in meine Veranstaltungen. Außerdem konnte jeder sofort wieder gehen, wenn es ihm bei mir nicht gefällt, ohne dabei irgendeinen finanziellen Verlust zu machen. Ich wollte auch nicht, dass die TeilnehmerInnen sich verbindlich anmelden müssen, sondern lud dazu ein, dass jeder spontan kommen könne. In diesen flexiblen Rahmen passte es nach meinem Gefühl nicht, dass bestimmte Leute von Anfang an einen Vorrang erhielten und aufstellen durften. Ich wünschte mir eine gewisse Gleichberechtigung für alle. Deswegen war das Los für mich die beste Lösung.

2. Ich erlebte bei Aufstellungsveranstaltungen anderer SeminarleiterInnen, dass gefragt wurde, wer als nächstes aufstellen möchte. Diejenige, die sich zuerst gemeldet hatte, durfte aufstellen. Manche TeilnehmerInnen entwickelten die Schlagfertigkeit, sich schon zu melden, wenn der Seminarleiter nur Luft holte und sagte:

„Wer möch…“ – **„Ich!“**

Ich persönlich mag es nicht, wenn beim Aufstellen ein gewisser Wettbewerb entsteht, bei dem die Langsamen und Bedächtigen das Nachsehen haben.

3. Manche SeminarleiterInnen hören sich zunächst an, wer welches Problem gerade aufstellen möchte, und entscheiden nach ihrem Gefühl, welches der berichteten Probleme am dringlichsten ist.

Ich selbst traue mir nicht zu, so etwas entscheiden zu können. Ehrlich gesagt: Ich persönlich mag diese übergeordnete Rolle nicht, wenn ich entscheide, welcher Mensch dringender aufstellen sollte als ein anderer.

4. Schon sehr oft durfte ich erleben, dass das Losverfahren in „Resonanz“ zu den Themen der TeilnehmerInnen schwang. Überdurchschnittlich oft wird genau die Teilnehmerin ausgelost, die gerade intensiv in einem Problem steckt. Deswegen habe ich großes Vertrauen in das Losverfahren und den (scheinbaren) Zufall gewonnen.

Ich erinnere mich noch gut an die beiden Schwestern, die nur am Vormittag Zeit hatten und beide aufstellen wollten. Die Gruppe bestand aus 15 Personen. Zehn davon wollten aufstellen. Mindestens drei Aufstellungen würden wir in der Vormittagseinheit schaffen – und beide Schwestern wurden tatsächlich ausgelost und durften aufstellen. Die übrigen TeilnehmerInnen konnten am Nachmittag oder am Abend aufstellen. Da einige Aufstellungen recht kurz waren, kamen letztendlich alle dran. Es lief perfekt.

Selbstverständlich hat das Auslosen auch Nachteile: Wenn man einen längeren Anfahrtsweg zum Workshop hat, der nicht nur Zeit gekostet hat, und wenn man unbedingt aufstellen möchte, man aber letztendlich nicht ausgelost wird, dann kann es sehr enttäuschend für denjenigen sein.

Deswegen organisiere ich ab und zu auch kostengünstige Aufstellungsworkshops, bei denen man sich schon vorher mit der Anmeldung für einen „aktiven" Platz entscheiden kann. Hier wird natürlich nicht gelost, sondern es ist klar, wer aufstellen darf und wer nur noch einen passiven Platz ergattert hat. Die „Passiven" können in diesem Workshop ihre Erfahrungen als StellvertreterInnen und BeobachterInnen sammeln.

Zurzeit (2011) organisiere ich in Köln wöchentlich kostengünstige Kurzworkshops „Freie Systemische Aufstellungen", an denen Interessierte spontan ohne Anmeldung teilnehmen können. Eine Abendveranstaltung dauert gut drei Stunden. In einem Kurzworkshop können mindestens drei Aufstellungen à 50 Minuten durchgeführt werden. Hier biete ich den TeilnehmerInnen an, die am Ende nicht ausgelost wurden, sich mit Namen und Kontaktdaten in eine Vorrangliste einzutragen. Hat man sich eingetragen, so erhält man einen Punkt. Nimmt jemand nun jede Woche an einem Workshop teil und trägt sich jedes Mal in die Vorrangliste ein, weil er nicht dran kam, so sammelt er allmählich ein paar Punkte.

Die Vorrangliste sortiere ich so, dass derjenige mit den meisten Punkten ganz oben steht. Diejenigen mit etwas weniger Punkten folgen danach. Bei jedem Kurzworkshop darf einer von dieser Vorrangliste aufstellen, die übrigen beiden Aufstellungen werden ausgelost. Ich schaue am Anfang des Workshops, welcher Teilnehmer von dieser Vorrangliste gerade anwesend ist – und derjenige, der die meisten Punkte hat, darf dann aufstellen. Haben zwei TeilnehmerInnen die gleiche Punktzahl, dann entscheidet, wer von beiden länger auf seine Aufstellung wartet. Ich schaue auf das Datum, wann sich ein Teilnehmer das erste Mal in die Vorrangliste eingetragen hat. Ist auch hier das Datum bei beiden gleich, dann lose ich zwischen beiden aus, wer aufstellen darf.

Für das Losverfahren bedeutet das: Je öfter man nicht ausgelost wurde, desto größer ist die Chance, dass man bei seiner nächsten Teilnahme dran kommt.

Wenn sich besonders viele Menschen in die Vorrangliste eintragen, sie permanent wächst und ich die Liste in den Kurzworkshops nicht mehr „abarbeiten“ kann, biete ich irgendwann zwischendurch einen kostenlosen Wochenendworkshop an, bei dem dann all diejenigen Personen garantiert aufstellen dürfen, die die meiste Punktzahl erreicht haben.

Die Stellvertreterrolle

Sandra freut sich trotz ihrer Aufregung darüber, dass sie nun aufstellen darf.

Olaf: „Wie willst du aufstellen, Sandra?“

(Beim therapeutisch begleiteten Aufstellen geht es am Anfang immer um die Frage: „*Was* willst du aufstellen?“ Hier beim Freien Aufstellen lautet die erste Frage: „*Wie* willst du aufstellen?“)

„Ich will verdeckt anfangen. Später decke ich auf, wenn ich nicht mehr weiterweiß.“

Sandra hat sich bereits überlegt, welches Thema sie auf welche Weise aufstellen möchte.

„Und wie darf die Gruppe aktiv sein?“

„Ich würde mich freuen, wenn ihr euch erst einmal zurückhaltet und ruhig seid. Ich will zunächst nur die StellvertreterInnen ungestört beobachten.“

Hier in diesem Fall wissen sowohl die Gruppe als auch ich als Organisator nicht, was Sandra aufstellen wird. Da ich mich als Organisator auch nicht für eine heimliche Einweihung zur Verfügung stelle, „muss“ Sandra allein beginnen – ohne Möglichkeit der Beratung.

Das ist übrigens noch ein kleiner Nebeneffekt meiner Entscheidung, mich nicht heimlich einweihen zu lassen: Wenn eine Teilnehmerin gerne verdeckt aufstellen möchte und eine Organisatorin steht dafür zur Verfügung, sich zunächst im Nebenraum das Thema erzählen zu lassen, dann entscheiden sich die allermeisten TeilnehmerInnen für genau diese Option. Denn auf diese Weise ist es immer „sicherer“ und manchmal auch „bequemer“ für die Teilnehmerin. Sie muss bestimmte Entscheidungen nicht alleine fällen.

Wenn aber eine Organisatorin nicht für eine heimliche Einweihung zur Verfügung steht, dann steht die Teilnehmerin vor der Wahl: entweder allein verdeckt beginnen oder halbverdeckt bzw. offen mit Unterstützung von der gesamten Gruppe aufstellen. Da das Verdeckte für viele als interessanter oder vorteilhafter empfunden wird, springen die TeilnehmerInnen über ihren Schatten und stellen selbstständig verdeckt auf – zunächst ohne jegliche Hilfe.

Auf diese Weise lernen sie schneller, mit ihrer Aufstellung ganz selbstständig umzugehen. Sie lernen gezielter die Folgen ihrer Selbstständigkeit kennen – und können besser aus dem lernen, was sie selbst ausprobiert haben. Gleichzeitig können sie sich darauf verlassen: Wenn man Rat braucht, kann man jederzeit aufdecken und allen erzählen, worum es hier in dieser Aufstellung geht, und dann können die Organisatorin und die Gruppe weiterhelfen.

Selbstverständlich gibt es auch Grenzfälle. Selten befindet sich eine Teilnehmerin in einem Dilemma: Sie traut der Gruppe nicht und will ihr Thema nicht wirklich vollständig erzählen. Für sie wäre das verdeckte Aufstellen ein wunderbarer Schutz. Doch sie braucht auch dringend Beratung. In diesen „Sonderfällen“ stehe ich ausnahmsweise als heimlich eingeweihter Berater zur Verfügung.

Sandra bleibt auf ihrem Platz sitzen, schaut in die Runde und sucht nach passenden StellvertreterInnen. Sie war schon öfter beim Freien Aufstellen und kennt sich inzwischen etwas aus.

Bei therapeutisch begleitetem Aufstellen mit einem Seminarleiter setzt sich der Aufsteller oft neben den Seminarleiter. Hier beim Freien Aufstellen hat jeder Aufsteller die Wahl, ob er sich neben den Organisator oder einen ausgewählten Leiter setzt, ob er während seiner Aufstellung die ganze Zeit im Raum steht und sich neugierig beobachtend durch die Aufstellung bewegt, ob er an seinem Platz sitzen bleibt oder ob er immer mal wieder wechselt – je nach Gefühl.

„Karin, würdest du eine Rolle übernehmen?“ fragt Sandra.

„Gerne“ antwortet Karin und bleibt noch sitzen.

„Und Paul – du auch?“

„Klar!“

Paul springt motiviert auf und streckt sich.

Sandra überlegt kurz, dann sagt sie:

„Mehr Stellvertreter brauche ich erst einmal nicht. Ich möchte euch nicht extra aufstellen, ihr könnt euch also frei bewegen. Und ich würde mich freuen, wenn ihr auch jederzeit frei erzählt, wie es euch geht.“

Weil Sandra vorhin gesagt hat, dass die Gruppe sich zurückhalten soll, halte ich mich auch zurück und beobachte einfach nur. Denn als Organisator zähle ich mich während einer Aufstellung solange zur Gruppe dazugehörig, bis die Aufstellerin etwas anderes entscheidet und mich z. B. direkt um Rat fragt oder ich die Leitung der Aufstellung übernehmen soll.

Paul dreht sich zu Karin und schaut sie an – mit einer liebevollen Ausstrahlung. Aber er bleibt dort stehen, wo er aufgestanden ist. Karin sieht Pauls Blick, bleibt weiterhin sitzen, schaut auf den Boden und sagt:

„Sein Blick macht mich verlegen.“

Als Paul das hört, geht er ein paar Schritte zurück, vergrößert so den Abstand und lenkt seinen Blick ein wenig zur Seite. Karin atmet tief durch und steht langsam auf. Dabei dreht sie Paul ihre Seite zu und wendet den Kopf noch ein wenig mehr ab, so dass sie Paul nicht mehr sehen kann, auch nicht im Seitenblick.

Paul dreht sich ebenso langsam von ihr weg, was Karin nicht sehen kann, wohl aber trotzdem irgendwie darauf reagiert, denn in dem Moment, in dem Paul so steht, dass er Karin nicht mehr sehen kann, beginnt Karin, sich zu Paul vorsichtig umzudrehen.

Da sagt Paul:

„Also, ich kann Karin nicht mehr sehen, habe aber das Gefühl, dass sie sich jetzt zu mir umdreht. Trotzdem wende ich mich jetzt nicht mehr zu ihr – und ich glaube, ich bleibe so, weil ich sie vielleicht schützen will – vor meinem Blick. Ich warte jetzt einfach ab, was passieren wird.“

Karin schaut auf Paul – aber irgendwie mit einem leeren Blick.

Ein Teilnehmer kommentiert: „Sie schaut gar nicht richtig hin.“

Ich beobachte Sandra, ob sie wohl dem Teilnehmer eine Grenze setzen würde. Sie scheint sich tatsächlich ein wenig gestört zu fühlen, sagt aber nichts. Deswegen fühle ich mich als Organisator des Freien Aufstellens aufgerufen und frage Sandra:

„Ist es in Ordnung für dich, wenn die TeilnehmerInnen deine Aufstellung kommentieren?“

„Nee, im Moment eigentlich nicht.“

Sie wendet sich zum Teilnehmer.

„Darf ich dich bitten, mit Kommentaren noch zu warten? Ich sage Bescheid, wenn ich Hilfe aus der Gruppe brauche.“

„Alles klar.“

Zwischen Karin und Paul hat sich bisher noch nichts verändert. Paul steht abgewendet und Karin schaut Paul von schräg hinten mit einem leeren Blick an. Der kurze Austausch in der Gruppe scheint an ihnen vollkommen vorübergegangen zu sein.

Sandra wirkt ein wenig ratlos. Ihre Stirn steht in Falten:

„Genauso kenne ich es."

Dann scheint sie auf eine Idee gekommen zu sein. Sie schaut suchend in die Runde – und bleibt mit ihrem Blick an dem/der LeserIn hängen. Dann kommt die Frage an dich:

„Würdest du für eine Rolle zur Verfügung stehen?"

„Ich habe so etwas noch nie gemacht", ist deine Reaktion – und du fühlst ein wenig Herzklopfen.

„Das macht nichts" sagt Sandra.

Ich ergänze, dass man für das Übernehmen einer Stellvertreterrolle nichts Besonderes tun oder können muss. Es genügt vollkommen, sich zur Verfügung zu stellen, sich selbst zu beobachten, und das, was man an sich selbst beobachtet, in Worte zu fassen oder in Handlungen auszudrücken.

Auch wenn man nichts fühlt oder nur Gefühle hat, die man von sich selbst kennt oder die gerade zur Situation passen, macht es nichts. Falls du dich aufgeregt oder verlegen oder schüchtern oder von allen beobachtet fühlst, weil du das erste Mal eine Rolle übernimmst, so ist das völlig in Ordnung und du kannst es in Worte fassen. Manchmal passt es sogar genau zu der Rolle, die du übernommen hast, manchmal nicht. Und wenn dein Gefühl nicht zur Rolle passt, ist das auch nicht weiter tragisch.

Einige Leute haben die Befürchtung, dass man die Rolle durch eigene Gefühle und Probleme „verfälschen" oder auf andere Weise die Rolle beeinflussen kann. Diese Befürchtung setzt aber voraus, dass es beim Aufstellen darum gehen würde, nur „richtige" Gefühle zu fühlen.

Meiner Erfahrung nach geht es nicht um falsche oder richtige Gefühle in einer Rolle. Man kann also nichts „falsch" machen. Für mich stellt sich immer nur die Frage: Hilft es gerade oder hilft es nicht?

Es könnte nämlich sein, wenn du als StellvertreterIn in einer Rolle bewusst und absichtlich versuchst, etwas „falsch“ darzustellen oder die Aufstellung bewusst in eine Richtung zu manipulieren, dass es trotzdem der Aufstellerin bei der Lösung ihres Problems hilft, weil sie durch deine Manipulation „zufälligerweise“ zu einer befreienden Erkenntnis gelangt.

Umgekehrt könntest du der sensibelste und hellsichtigste Mensch sein, die Rolle perfekt erspüren und spielen – und es könnte trotzdem der Aufstellerin nicht helfen und sie kann damit nichts anfangen.

Fazit: Es ist egal, ob du eine Rolle richtig oder falsch spielst. Es kommt nur für die Aufstellerin darauf an, ob sie durch dein Rollenverhalten für ihre aufgestellte Frage zu einer für sie stimmigen Lösung gelangt. Und wenn sie dich als „wenig hilfreich“ oder sogar „störend“ empfindet, kann sie dich jederzeit entlassen oder austauschen und einen anderen Teilnehmer bitten, deine Rolle zu übernehmen.

Deshalb ist es für dich unwichtig, dein Tun und Fühlen in einer Rolle zu bewerten. Du kannst die Wertung vollständig der Aufstellerin überlassen und in Ruhe in deiner Rolle deinen Impulsen folgen, ohne darüber nachzudenken, ob die Impulse zu der Rolle oder zu dir gehören, ob du etwas richtig oder falsch machst.

Solltest du jetzt aber immer noch einen Zweifel in dir spüren, diese Rolle zu übernehmen, dann könnte es auch sein, dass du einen Schutz für dich fühlst, eine Vorwarnung in deinem Bauchgefühl. Sandra stellt sich ja innerlich vor, welche Rolle du übernehmen sollst, ohne es dir bisher gesagt zu haben. Du weißt also nicht, was auf dich zukommt. Und es könnte sein, dass dich das Spielen dieser Rolle auf irgendeine Weise unangenehm belasten wird.

In diesem Fall ist meine Empfehlung, dich selbst zu fragen, ob du bereit bist, die Folgen der Stellvertreterrolle zu tragen. Eine Rolle könnte in dir alte verdrängte Erinnerungen an ungelöste Emotionen nach oben spülen, sie könnte dir aber auch wertvolle neue Erfahrungen bieten. Da wir so etwas selten vorausberechnen können, es im besten Fall ein wenig vorausahnen, schlage ich immer vor, sein eigenes Gefühl zu befragen. Und solange man sich irgendwie unwohl fühlt und zweifelt, wäre es vielleicht sinnvoller, die Übernahme der Stellvertreterrolle abzulehnen.

Ich frage immer mein Gefühl, und wenn es irgendwie ein „O.k." signalisiert oder nichts in mir dagegen spricht, nehme ich die Rolle an und stehe dafür zur Verfügung. Sollte ich dann trotzdem durch die Rolle unangenehm belastet fühlen und möchte es nicht weiter aushalten, dann kann ich immer noch die Rolle wieder ablegen, auch während der Aufstellung, und mich dafür nicht weiter zur Verfügung stellen. Außerdem kann ich mir eigenverantwortlich sagen: „Mein Gefühl hat mich nicht vorgewarnt, also sollte es so sein und ich sollte diese Erfahrung machen."

Angenommen du hast nun diese Zeilen gelesen und übernimmst anschließend gerne eine Rolle. Du weißt, dass du nicht mehr darüber nachzudenken brauchst, ob das, was du in der Rolle fühlst oder tust, richtig oder falsch ist. Aber du spürst, dass du immer noch zweifelst und unsicher bist, was du tun sollst und ob das, was du tun würdest, richtig oder falsch ist. In diesem Fall gibt es noch eine andere Möglichkeit: Du könntest diese Gefühle als zur Rolle dazugehörig umdeuten. Vielleicht ist die Person, die du gerade vertreten sollst, generell unsicher, ob ihre Gefühle richtig oder falsch sind? Und du spürst es in der Rolle? Sprich es aus und frage den Aufsteller, ob deine Gefühle eventuell schon zur Rolle gehören könnten.

Sandra sagt zu dir: „Wenn du willst, kann ich auch jemand anderen für die Rolle auswählen."

Du prüfst dein Gefühl, fühlst dich zwar etwas aufgeregt, aber irgendwie spricht nichts dagegen, diese Rolle zu übernehmen, und so antwortest du: „Nee, ist schon in Ordnung. Ich stehe dafür gerne zur Verfügung.“

Sie gibt dir die Freiheit: „Du kannst einfach spontan all deinen Impulsen folgen. Und ich kann auch schon mal sagen, dass du keine Person darstellst, sondern ein bestimmtes Element, das ich mir innerlich vorstelle.“

Noch sitzt du auf deinem Stuhl, merkst aber allmählich, dass du nicht mehr in der Gruppe sitzen bleiben möchtest. Irgendwie stimmt das nicht mehr. Also stehst du auf. Das Herzklopfen in dir wird schneller.

Du denkst zunächst, dass das Übernehmen einer Rolle ganz schön aufregend ist. Dann dämmert dir langsam, dass es vielleicht auch zur Rolle gehören könnte und sagst einfach:

„Ich habe starkes Herzklopfen!“

Es gibt übrigens auch die Möglichkeit, eine Stellvertreterrolle nur zu 50% zu spielen. Falls eine Rolle sich sehr belastend anfühlen sollte, kannst du dir selbst sagen: „Ich stehe dieser Rolle nur zu 50% zur Verfügung“ und kannst dich dadurch entlasten (natürlich ist diese Prozentzahl auch beliebig änderbar auf z. B. 30% oder 20%).

Von deinem Standpunkt aus kannst du sowohl Paul als auch Karin vor dir sehen. Paul steht vorne links, Karin vorne rechts. Der Abstand zwischen beiden hat sich nicht verändert – und dein Abstand ist zu beiden ungefähr gleich. Ihr drei bildet zusammen die Eckpunkte eines Dreiecks. Du schaust nach schräg links zu Paul und spürst, wie Karin nun dich anschaut. Paul bleibt unbeweglich stehen und schaut weg. Sandra fragt:

„Ändert sich bei euch etwas, wenn das neue Element dazukommt?“

Paul nickt langsam.

„Ich habe das Gefühl, als ob dieses neue Element irgendwie helfen wird, weiß aber noch nicht, wie. Ansonsten bleibe ich so stehen wie bisher.“

Karin geht einen Schritt auf dich zu.

„Ich werde neugierig, was da hereingekommen ist.“

Dein Herzklopfen wird noch stärker. Am liebsten möchtest du Karin ebenfalls anschauen, aber irgendetwas hält dich davon ab – und du schaust weiter auf Paul und sagst:

„Dadurch, dass Karin näher gekommen ist, wollte ich eigentlich zu ihr hingucken, aber ich kann nicht. Das ist seltsam. Irgendetwas hält meinen Blick auf Paul gelenkt. Dabei habe ich das Gefühl, dass ich nicht Paul anschauen muss, sondern eher den Blickkontakt mit Karin vermeide.“

Mir fällt der Zusammenhang auf, dass sowohl Paul als auch du den Augenkontakt mit Karin vermeiden. Da die Gruppe sich aber im Moment noch zurückhalten soll, schweige ich. Vielleicht hat Sandra es auch schon selbst bemerkt.

Inzwischen ist Karin ganz dicht an dich herangekommen und steht jetzt rechts neben dir, dich intensiv beobachtend.

„Irgendwie würde ich am liebsten in das neue Element hineinschlüpfen – damit verschmelzen“, sagt sie.

Paul dreht sich langsam in Richtung des neuen Elements.

„Je näher Karin dem neuen Element kommt, desto intensiver geht mein Blick auf das neue Element.“

Auf einmal spürst du, wie du dich zu Karin hindrehen könntest – und tust es auch langsam. Nun steht ihr euch ganz dicht gegenüber und schaut euch tief in die Augen.

Bei Karin steigen Tränen auf.

„Dieses Element sieht so freundlich aus. ... Und irgendwie habe ich das Gefühl, das sind meine Eltern – beide in einer Person – und schauen mich ganz liebevoll an. Das habe ich so vermisst! ... Ich habe es so vermisst! ... Ich habe *euch* so vermisst!“

Karin weint. Auch Sandra hat Tränen in den Augen, während sie diese Verwandlung in ihrer Aufstellung beobachtet. Sie nickt beim Weinen – Karin bestätigend.

Du hast den Gedanken, liebevoll deine Arme um Karin legen zu wollen. Dabei testest du diesen Gedanken in deinem Gefühl. Ja, irgendwie spricht nichts dagegen. Im Gegenteil. Es taucht jetzt sogar ein Gefühl auf, Karin umarmen zu wollen, und so tust du es vorsichtig. Karin erwidert dein Entgegenkommen, schmiegt sich an dich und legt ihre Arme um dich. Weitere Tränen fließen.

Ich stehe auf, hole die Küchenrolle vom Tisch, reiße ein Blatt ab und reiche es Sandra. Sie wischt sich die Tränen und schnäuzt die Nase. Auch Karin bringe ich ein Blatt. Sie bevorzugt es aber, weiter in der Umarmung mit dir zu bleiben und die Augen geschlossen zu halten. So stelle ich die Küchenrolle neben euch beiden auf den Boden und weiß: Ihr könnt euch jederzeit bedienen. Dann nehme ich wieder Platz.

Der Ideal-Partner

Sandra erzählt: „Ja, das, was ihr hier zeigt, passt sehr gut. Wie ihr unschwer erkennen könnt, ist Karin meine Stellvertreterin, und ich habe immer die liebevolle Fürsorge meiner Eltern vermisst. Das schlimmste in meiner Kindheit waren immer wieder die bösen Blicke meiner Eltern, wenn ich nur im Ansatz etwas falsch gemacht habe oder im Begriff war, etwas zu tun, was sie nicht wollten."

Paul schaut nach wie vor liebevoll aus einem sicheren Abstand heraus auf das Geschehnis.

Sandra: „Ich hatte gar nicht gedacht, dass dies eine solch große Rolle in meinen Partnerschaften spielen würde. Aber es fühlt sich stimmig an!"

Karin fragt:

„Ist Paul dein Partner?"

„Nein, ich habe ihn als meinen Ideal-Partner aufgestellt."

Ich sehe, wie die neuen TeilnehmerInnen in der Gruppe ein großes Fragezeichen im Gesicht haben. Wieso „Ideal-Partner"? Später werde ich es der Gruppe erklären, wenn die Aufstellung vorbei ist.

Dir, liebe/r LeserIn, erkläre ich es hier schon jetzt: Ich weiß nicht, wann und wie ich auf die Idee gekommen bin, „Ideal-Elemente" in eine Aufstellung mit hinein zu nehmen, aber Tatsache ist, dass ich wohl irgendwann darauf gekommen sein muss. Der Einfall kam mir irgendwann am Anfang meiner Tätigkeit als Organisator von Aufstellungen.

Ein Ideal-Partner in der Aufstellung ist etwas anderes als der Ideal-Partner im Alltag. Wenn wir im Alltag von einem Ideal-Partner reden, dann meinen wir meistens einen Menschen, der als Partner oder Partnerin ideal zu uns passt. Natürlich hat dieser Mensch auch seine Schwächen, Macken und Tücken, doch mit diesen Ungleichgewichten passt er ideal zu unseren, so dass wir sehr gut miteinander auskommen, uns so lieben, wie wir sind und ein Leben lang zusammen bleiben wollen (dabei weiß ich nicht, ob hier jeder meine Beschreibung als „ideal" empfinden würde – mancher hat vielleicht auch andere Ziele als die hier formulierten …).

Beim Ideal-Partner in der Aufstellung bezieht sich die Bezeichnung „Ideal" aber auf den persönlichen Zustand dieses Menschen. Nach meiner Definition stellt ein Ideal-Partner in der Aufstellung einen idealen Menschen im Allgemeinen dar. Er ist im Grunde „erleuchtet", mit sich selbst absolut im Reinen, kann mit allen Ungleichgewichten lösend umgehen, ist nicht persönlich angreifbar, hat selbst keine Probleme, ist absolut ausgeglichen und frei. Er befindet sich im Ideal-Zustand.

Das bedeutet aber nicht, dass er ein permanentes Glücksgefühl hat. Wenn dem so wäre, dann könnte er sich ja nicht mehr in andere Menschen einfühlen und wäre stattdessen unsensibel. Der „Erleuchtete", also der „Ideal-Mensch", kann sich sehr intensiv in andere Menschen einfühlen und hat ein tiefes „Mitgefühl". Wenn ein anderer Mensch unglücklich ist, dann spürt der Ideal-Mensch dieses

Unglück als Resonanz in sich selbst, ohne damit aber ein Problem zu haben. Ist ein anderer Mensch genervt oder unruhig, dann spürt der Erleuchtete diese Unruhe in sich, ohne sich damit zu identifizieren. Er ist mit seinem Umfeld permanent in Resonanz, fühlt einfach nur mit und ist sich dabei auch bewusst, dass er „nur" mitfühlt. Er leidet nicht unter diesem Mitgefühl. Mit sich selbst ist er absolut im Reinen und kann mit jedem Ungleichgewicht und jeder Gefühls-Wahrnehmung problemlos umgehen. Für ihn gehört alles zum „Sein" dazu.

Natürlich gibt es so einen Menschen in der Realität nicht. Aber man kann ihn als StellvertreterIn mit diesen Eigenschaften definieren und in einer Aufstellung einsetzen.

Wenn wir nun einen Stellvertreter als fiktiven „Ideal-Partner" oder „Ideal-Chef" oder „Ideal-Wohnung" (eine Wohnung, die in sich selbst absolut perfekt ist) oder „Ideal-Job" (ein Job ohne irgendwelche Ungleichgewichte) auswählen und aufstellen, dann geht es diesem Stellvertreter immer gut, wenn er ganz alleine in der Aufstellung steht. Sobald aber ein weiterer Stellvertreter mit einer anderen Rolle dazukommt, beginnt das Ideal-Element die Ungleichgewichte zu spüren, die der andere mitbringt. Das Ideal-Element schwingt in Resonanz zu den unerlösten Ungleichgewichten der anderen aufgestellten Personen.

Beispiel: Habe ich den Verlust eines verstorbenen Menschen noch nicht verarbeitet und steht mir dieser Schmerz unbewusst in meinem Leben im Weg, dann bekomme ich das in meiner eigenen Aufstellung gespiegelt. Stelle ich einen Stellvertreter für mich und eine Stellvertreterin für meine Ideal-Partnerin auf, dann fühlt die Ideal-Partnerin mein Ungleichgewicht und spiegelt es mir, indem sie sich z. B. auf den Boden legt oder mitteilt, wie schwach sie sich fühlt, oder das Gefühl einer tiefen Traurigkeit hat. Der Test bestätigt es: Nehme ich meinen Stellvertreter aus meiner Aufstellung heraus oder lasse ihn aus der Tür gehen und bleibt meine Ideal-Partnerin alleine im Raum stehen, dann fühlt sie sich plötzlich wie befreit. Sobald mein Stellvertreter aber wieder hereinkommt, fühlt sie wieder die große Traurigkeit.

Fazit: Ein Ideal-Element in einer Aufstellung kann uns perfekt als Spiegel dienen. Wir können damit herausbekommen, welches unbewusste Problem in einer bestimmten Situation uns *möglicherweise* (= keine „Wahrheit“!) im Wege steht.

Habe ich Probleme, die „richtige“ Partnerin zu finden, dann kann ich mithilfe einer Aufstellung und einer definierten „Ideal-Partnerin“ herausfinden, welche Dynamik in mir mich bremst. Im Kontakt zwischen meinem Stellvertreter und der Stellvertreterin meiner Ideal-Partnerin wird es deutlich. So wie sich in der Aufstellung von Sandra zeigt, dass ihre Angst vor bösen Blicken den Kontakt zu einem partnerschaftlichen Gegenüber bremsend beeinflusst.

Habe ich grundsätzlich mit dem Chef in meinem Job ein Problem, auch wenn ich den Arbeitsplatz wechsle, dann kann ich mithilfe einer Aufstellung und eines definierten „Ideal-Chefs“ herausfinden, was für ein Problem ich grundsätzlich mit der Chef-Rolle habe.

Wenn ich keine neue Wohnung finde, kann ich mithilfe einer Aufstellung und einer definierten „Ideal-Wohnung“ herausbekommen, wo ich selbst grundsätzlich beim Wohnungssuchen eine Blockade in mir habe.

Mithilfe eines Ideal-Elements können wir herausbekommen, wo wir uns selbst im Wege stehen, denn es dient uns als direkter „Seelenspiegel“. In den Ungleichgewichten des Ideal-Elements können wir unsere eigenen Ungleichgewichte ablesen.

Der gelöste Zustand ist: Unser Stellvertreter (oder wir selbst, wenn wir unseren Platz in der Aufstellung selbst eingenommen haben) und der Stellvertreter des Ideal-Elements können frei und offen aufeinander zugehen und sich liebevoll umarmen oder achtungsvoll und freundlich nebeneinander stehen – ohne unangenehme Gefühle. Wenn das so möglich ist, dann ist das ein Zeichen dafür, dass unsere Blockade nun beseitigt ist oder keine Rolle mehr spielt. Zumindest bei diesem aufgestellten Thema und zu dieser Zeit.

Ich habe im Laufe der Jahre einen zusätzlichen Zusammenhang festgestellt: Wenn sich das Ungleichgewicht bei der Stellvertreterin der aufstellenden Person zeigt (Beispiel: Sandras Stellvertreterin kann den Ideal-Partner nicht anschauen), dann kann das ein Hinweis darauf sein, dass die Ursache des Ungleichgewichts innerhalb der aufstellenden Person liegt. Zeigt sich aber das Ungleichgewicht beim Ideal-Element, dann kann das ein Hinweis darauf sein, dass die aufstellende Person in ihrem Leben immer wieder erlebt hat, dass Menschen im Umfeld so ein Ungleichgewicht hatten und sich die aufstellende Person im Laufe ihres Lebens an so ein Umfeld gewöhnen musste.

Beispiel: Zieht sich die Stellvertreterin der aufstellenden Person vom Stellvertreter des Ideal-Partners zurück, dann hat möglicherweise die aufstellende Person eine Angst vor intensivem Kontakt. Zieht sich jedoch der Stellvertreter des Ideal-Partners von der Stellvertreterin der aufstellenden Person zurück, dann hat die aufstellende Person möglicherweise oft auf traumatische Weise erlebt, dass sie von *anderen* Menschen verlassen wurde und dass *andere* Menschen den Kontakt zu ihr vermieden haben.

So eine Vermutung ist immer wieder durch Nachfragen bei der aufstellenden Person zu überprüfen.

Das lösende Element

Sandra erzählt weiter:

„Ich habe immer wieder in Partnerschaften Probleme. Meistens haben sie damit zu tun, dass ich mich von meinem Partner viel zu sehr beobachtet und kontrolliert fühle. Habe ich mich einmal verliebt, dann binde ich mich intensiv an mein Gegenüber, habe aber gleichzeitig ein Problem, wenn er sich auch zu stark an mich bindet. Nach kurzer Zeit beginne ich immer, mich vor dem anderen zu schützen. Und ich wollte jetzt mal herausbekommen, was eigentlich dahintersteckt. Als die Aufstellung sich vorhin zwischen Karin und Paul nicht mehr weiterbewegt hat, habe ich ein drittes Element dazu genommen, und zwar ‚das lösende Element'. Du bist das lösende Element", sagt Sandra zu dir. Du fragst:

„Und was bin ich genau? Was ist das lösende Element?"

Olaf zu Sandra: „Darf ich an dieser Stelle allen Neuen erklären, was das lösende Element bedeutet? Oder stört es zu stark deine Aufstellung, denn du bist ja wahrscheinlich noch nicht fertig?"

„Kein Problem. Jetzt habe ich ja sowieso schon angefangen, einiges zu berichten, und von mir aus kannst du gerne ein bisschen was erklären."

Als ich damals anfing, Aufstellungen zu organisieren, hatte ich immer die Frage in mir, ob ich überhaupt Aufstellungen begleiten könnte, denn ich selbst hatte keinerlei Ausbildung darin absolviert. Und manche TherapeutInnen, die ich in anderen Aufstellungsveranstaltungen beobachtet hatte, schienen immer irgendwie den Überblick zu haben und genau zu wissen, was als nächstes zu tun sei. Sie wirkten so sicher und überlegen. Einige von ihnen benutzten sehr oft das Wort „Genau!" oder nickten weise mit dem Kopf, wenn ihnen etwas erzählt wurde oder in der Aufstellung etwas passierte. Und dann dachte ich immer, dass sie schon vorausgespürt hatten, was gleich geschieht oder gesagt wird. Davor hatte ich großen Respekt.

Heute habe ich aufgrund eigener Erfahrungen ein ganz anderes Bild. Ich schaue nicht mehr zu diesen Therapeuten auf, die schon vorher wissen, was richtig und was falsch ist. Heute misstraue ich anderen Menschen, die in sich selbst den Maßstab für die Lösung des Problems eines anderen Menschen zu besitzen scheinen – anstatt den Problemträger selbst als Maßstab zu sehen. Ich achte die Realität solcher Therapeuten als ihre Realität und zu meiner Realität ebenbürtig, und ich bin mir bewusst, dass sie vielen Menschen auf diese

Weise einen Schritt weiterhelfen können. Gleichzeitig habe ich eine andere Realität. Ich denke nicht, einen Überblick über die Dynamiken eines anderen Menschen haben zu müssen, um eine gewisse Klarheit und Kompetenz ausstrahlen zu können. Ich denke: Jeder Mensch trägt seine eigene Realität in sich und ist für sein Glück oder Unglück der eigene Maßstab. Nur der Problemträger selbst kann sagen, wann sein Problem gelöst ist und wann nicht, und was genau ihm dabei hilfreich war.

Deshalb kann ich als Begleiter oder Zuschauer einer Aufstellung nie im Voraus wissen, was eine Hilfe oder eine Wahrheit ist und kann dementsprechend auch nicht bestätigend „Genau!“ sagen. Ich kann dem Aufsteller mit meinen Gedanken und Ideen und Bildern nur Angebote machen – und er entscheidet selbst, ob dieses Angebot hilft oder nicht.

Ein „lösendes Element“ ist so ein Angebot. Es ist einfach nur ein neutrales „lösendes Element“, das man in einer Aufstellung dazustellen kann, ohne sich irgendetwas dahinter vorzustellen. Und dann schaut man, was durch das lösende Element als nächstes ausgelöst wird und ob es für die Aufstellung und den Aufsteller eventuell lösend wirkt.

Es besteht die Möglichkeit, dass ein lösendes Element selbst aktiv wird und nun irgendetwas in der Aufstellung verschiebt und verändert und auf diese Weise zu einem besseren Gleichgewicht beiträgt.

Es besteht die Möglichkeit, dass ein lösendes Element sich einfach nur in die Aufstellung stellt, und die anderen StellvertreterInnen verändern plötzlich ganz von selbst ihr Verhalten oder ihre Position, fühlen sich besser und es entstehen Lösungsschritte.

Es besteht die Möglichkeit, dass ein anderer Stellvertreter zum lösenden Element sagt: „Dich will ich nicht, du bist mir unangenehm!“, und dann hat man vielleicht die Bestätigung dafür, warum hier bisher keine Lösung möglich war. Es gibt jemanden, der etwas gegen eine Lösung hat oder zunächst noch etwas anderes braucht.

Es besteht die Möglichkeit, dass ein lösendes Element sagt: „Eigentlich bin ich überflüssig“ oder „Ich habe das Gefühl, ich bin noch nicht dran.“ Auch dies können interessante Hinweise für die Aufstellung sein.

Wenn ein lösendes Element in einer Aufstellung hilfreich war, fragen mich manchmal einige TeilnehmerInnen: „Und was ist jetzt das lösende Element auf den Alltag übertragen? Wonach soll ich im Alltag suchen, damit sich mein Problem dort genauso löst wie hier in der Aufstellung?“

Meine Antwort: „Wenn du dein Auto in einer Werkstatt reparieren lässt, dann brauchst du anschließend dein Auto nur abzuholen und kannst losfahren – ohne wissen zu müssen, welches Werkzeug der Mechaniker benutzt hat. Es könnte also sein, dass deine Erfahrung mit dieser Aufstellung bereits genügt und eine lösende Wirkung auf deinen Alltag hat. Dann musst du nicht mehr nach einem entsprechenden lösenden Element suchen. Es könnte auch sein, dass im Alltag irgendetwas zufällig passiert, was dann ungefähr diesem lösenden Element hier in der Aufstellung entspricht. Lass dich einfach überraschen. Vielleicht kommt dir auch im Nachhinein selbst eine Idee oder ein Traum darüber, was dieses Element sein könnte. Aber meine Erfahrung ist: Wir müssen es nicht immer wissen, was löst oder gelöst hat. Ich vertraue dem Universum. Wenn wir es wirklich wissen sollen, dann wird es dafür sorgen, dass wir es auch irgendwann wissen.“

Fazit: Ein lösendes Element können wir in einer Aufstellung immer als Joker einsetzen, wenn wir nicht weiterwissen. Wir benötigen nicht unbedingt einen erfahrenen Aufstellungsleiter, der seine Erfahrungen und Intuitionen in die Aufstellung mit einbringt. Wir können auch mithilfe des lösenden Elementes die Weisheit des Unbewussten (oder Universums) anzapfen und schauen, was uns an Hilfe über die Gefühle von StellvertreterInnen gegeben wird.

Übrigens kann man auch mehrere lösende Elemente in eine Aufstellung stellen. Ich durfte einmal eine Aufstellung erleben, in der ca.

10 lösende Elemente standen – und die Stellvertreterin der aufstellenden Teilnehmerin stand genau in der Mitte von allen. Als die Teilnehmerin am Schluss selbst ihren Platz einnahm, um einmal zu spüren, wie es sich in diesem Mittelpunkt anfühlte, sagte sie:

„Ich habe das Gefühl, als ob ganz viele Engel um mich herum schweben. Ich fühle mich intensiv beschützt und geborgen. Ein geniales Gefühl! Danke für diese Erfahrung. Das hilft mir sehr!"

Manchmal erkennen wir im lösenden Element etwas, wie z. B. Engel oder Eltern oder eine andere Person oder einen eigenen Anteil etc. Und mit dieser neuen Erkenntnis können wir dann in der Aufstellung weitermachen und uns unserer Lösung immer mehr nähern, wenn wir sie nicht schon erreicht haben.

Das Personifizieren

Sandra folgt weiter ihrem Bedürfnis, der Gruppe zu erzählen, was in ihr vorgeht.

„Als Karin jetzt meine Eltern im lösenden Element erkannte, ist mir einiges klar geworden. Ich habe in meine Partner tendenziell auch meine Eltern projiziert und fühlte mich durch die Nähe des anderen teilweise kontrolliert. Jetzt kann ich besser unterscheiden, dass dieses Kontrollgefühl in die Vergangenheit gehört und mit meinem Partner in der Gegenwart kaum etwas zu tun hat."

Du merkst auf einmal in deiner Rolle als lösendes Element, dass es nicht mehr passt, so eng mit Karin zusammenzustehen, löst die Umarmung und gehst langsam einen Schritt zurück. Karin lässt dich problemlos gehen und atmet tief durch.

„Danke!" sagt sie lächelnd zu dir. Dann dreht sie sich zu Paul. Und Paul guckt zu Karin. Nun ist für dich klar, dass du keine weitere Rolle mehr spielst und schaust zu Sandra:

„Irgendwie fühle ich mich jetzt überflüssig. Soll ich mich wieder setzen?“

„Ja, ich danke dir!“ freut sich Sandra und du nimmst wieder Platz.

Zwischen Karin und Paul ist noch ein großer Abstand. Beide können sich nun in die Augen schauen und scheinen sich dabei auch wohl zu fühlen.

Paul geht einen kleinen Schritt zurück – und kurz darauf geht Karin einen kleinen Schritt vor. Paul kommentiert die Bewegungen:

„Ich hatte eben das Gefühl, dass wir nicht aufeinander zugehen können, und wollte testen, was passiert, wenn ich das Gegenteil mache und ein bisschen weggehe.“

„Und ich spürte, dass der größere Abstand für mich nicht stimmte und bin ihm daher hinterhergegangen. Aber der Abstand muss schon noch sein“, ergänzt Karin.

Sandra zur Gruppe:

„Es ist jetzt auch in Ordnung, wenn ihr aus der Gruppe Ideen habt und mir weiterhelfen könnt.“

Olaf: „Die Grenze für die Gruppe ist nun also aufgehoben und ihr könnt all euren Impulsen folgen, wobei ich daran erinnern möchte, dass Sandra trotzdem Chefin ihrer Aufstellung bleibt und jederzeit wieder Grenzen setzen darf, wenn ihr etwas nicht passt.“

Karin setzt sich dort, wo sie steht, auf den Boden. Daraufhin rückt Paul einen Schritt näher. Aber mehr tut sich nicht. Die beiden StellvertreterInnen schauen sich weiterhin in die Augen, aber ohne Impulse, irgendetwas zu tun. Auch Sandra hat keine Idee.

„Stell doch mal die Liebe dazu!“ sagt ein Teilnehmer, Stefan, mit leicht vorwurfsvollem Unterton.

Ich erlebe immer wieder, dass TeilnehmerInnen es zwar mit ihren Ideen gut meinen, leider aber in der Formulierung weniger zurückhaltend sind. Der Satz „Stell doch mal die Liebe dazu!“ oder in einer extremen Fassung „Warum stellst du nicht endlich mal die Liebe dazu?!“, könnte ein wenig drängelnd wirken. Das Drängeln zeigt das Gefühl eines Teilnehmers, der davon überzeugt ist, dass die Liebe helfen würde, und der ein bisschen ungeduldig fühlt, warum diese offensichtliche Lösung bisher noch nicht genutzt worden ist. Es wird vergessen, der Aufstellerin einfach nur Angebote zu machen und ihr dann die freie Wahl zu lassen, auch in der Formulierung. Dies würde sich so anhören: „Ich habe gerade die Idee und den Vorschlag, die Liebe dazuzustellen.“

Wenn ich als Organisator des Freien Stellens eher einen Satz mit drängelndem Aufforderungscharakter höre, dann beobachte ich als nächstes, ob die Aufstellerin sich dadurch eventuell beeinflussen und einengen lässt, oder ob sie sich auch weiterhin ihrer freien Wahl bewusst bleibt. Wenn mein Eindruck ist, dass sie etwas tut, nur weil jemand anderes sie dazu aufgefordert hat, frage ich: „Ist das noch in Ordnung für dich? Möchtest du das auch selbst?“

Damit übernehme ich nicht die Verantwortung für den anderen, sondern ich sorge dafür, dass die Entscheidungsfreiheit für die Aufstellerin gewahrt bleibt, da ich hier ja auch weiterhin eine freie Aufstellungsveranstaltung organisieren möchte. Ich denke dabei nicht nur an die Aufstellerin sondern auch an alle anderen TeilnehmerInnen, die zum Freien Aufstellen gekommen sind und diese Situation gerade miterleben. Durch meine Aufmerksamkeit und meine Frage an die Aufstellerin, ob es für sie noch in Ordnung ist, erinnere ich alle wieder an die Rangfolge beim Freien Aufstellen – die manchmal aus einer anderen Gewohnheit oder aus einem inneren Drang heraus vergessen wird.

Sandra: „Eigentlich habe ich nicht das Gefühl, dass die Liebe fehlt, aber ich kann es mal ausprobieren.“

Karin: „Also, ich fühle mich im Augenkontakt mit dem Ideal-Partner sehr wohl. Ich habe bereits ein sehr liebevolles Gefühl.“

„Ich auch“, ergänzt Paul.

Sandra fragt Stefan:

„Würdest du selbst die Rolle der Liebe übernehmen?"

Stefan steht langsam auf und stellt sich dazu.

„Ändert es irgendetwas bei dir, Karin?", möchte Sandra wissen. Karin schüttelt den Kopf.

„Bei mir auch nicht", ergänzt Paul. „Es ist eher so, dass nun noch ein weiteres Element ein wenig unsere Aufmerksamkeit fordert, aber weder stört es noch hilft es."

Stefan bestätigt: „Ich habe hier auch nicht das Gefühl, als ob ich eine wichtige Rolle spielen würde. Ich glaube, ich setze mich wieder hin."

Manchmal kann es hilfreich sein, eine Idee auszuprobieren und dann zu erfahren, dass es doch nicht passt. In diesem Fall war es eher hilfreich für Stefan, der selbst erfahren konnte, dass seine Idee die Aufstellung nicht weiterbringt.

Als die Liebe wieder rausgeht, rutscht Karin ein kleines bisschen näher an Paul heran. Jetzt trennt sie noch ungefähr drei Meter.

Ich habe auch eine Idee und frage Sandra: „Dürfte ich verdeckt etwas ausprobieren?"

„Ja, gerne!"

Ich wende mich an die Gruppe: „Ich stelle mir gerade etwas vor. Wer möchte die Rolle dafür übernehmen – ohne dass ihr wisst, welche Rolle es ist?"

Alexandra erhebt sich von ihrem Stuhl mit den Worten „Das kann ich gerne machen", geht in die Aufstellung hinein und stellt sich genau zwischen die beiden. Auf einmal kann Karin wieder aufstehen. Sie erhebt sich und atmet tief durch. Dann geht sie einen Schritt zur Seite um Paul wieder sehen zu können, denn Alexandra hatte ja den Blick versperrt.

Auch Paul ist einen Schritt zur Seite gegangen, um Karin besser sehen zu können. Gleichzeitig geht Alexandra einen Schritt zurück –

und noch einen Schritt – und noch einen Schritt, bis sie nur noch am Rand der Aufstellung steht.

Karin stellt verblüfft fest:

„Wow, jetzt fühle ich mich total offen und freue mich sehr, Paul zu sehen.“ Sie geht einen Schritt auf ihn zu. Paul kommt ihr entgegen. Sie strahlen beide.

Sandra fragt mich neugierig:

„Was hast du da reingestellt??“

„Die Distanz zwischen den beiden.“

In einer Aufstellung kann man grundsätzlich alles dazustellen und ausprobieren, was einem in den Sinn kommt. Und ich habe mich gefragt, was sich denn hier gerade in der Aufstellung zeigt. Meine innere Antwort war, dass sich beide gerne anschauen, aber eine Distanz zueinander bewahren. Deswegen kam mir die Idee, genau **diese Distanz zu personifizieren** und einen Stellvertreter dafür auszusuchen. Die Wirkung in diesem Fall: Zunächst stellt sich die Distanz (Alexandra) genau zwischen die beiden – und dann zieht sie sich allmählich zurück, wodurch sich nun beide annähern können. Die Distanz „verschwindet“.

„Zufällig“ hat sich Alexandra in der Rolle genauso verhalten, wie ich es mir gewünscht habe. Wenn sie sich nicht selbstständig zurückgezogen hätte, hätte ich sie darum gebeten.

Solche Ideen kommen mir auch, wenn ein Stellvertreter ein sehr unangenehmes Gefühl hat. Vielleicht leidet ein Stellvertreter unter einem starken Misstrauen, dann könnte man **das Misstrauen personifizieren**, als Stellvertreter dazustellen und nach einer gewissen Zeit sich zurückziehen lassen. Möglicherweise fühlt dann der Stellvertreter kein Misstrauen mehr.

Personifizierungen können aber unterschiedlich wirken, deswegen kann man eine Lösung wie in Sandras Aufstellung nicht vorausplanen, sondern nur ausprobieren. Es hätte auch sein können, dass sich durch das Personifizieren der Distanz der Abstand zwischen beiden noch vergrößert hätte – oder dass sie gar keine Wirkung gezeigt hätte. Je nachdem wie die Wirkung ist, habe ich entsprechende Deutungen dafür:

Eine Personifizierung führt zur Befreiung

Wenn sich durch die Personifizierung eines Gefühls oder Zustandes tatsächlich das Gefühl oder der Zustand verschwindet, sich etwas bewegt und die Aufstellung dadurch in ein besseres Gleichgewicht gerät, dann vermute ich dahinter ein „übernommenes Gefühl" oder einen „übernommenen Zustand". In diesem Fall mache ich der aufstellenden Person den Vorschlag:

„Es könnte sein, dass diese Distanz gar nicht wirklich deine eigene Distanz ist, sondern du hast dich nur an diese Distanz gewöhnt, weil du sie beispielsweise durch deine Eltern intensiv kennengelernt und dich ihnen angepasst hast. Deswegen könnte es hilfreich sein, für sich selbst zu entscheiden, dieser Distanz nicht weiter zur Verfügung zu stehen – und dann löst es sich möglicherweise."

Was ist ein „übernommenes Gefühl"? Wenn wir selbst erlebt haben, dass wir bestohlen oder betrogen wurden, mehrfach, dann entwickelt sich allmählich ein Misstrauen in uns. Dieses Misstrauen ist die Folge eigener Erfahrungen. Das ist *kein* übernommenes Gefühl. Wenn wir aber lange mit einem Menschen zusammengelebt haben, der selbst sehr misstrauisch ist, dann kann es sein, dass wir uns im Laufe der Zeit an ihn angepasst haben oder zu ihm in Resonanz schwingen und sein Misstrauen in uns selbst spüren. Je länger wir das erleben, desto mehr identifizieren wir uns mit diesem Gefühl.

Gerade als Kind haben wir uns an viele Gefühle gewöhnt, die eigentlich zu unseren Eltern gehören. Wir selbst haben keine negativen Erfahrungen gemacht, die zu diesen Gefühlen geführt haben, sondern haben uns einfach nur an unsere Eltern angepasst. Das sind dann übernommene Gefühle, die wesentlich leichter ablegbar sind

(„Ich stehe dafür nicht mehr zur Verfügung“), als die Gefühle, die durch eigene unangenehme Erfahrungen entstanden sind.

Eine Personifizierung führt zur Verschlimmerung

Wenn sich durch eine Personifizierung das Ausgangsproblem verschlimmert, also wenn beispielsweise die Distanz größer wird oder das Gefühl des Misstrauens noch stärker zu spüren ist, dann vermute ich dahinter ein kleines oder großes Trauma, das noch nicht integriert wurde.

In diesem Fall mache ich der aufstellenden Person den Vorschlag: „Es könnte sein, dass du ein eigenes unbewusstes Schmerzerlebnis erfahren hast, das zu dieser Distanz führt. Deswegen könnte es vielleicht hilfreich sein, diesen Schmerz genauer anzuschauen, ihn sich vielleicht bewusst zu machen und ihn dann ganz bewusst in die Vergangenheit zu schieben. Man könnte sich bewusst machen, dass dieses Schmerzerlebnis schon lange vorbei ist und in die Vergangenheit gehört. Man kann es in zwei Teile aufteilen. Einerseits kann man den Schmerz in der Vergangenheit lassen, denn die Situation ist für immer vorbei. Andererseits hat man daraus gelernt und nimmt die Erfahrung und Erinnerung mit in die Gegenwart. Vielleicht wäre das lösend. Wenn du willst, kannst du es ausprobieren.“

Eine weitere Möglichkeit ist, den früher erlebten Schmerz als StellvertreterIn dazuzustellen und zu schauen, ob die Stellvertreterin der aufstellenden Person diesen Schmerz in den Arm nehmen und als „eigenen Anteil“ integrieren kann.

Oder man stellt die „Schmerzverarbeitung“ als Stellvertreterin dazu und beobachtet, welche hilfreiche Auswirkung sie hat.

Eine Personifizierung wirkt gar nicht

In dem Fall kann man das Experiment beenden und den Stellvertreter, durch den man etwas personifiziert hatte, wieder aus seiner Rolle entlassen.

Eine Bemerkung zum Ausprobieren von Ideen: Es gibt einen Unterschied zwischen Stefan und mir. Stefan hat seine Idee verbal mit ins Spiel gebracht durch den etwas forsch ausgesprochenen Satz: „Stell doch mal die Liebe dazu!“ Er hätte es auch wie ich machen können: „Ich habe eine Idee – darf ich die verdeckt ausprobieren?“

Und die Aufstellerin kann entscheiden zwischen:

- Ja, du darfst.
- Nein, du darfst nicht.
- Ich wünsche mir, dass du mir erst erzählst, was du ausprobieren möchtest, damit ich entscheiden kann (und wenn es verdeckt ausprobiert werden soll, kann es auch zugeflüstert werden).
- Ja, du darfst, aber erst später. Jetzt noch nicht. Ich möchte erst noch selbst etwas ausprobieren oder abwarten.
- etc.

Schauen wir einmal auf den Inhalt der beiden Ideen von Stefan und mir. Stefan hatte die Idee, die Liebe dazuzustellen, und ich die Distanz. Stefan hat sich gefragt: „Was fehlt hier?“, und kam auf den Gedanken: die Liebe. Ich habe mich gefragt: „Was ist hier zu viel?“, und kam auf den Gedanken: die Distanz.

Wenn wir einer Aufstellung weiterhelfen wollen, auch wenn es unsere eigene Aufstellung ist, dann können wir uns immer diese beiden Fragen stellen:

„Was ist gerade zu viel?“

„Was fehlt gerade?“

Beides kann man personifizieren, indem man es als StellvertreterIn mit in die Aufstellung stellt.

Auch wenn man keine Antwort auf diese beiden Fragen findet, kann man einfach ausprobieren, was sich in der Aufstellung verändert, wenn man einen Stellvertreter mit der Definition „Das, was gerade fehlt“ oder eine Stellvertreterin mit der Definition „Das, was gerade zu viel ist“ dazustellt.

Meine Erfahrung ist, dass bei einem persönlichen unverarbeiteten Schmerzerlebnis eher „Das, was gerade fehlt“ hilfreich ist und bei einem übernommenen Resonanzgefühl oder einer übernommenen Gewohnheit eher „das, was gerade zu viel ist“ eine Erleichterung herbeiführt.

Ein Beispiel für „Das, was gerade fehlt“ haben wir bereits am Anfang von Sandras Aufstellung erleben dürfen, als du dich als lösendes Element dazustelltest und Karin in dir die Eltern wiederentdeckte. Für diesen lösenden Schritt hatten die liebevollen Eltern gefehlt.

Jetzt erleben wir, dass die Distanz gerade zu viel ist und durch eine Stellvertreterin „Distanz“ allmählich verschwindet. Denn inzwischen befinden sich Karin und Paul in einer intensiven Umarmung und fühlen sich beide sehr wohl miteinander, während die Distanz abseits am Rand steht.

Sandra hat Tränen in den Augen, während sie Karin und Paul beobachtet, und entscheidet:

„Jetzt möchte ich gerne mal selbst meinen Platz in der Aufstellung einnehmen.“

Sie steht auf und geht zu Karin. Karin dreht sich zu ihr um, sie fassen sich beide an die Hände und schauen sich für eine Weile tief in die Augen. Dann sagt Sandra:

„Danke dir, Karin!“ und stellt sich an ihren Platz zu Paul, direkt vor ihn. Sie umarmen sich und Sandra weint aus ganzem Herzen tief berührt ...

Während Sandra sich ihren Gefühlen hingibt, möchte ich dir, lieber Leser, noch ein paar Dinge erzählen. Das kleine Ritual, das Karin und Sandra eben beim Ablösen durchgeführt haben, ist eine Möglichkeit von vielen, den eigenen Platz in der Aufstellung einzunehmen.

Man kann einfach in die Aufstellung gehen und sich ohne jegliches Ritual an seinen Platz stellen, während der eigene Stellvertreter sich zurück in die Gruppe setzt.

Man kann in die Aufstellung gehen und sich an einen ganz anderen Platz stellen, als vorher der eigene Stellvertreter gestanden hat.

Man kann aber auch seinen Stellvertreter berühren und ihm tief in die Augen schauen, bevor er aus der Rolle geht und man seinen Platz einnimmt. Manche tun das, weil sie davon überzeugt sind, durch diesen Blick die in der Aufstellung gemachten Erfahrungen des Stellvertreters energetisch in sich selbst aufzunehmen.

Je nach eigener Überzeugung und Gefühl kann man das tun, was man selbst für stimmig und passend hält.

Die Tränen von Sandra können eine reinigende Wirkung haben. Ich habe es bei mir selbst mehrmals über Jahre hinweg erlebt, wie intensive Tränen, die durch Happy-End-Gefühle zum Vorschein gekommen sind, mich Schritt für Schritt befreit haben (siehe dazu mein Buch: „*Der Mann, der sich glücklich weinte – Tränen-Yoga befreit das Gehirn, das Menschsein und die Gesellschaft*“). Deswegen unterstütze ich jeden darin, wenn er tief berührt in Tränen ausbricht. Manchmal schämt sich jemand oder entschuldigt sich vor der Gruppe, dass er hier weinen muss. Ich sage:

„Auch das gehört dazu und darf sein.“

In Gefühlen stecken bleiben

Wenn ich so in die Runde schaue, sehe ich, dass Karin emotional sehr berührt ist und weint – obwohl sie bereits aus der Rolle herausgegangen ist. Auch andere beobachtende TeilnehmerInnen haben Tränen in den Augen, während sie miterleben, wie Sandra in Pauls

Armen ihre Emotionen fließen lässt. Ja, wir fühlen mit. Nicht nur bei einem Happy End, sondern auch in spannungsvollen Situationen. Und so kann es sein, dass etwas, was wir gerade miterleben und mitfühlen, auch bei uns selbst etwas auslöst.

Später werden mir ein paar TeilnehmerInnen und auch Karin erzählen, dass sie ein ganz ähnliches Thema wie Sandra haben. Und sie werden sagen, dass sich durch die Mitwirkung oder die Beobachtung von Sandras Aufstellung bei ihnen selbst etwas gelöst hat. So etwas erlebe ich sehr häufig. Wir lernen und lösen nicht nur durch eigene Aufstellungen, sondern manchmal auch durch das Beobachten oder Mitwirken in den Aufstellungen anderer Menschen.

Besonders wenn wir in einer Stellvertreterrolle stehen, könnte die Rolle in uns eigene Themen berühren und wir könnten uns auch nach einer Aufstellung immer noch gefühlsmäßig in der Rolle fühlen. Das ist so ähnlich wie im Kino. Haben wir uns intensiv mit dem Hauptdarsteller identifiziert, dann erleben wir nach dem Film, wie wir gefühlsmäßig immer noch im Film „drinstecken" und es in uns „arbeitet", besonders wenn der Film nicht mit einem Happy-End aufgehört hat.

So ist es auch bei Aufstellungen. Bleibt irgendetwas ungelöst, dann können wir erleben, dass es uns auch nach der Aufstellung noch etwas länger beschäftigt. Bei unangenehmen Gefühlen kann dies manchmal belastend sein. Wie kann man damit umgehen?

Sind es „nur" Resonanzgefühle, dann kannst du dich entscheiden, diesen Gefühlen nicht weiter zur Verfügung zu stehen. Dabei ist es wichtig, dass du auch deinen Wunsch aufgibst, dem anderen bei seinem Problem helfen zu wollen. Solange wir jemandem helfen wollen und nicht vertrauen können, dass er es auch ohne unsere Hilfe irgendwie schaffen wird (vielleicht mithilfe des weisen Universums?), verstricken wir uns mit seinem Schicksal und fühlen seine Ungleichgewichte und seine Last.

Wenn wir aber unseren Hilfswunsch aufgeben und vertrauen, dass der andere eigenverantwortlich ist oder dass dem anderen auf irgendeine Weise vom Universum geholfen wird, zur rechten Zeit, dann fühlen wir uns auch erleichtert und unsere Resonanzgefühle beenden sich. Wir fühlen die Last des anderen nicht mehr.

Für mich funktioniert dieses Abgeben am besten, wenn ich (vielleicht am Ende der Veranstaltung) aus dem Raum gehe und beim Durchschreiten der Tür denke, dass ich nun alles im Raum zurücklasse und für die in den Aufstellungen aufgetauchten Probleme nicht weiter zur Verfügung stehe.

Fühlst du aber deine eigene Last (was nicht immer sofort unterscheidbar ist), dann kannst du zwar deinen Hilfswunsch aufgeben und dem anderen nicht mehr zur Verfügung stehen, fühlst die Last aber immer noch, denn es ist ja deine eigene. Hier wurde durch eine Rolle in dir eine Gefühls-Erinnerung an einen früheren Schmerz geweckt.

Du kannst dich fragen, ob du diese Gefühle irgendwie auch aus deinem Alltag kennst, von dir selbst, aus deiner Vergangenheit. Vielleicht kommt dir sogar nach einer Weile eine Erinnerung. Meine Empfehlung wäre, diese Erinnerung oder diesen Schmerz in zwei Teile zu teilen.

Der eine Teil gehört in die Vergangenheit. Denn die erlebte Situation ist für immer vorbei und wird sich niemals genau so wiederholen, wie du sie erlebt hast.

Der andere Teil gehört in die Gegenwart. Denn du hast in der Gegenwart eine Erinnerung daran und hast eine Erfahrung gesammelt. Diese Erfahrung hilft dir in der Gegenwart, solche Situationen eventuell besser vorauszuspüren, anders mit solchen Situationen umzugehen oder sogar andere Menschen, die ähnliche Situationen erlebt haben, besser zu verstehen. Du kannst sie nachvollziehen, weil ihr ähnliche Erfahrungen gemacht habt.

Schiebe den ersten Teil vollständig in die Vergangenheit. Die Situation ist für immer vorbei. Und nimm den zweiten Teil als wertvolle Lernerfahrung und Ressource in der Gegenwart vollständig an, um sie in der Zukunft entsprechend kraftvoll einzusetzen – in Form von Klarheit, was du willst und was nicht, und in Form von Verständnis für andere Menschen.

Zusammenfassung: Wenn du nach einer Aufstellung noch in einem bestimmten Gefühl stecken geblieben bist und nicht weißt, ob es ein fremdes oder ein eigenes Gefühl ist, dann probiere den Satz „Ich stehe dafür nicht weiter zur Verfügung“ aus, gehe aus dem Raum und schaue, ob du dich draußen erleichtert fühlst. Wenn ja, dann war es ein fremdes Gefühl, zu dem du eine Resonanz hergestellt hattest. Wenn es nicht funktioniert, dann gehe davon aus, dass es ein eigenes Gefühl ist und teile es in zwei Teile. Den einen Teil schiebst du vollständig in die Vergangenheit – es ist vorbei. Den anderen Teil nimmst du in der Gegenwart vollständig als wertvolle Lernerfahrung an.

Falls dir aber nicht einfällt, was genau hier dein eigenes Gefühl ist, du erinnerst dich an nichts, an kein Schmerzerlebnis von früher, dann kannst du auch die Erfahrung, die du soeben als StellvertreterIn gemacht hast, in zwei Teile einteilen. Den einen Teil lässt du vollständig in der Vergangenheit, denn die Aufstellung ist ja nun vorbei. Und den anderen Teil nimmst du in der Gegenwart vollständig als wertvolle Lernerfahrung an: „So kann es sich in einer Stellvertreterrolle anfühlen.“ Und nun bist du „geimpft“ und kannst in Zukunft besser vorausfühlen und klar entscheiden, ob du so eine ähnliche Rolle bei einer nächsten Aufstellung übernehmen möchtest oder lieber dafür nicht mehr zur Verfügung stehen wirst. Diese Impfung hat dich für zukünftige Entscheidungen gestärkt.

Sandras Tränenfluss hat sich beendet. Voller Dankbarkeit genießt sie die Umarmung von Paul. Dann schaut sie ihm in die Augen:

„Danke Dir!“

Sie dreht sich zur Gruppe um.

„Danke an euch alle! Es hat mir sehr weitergeholfen. Ich bin mal gespannt, wie es jetzt in meiner Partnerschaft weitergeht“, sagt sie mit befreitem Tonfall und nimmt wieder auf ihrem Stuhl Platz.

Wenn die Aufstellerin sich bei den Mitwirkenden bedankt, gibt sie dadurch ein klares Signal an alle, dass nun ihre Aufstellung beendet ist und keiner mehr weiter eine Rolle zu spielen braucht. Wer sich danach immer noch in einer Rolle fühlt, kommt am besten aus dem Gefühl heraus, wenn er dafür die volle Eigenverantwortung übernimmt und die oben empfohlenen Schritte durchführt.

Meine Empfehlung lautet, nicht mehr darauf zu warten, von anderen aus der Rolle entlassen zu werden, denn das entsprechende Signal ist durch das Beenden der Aufstellung ja bereits gegeben worden, sondern für sich selbst zu suchen, was man tun kann.

Wie gesagt: Es ist normal, dass wir mitfühlen und dass uns manchmal ein Gefühl länger beschäftigt – wie nach einem Film. Wir bitten ja nach einem Film auch nicht den Kinobetreiber, uns aus einer Rolle zu entlassen. Wenn der Film zu Ende ist, kann auch unser Mitgefühl zu Ende sein. Setzt es sich aber noch fort und „arbeitet“ in uns, dann hat es irgendwie mit uns selbst zu tun und wir können hier noch etwas Neues über uns selbst kennenlernen oder das Seinlassen üben.

Olaf: „Möchte noch jemand etwas zur Aufstellung fragen oder ergänzen oder loswerden?“

Manchmal bleibt man als StellvertreterIn nach einer Aufstellung in bestimmten Rollengefühlen stecken, weil man diese Gefühle bisher noch nicht ausgesprochen hat und sie unbedingt noch mitteilen möchte. Ich kenne es von mir selbst, dass ich einmal aus einer Rolle entlassen wurde, mich zwar auf meinen Platz setzte, aber trotzdem so lange in der Rolle drin blieb, bis ich die Gelegenheit hatte, der Aufstellerin nachträglich zu erzählen, wie ich mich gefühlt hatte und ich nun wusste, dass es beim anderen angekommen ist.

Wie er dann mit meinem Bericht umgehen würde, überließ ich ganz ihm.

Doch das heißt nicht, dass man als StellvertreterIn den Anspruch hat, von der aufstellenden Person nach der Aufstellung noch einmal angehört zu werden. Wenn die Aufstellerin für sich eine Grenze gesetzt hat und keine weiteren Infos mehr aufnehmen möchte, muss man als ehemaliger Stellvertreter für sich einen anderen Weg finden. Vielleicht erzählt man sein Gefühl noch der Organisatorin oder einer anderen Teilnehmerin.

Aus diesem Grund biete ich nach einer sehr emotionalen Aufstellung der Gruppe die Möglichkeit an, noch etwas loszuwerden, wenn noch jemand unbedingt etwas loswerden möchte.

Letztendlich liegt es aber immer in der Eigenverantwortung des jeweiligen Teilnehmers, wie weit er unbedingt noch helfen möchte oder aber von seinem Ziel, dem anderen noch einen hilfreichen Impuls zu geben, loslassen kann. Je besser man seinen bewussten oder unbewussten Helferdrang loslassen kann, desto klarer verschwinden auch die Rollengefühle.

Nach meiner Erfahrung gilt folgende Regel:

- Je größer unser Veränderungswunsch, desto stärker unsere resonierenden Empfindungen zum entsprechenden Problem.
- Je größer unsere Anerkennung, wie es jetzt gerade ist, desto entspannter unser Gefühl.

Auf mein Angebot, hier nach Sandras Aufstellung noch etwas auszusprechen, was einem als wichtig erscheint, und seinen Helferdrang dadurch noch ein wenig auszuleben, reagiert die Gruppe aber gerade mit erfülltem und berührtem Schweigen. Ich entscheide:

„Gut, dann machen wir wieder 10 Minuten Pause.“

Einige TeilnehmerInnen stehen auf und gehen auf´s Klo oder zur Tee-Obst-Kekse-Theke, die meisten bleiben sitzen …

… und ich möchte dir, liebe/r LeserIn, in dieser Pause noch nachträglich einen Zusammenhang zeigen. Ich erklärte vorhin, was ein Ideal-Element ist. Egal, wie wir ein Ideal-Element einsetzen, z. B. als Ideal-Partnerin oder Ideal-Chef oder Ideal-Wohnung etc., alles, was dieses Element in seinen Gefühlen wahrnimmt und mit seinem Verhalten darstellt, kann ein intensiver Hinweis auf unsere Ungleichgewichte und unsere Dynamik darstellen. Das Ideal-Element in einer Aufstellung ist ein reiner Spiegel.

Erinnern wir uns an das Problem von Sandra: Sie erzählte, dass sie sich von ihren Eltern immer kontrolliert fühlte und Schwierigkeiten mit bösen Blicken hatte. Genau diese Problematik zeigte sich als erstes zwischen Karin und Paul (Ideal-Partner), in ihren intuitiven Gefühlen und im spontanen Verhalten. Sie konnten sich nicht gleichzeitig anschauen, weichten dem Blickkontakt aus.

Wäre Karin aus dem Raum gegangen, dann hätte Paul sich wieder frei in der Gruppe umschauen und jeden anschauen können. Wäre sie dann wieder hereingekommen, dann hätte er sich wieder darauf konzentriert, den Blick zu ihr zu vermeiden. Er spiegelte also die Dynamik des Nicht-Hinschauens und des Nicht-Hingehens, was Sandra ja auch als ihr Hauptproblem beschrieb: Sie fühlte sich in Partnerschaften immer zu sehr beobachtet und kontrolliert.

Erst als das Thema mit den Eltern zum Vorschein kam und sich mithilfe des lösenden Elementes auflösen konnte, wurde der Blickkontakt zwischen Karin und Paul möglich.

Auf diese Weise lässt sich ein Ideal-Element sehr gut dafür einsetzen, wenn wir die Frage haben: „Wie offen bin ich selbst schon? Bei diesem Thema? Oder was für ein Ungleichgewicht habe ich noch in mir? Was spiegelt mir mein Kontakt zum Ideal-Element?“

Übertragungen auf den Alltag

Zufall?

Wenn du Vertrauen in ein Losverfahren und den Zufall entwickelst, dann könntest du zu der Sichtweise gelangen, dass es keinen Zufall gibt. Ich sehe immer gerne hinter jedem „zufälligen“ Geschehnis einen universellen Zusammenhang, einen Sinn (auch, wenn ich den Sinn gerade nicht verstehen kann). Mit dieser Sichtweise und diesem Vertrauen kann ich im Alltag bei für mich überraschenden Situationen oft sehr gelassen darauf reagieren.

Gefühle „sind“

In Stellvertreterrollen können wir gleichzeitig auch viel über den Umgang mit Wertungen lernen. Denn im Alltag fragen wir uns oft, ob das, was wir gerade tun, richtig oder falsch ist. Wir bewerten uns selbst, wir denken: „Das war jetzt gerade nicht gut, was ich gedacht/gefühlt habe.“ Wir überlegen, wie andere Menschen wohl über uns denken und uns bewerten und wollen uns manchmal nach deren Urteil richten. Wir sind durch die Erziehung unserer Eltern oft gewohnt, uns zu „benehmen“, uns also so zu verhalten, wie unsere Eltern es für richtig gehalten haben.

In einer Stellvertreterrolle dagegen kann alles „dazugehören“. Wir können frei unseren Impulsen folgen (wobei der Aufsteller uns noch darin begrenzen kann, wie stark wir die Impulse ausleben). Unsere Impulse werden selten in Frage gestellt. Wir können bei jedem Gefühl und jedem Impuls denken: „Das gehört zur Rolle.“

Meine Empfehlung lautet: Übertrage das auf deinen Alltag. Deine Gefühle und Impulse sind weder falsch noch richtig. Sie „sind“ einfach nur. Sie gehören immer dazu – zu deiner Lebensrolle, die du spielst. Du bist unschuldig dafür, was du für Gefühle und Impulse in dir wahrnimmst. Das einzige, wofür du die Verantwortung übernehmen musst, ist dein innerer Umgang damit und das Ausleben, Ausagieren, Ausdrücken deiner Gefühle und Impulse. Denn dadurch können eventuell auch andere Menschen verletzt werden. Und wenn andere Menschen sich durch dich verletzt fühlen, musst du mit den Folgen leben.

Die Frage ist, ob du dazu bereit bist und die volle Verantwortung dafür übernimmst, mit diesen eventuell negativen Folgen konfrontiert zu werden (oder vielleicht auch positive Folgen zu ernten). Und wenn du nicht dazu bereit bist, trägst du die Verantwortung dafür, diese Gefühle und Impulse zurückzuhalten und nicht auszuagieren. Oder sie für andere Menschen in „Watte" zu verpacken.

Umgekehrt bist du auch dafür verantwortlich, Gefühle und Impulse, die du bisher zurückgehalten hast, vielleicht auch mal auszudrücken, damit andere Menschen wahrnehmen können, was in dir vorgeht und du vielleicht sogar entsprechend positive Folgen ernten kannst.

Fazit: Es geht nicht um die Bewertung deiner Gefühle und Impulse, sondern es geht nur um den Umgang mit ihnen und um die Entscheidung, ob du sie ausdrücken möchtest oder nicht. Und wenn ja, in welcher Form.

Vorbei

Wenn du dein momentanes Gefühl oder deinen Impuls gerade selbst nicht magst oder sogar darunter leidest, kannst du ausprobieren, ob du dich damit in Resonanz zu einem anderen Menschen befindest. Entscheide dich: „Ich stehe für dieses Gefühl/diesen Impuls nicht weiter zur Verfügung."

Geht es dir anschließend besser, dann ist das Problem gelöst. Wenn nicht, dann gehe davon aus, dass dein Gefühl/Impuls mit einem eigenen unerlösten Thema zu tun hat. Die Ursache dafür könnte ein ungeklärtes Erlebnis in deiner Vergangenheit sein. Aus diesem ungeklärten Erlebnis heraus ist in dir ein Wunsch nach einer Veränderung entstanden, den du jetzt immer noch in der Gegenwart lebst, eine Abwehr gegen das, was gerade ist. Dieser Veränderungswunsch könnte dich belasten.

Um das Thema zu klären, kannst du die Ursache dafür in zwei Teile teilen. Den einen Teil schiebst du vollständig in die Vergangenheit: Das Erlebnis ist für immer vorbei. Es kann ein unangenehmes oder auch besonders angenehmes Erlebnis sein. Verabschiede dich davon (vielleicht sogar emotional, mithilfe von Tränen). Den anderen Teil nimmst du vollständig mit in die Gegenwart als Erinnerung und wichtige Erfahrung, die dir für zukünftige Entscheidungen mehr Klarheit gibt („Was will ich und was will ich nicht mehr?").

Gefühlsbotschaften

Wenn du im Alltag nicht weißt, ob du dich für eine Situation zur Verfügung stellen willst oder nicht, dann frage dein Gefühl, ob es sich stimmig anfühlt. Und frage dich, ob du bereit bist, mit den Folgen deiner Entscheidung zu leben. Nimm dabei jeden Zweifel ernst. Zweifel könnte eine Botschaft deines Unbewussten sein, das dich schützen möchte.

Ich sehe es immer so: Egal, wie ich mich entscheide – mein Gefühl (mein weises Unbewusstes / das weise Universum) hat mich geführt und die Folgen, die ich jetzt erlebe, sollte ich erleben. Auf diese Weise vergrößert sich permanent mein Erfahrungsschatz, ich werde immer reicher! Egal, was passiert.

Perspektivenwechsel

Du kannst im Alltag jedes Gefühl und jeden Impuls, den du hast, umdeuten und neu betrachten: Vielleicht befindest du dich gerade mit deinem Umfeld in Resonanz und dein Gefühl/Impuls ist ein Teil der Rolle, die du hier gerade unabsichtlich für dein Umfeld übernommen hast?

Mit dieser neuen Perspektive kannst du nun entscheiden: „Möchte ich auch weiterhin zur Verfügung stehen oder nicht mehr?"

Ideal-Person

Umgekehrt kannst du auch versuchen, dein Umfeld genauer kennenzulernen. Gib dir selbst die Rolle einer Ideal-Person (sage dir z. B.: „Ich bin jetzt der Ideal-Partner von … . Wie fühle ich mich mit dieser Vorstellung?"). Damit machst du dich selbst zur weißen Leinwand, zum Spiegel. Und alles, was sich nun an Gefühlen in dir zeigt, könnte in einem engen Zusammenhang mit den psychischen und emotionalen Strukturen deines Gegenübers stehen.

Erinnere dich noch einmal, was der Begriff „Ideal" in diesem Fall bedeuten soll. Er wird nicht so eingesetzt, wie wir es aus unserem Alltag kennen, wenn wir etwas ideal finden und es unserer Vorstellung entspricht oder optimal unser Wunsch erfüllt wird. Das wäre eher ein „Wunsch-Element". Sondern das Ideal-Element oder die Ideal-Person hat die Eigenschaft, in sich selbst absolut perfekt zu sein. Es hat keine Probleme mehr mit sich selbst, kann mit allem auf gelöste Weise umgehen, ist immer im Flow und ist so offen, dass es die Ungleichgewichte des Umfeldes in sich mitfühlt – als Resonanz.

So ein Ideal-Element gibt es nicht wirklich, aber wir können es uns in unserer Fantasie ausmalen und für eine Aufstellung so definieren. Letztendlich können wir diese Definition auch auf den Alltag übertragen und uns auf diese Weise *annähernd* zu einer weißen Leinwand machen, auf der sich *eventuell* die Ungleichgewichte unseres Umfeldes abbilden.

Beispiel: Willst du einen anderen Menschen im Bereich Partnerschaft genauer kennenlernen, dann gib dir selbst die Rolle des Ideal-Partners. Anschließend frage dich, wie du dich mit dieser Rolle fühlst. Alles, was du anschließend fühlst, *könnten* Botschaften über dein Gegenüber sein.

Wenn du den anderen im Bereich Arbeitsverhältnis genauer kennenlernen möchtest, dann gib dir selbst die Rolle des Ideal-Angestellten, Ideal-Kollegin oder des Ideal-Chefs. Beobachte, was für Gefühle in dir auftauchen, und überlege, was diese Gefühle über den anderen aussagen könnten.

Wenn du eine Wohnung mieten möchtest und bist dir unsicher, ob du dich mit deiner Vermieterin verstehen wirst, dann gib dir selbst die Rolle der Ideal-Mieterin und schaue, wie du dich anschließend fühlst. Möglicherweise kannst du dich nun besser für oder gegen das Mietverhältnis entscheiden.

Wenn du eine neue Ärztin, Therapeutin oder Berater suchst, dann gebe dir selbst die Rolle des Ideal-Klienten im Kontakt mit der entsprechenden Person und schaue, wie du dich zu fühlen beginnst. Fühlst du dich wohl, dann könnte dein Gegenüber jemand sein, der dir gut helfen kann. Fühlst du dich eher unwohl, dann wäre das vielleicht ein Hinweis darauf, eine andere Ärztin, Therapeutin oder Berater zu suchen.

Bist du Teil einer Jury und sollst eine Künstlerin bewerten, dann nimm die Rolle des Ideal-Zuschauers ein. Alles, was du nun fühlst, während die Künstlerin aktiv ist, könnte ein Hinweis auf das Innere dieser Künstlerin sein und deine anschließende Wertung spiegelt die Künstlerin noch klarer in ihrer Persönlichkeit. Möglicherweise kann die Künstlerin aus deinem Feedback am meisten lernen.

Wichtig: Nimm deine Gefühle als „Hinweise“ – und nicht als „Wahrheiten“. Du könntest dich in deiner Deutung auch irren! Überprüfe deine Deutungen immer wieder, frage nach und schaue, ob du im Außen eine Bestätigung für dein Gefühl findest.

Ideal-Partnerschaft

Wenn du einen verständnisvollen Partner hast, der auch gerne das Freie Aufstellen anwendet, dann könnt ihr euch gegenseitig zur Weiterentwicklung zur Verfügung stehen, wenn der eine einmal die Rolle des Ideal-Partners einnimmt, und ihr dann schaut, was für Gefühle zum Vorschein kommen.

Sind es problematische Gefühle, dann könnt ihr danach suchen, was eventuell für eine Verbesserung hilft. Probiert dabei auch aus, ein Element (Stuhl, Zettel, Ball, Kissen oder ähnliches) als „lösendes Element" hinzuzunehmen und zu beobachten, was sich dadurch in euren Gefühlen ändert und was ihr aus dieser Änderung schließen könnt.

Ist für den einen eine Lösung gefunden, dann könnt ihr anschließend tauschen. Nun stellt sich der andere als Ideal-Partner zur Verfügung, fühlt sich ein und ihr schaut, was sich zeigt und wie es sich lösen lässt (z. B. indem ihr irgendwelche Gegenstände als lösende Elemente dazustellt und beobachtet, ob es irgendwie weiterhilft).

Und wie fühlt ihr euch, wenn ihr beide gleichzeitig die Rolle als Ideal-PartnerIn einnehmt?

Tränen

Falls du bisher Tränen als eine „Schwäche" gewertet hast, empfehle ich: Stehe zu dieser Schwäche. Nach meiner Erfahrung lösen Tränen zwar ein Schwächegefühl aus oder sind die Folge einer Schwäche, können selbst aber befreiend und erlösend wirken, wenn man sie vollständig zulässt.

Hätte ich meine Tränen in meinem Leben immer permanent unterdrückt oder mich dafür entschuldigt, dann wäre ich noch heute ein gehemmter, zurückgezogener und verschlossener Mensch. Tränen im Zusammenhang mit lösenden Erkenntnissen und Happy-End-Gefühlen sind für mich die optimale Möglichkeit, Gefühle wieder zu befreien, mich zu öffnen, mich mit dem Leben wieder im Fluss zu fühlen.

Es gibt immer wieder Situationen in meinem Alltag, wo ich enttäuscht werde, weil ich von einem Ziel loslassen muss, das sich leider nicht erfüllen lässt, jedenfalls nicht so, wie ich es mir gewünscht hatte. Und ich erlebe immer wieder, dass ich nach der Enttäuschung erst einmal keinen Zugang mehr zu einer neuen Motivation oder zu neuen Visionen erhalte.

Erst wenn ich meinen alten Wunsch mithilfe von Tränen verabschiedet habe, meine Trauer vollständig fließen lasse, merke ich anschließend, wie neue Energie in mir zum Vorschein kommt. Und am nächsten Tag fühle ich neue Motivation und neue Visionen in mir. Das Leben macht wieder Spaß.

Da ich das Werkzeug der Schmerzverarbeitung mithilfe von Tränen so fundamental wichtig finde und es selbst als unglaublich hilfreich erlebe, weise ich noch ein zweites Mal auf mein Buch hin und empfehle dir dringend, es zu lesen, wenn du in irgendeiner Weise deinen natürlichen Tränenfluss wieder befreien oder deine Tränen sogar gezielt als Befreiungswerkzeug einsetzen können möchtest: „*Der Mann, der sich glücklich weinte*".

Lösende Projektion

Wenn du im Alltag problematische Situationen erlebst, kannst du in deinen Gedanken ein „lösendes Element" einführen. Stell dir vor, dass der Kugelschreiber in deiner Hand oder die Uhr an der Wand oder ein Stuhl etc. ein „lösendes Element" darstellt. Anschließend beobachte dich selbst, ob dir diese Vorstellung ein neues Gefühl vermittelt oder ein neuer Impuls in dir zum Vorschein kommt. Vielleicht beginnt auch dein Gegenüber, sich anders zu verhalten?

Es gibt auch die Möglichkeit, dir selbst die Rolle des „lösenden Elementes" zu geben. Oder betrachte einen anderen Menschen als „lösendes Element". Deiner Fantasie sind keine Grenzen gesetzt.

Projiziere in dein Umfeld „lösende Elemente“ und beobachte, ob und wie das die problematische Situation verändert oder was du selbst nun anders fühlst oder wie du anders handelst.

Unterscheidung

Wenn ein Mensch im Alltag dir gegenüber „drängelt“ („Mach doch mal …!“) oder dir etwas vorwirft („Warum hast du nicht … gemacht?!“), dann kannst du in Zukunft seine Aktion in zwei Teile teilen. Der erste Teil ist dir möglicherweise nützlich, denn der andere ist auf eine Idee gekommen, die dir möglicherweise helfen könnte. Du hast die Wahl, es in Zukunft auszuprobieren.

Der zweite Teil ist die drängelnde oder verletzende Dynamik. Hier kannst du erkennen, dass der andere ungeduldig ist und dir nicht gelassen seine Idee anbieten kann. Aufgrund seines eigenen Dranges oder seiner Gewohnheit in der Kommunikation kann er anderen Menschen keine Freiheit vermitteln.

Diesen zweiten Teil kannst du ganz zum anderen schieben und bei ihm lassen. Es liegt allein in seiner Verantwortung, zu einer inneren Gelassenheit zu finden. Du bist weder für sein Drängeln noch für seine Gelassenheit verantwortlich. Hier hat der andere die Wahl und die volle Eigenverantwortung.

Zwei Fragen

Bei jeder Schwierigkeit im Alltag kannst du dich fragen:

„Was ist zuviel?“ – „Was fehlt?“

Manchmal konzentrieren wir uns nur auf eine der beiden Fragen und finden keine Antwort. Vielleicht kann uns in dem Moment die andere Frage weiterhelfen.

Auch hier besteht die Möglichkeit, dir in einer Alltagssituation selbst die Rolle zu geben:

„Das, was hier noch fehlt“ oder „Das, was gerade zuviel ist.“

Vielleicht kannst du dadurch die Situation irgendwie entlasten.

Wahl

- Je größer unser Veränderungswunsch, desto stärker unsere resonierenden Empfindungen zum entsprechenden Problem.
- Je größer unsere Anerkennung, wie es jetzt gerade ist, desto entspannter unser Gefühl.

Du hast im Alltag die Wahl, ob du einen Veränderungswunsch in dir verstärken möchtest oder eine Situation so anerkennst, wie sie jetzt ist. Probiere aus, was dir in dem Moment weiterhilft.

Kapitel IV

Wie stelle ich als Fortgeschrittener auf?

Stell dir vor, dass unsere imaginäre Aufstellungsveranstaltung inzwischen vorbei ist. Nun hast du bereits einige Erfahrungen gesammelt und fühlst dich beim Freien Aufstellen schon ein bisschen sicherer. Wir spulen die Zeit vor. Es vergehen Tage, Wochen, und du entscheidest dich, mal wieder zu einer Aufstellungsveranstaltung zu kommen, denn du hast ein neues Thema, das du gerne mithilfe einer Aufstellung genauer beleuchten und im Idealfall sogar lösen möchtest.

Im Folgenden spielen wir eine Situation durch, in der du wieder aufstellen darfst, dieses Mal aber schon etwas erfahrener bist. In dieser neuen Gruppe sind wieder einige TeilnehmerInnen, die das Freie Aufstellen schon kennen und regelmäßiger teilnehmen, und einige neue TeilnehmerInnen, die neugierig beobachten. Wir haben bereits eine Vorstellungsrunde und eine erste Aufstellung hinter uns, bei der ich den neuen TeilnehmerInnen erzählt habe, wie das Freie Aufstellen funktionieren kann. Nach einer kleinen Pause führen wir nun die zweite Aufstellung durch. Du bist ausgelost worden.

Fünfzig Minuten

Olaf: „Die Leserin / der Leser ist gerade ausgelost worden und darf aufstellen. Möchtest du offen, halbverdeckt oder verdeckt aufstellen?“

Du antwortest: „Ich möchte mal verdeckt beginnen.“

„O.k. – und wie darf die Gruppe bei deiner Aufstellung aktiv sein?“

„Ich will schauen, was passiert, wenn die Gruppe von Anfang an all ihren Impulsen, Ideen und Gedanken folgt. Und wenn es mir zu heftig wird, setze ich dann ein paar Grenzen.“

„Alles klar, dann kannst du nun beginnen. Du hast ungefähr fünfzig Minuten Zeit. Allerdings bedeutet das nicht, dass du in diesen fünfzig Minuten mehrere Themen aufstellen darfst, bis die Zeit verstrichen ist. Bitte lass´ anderen TeilnehmerInnen die Chance, auch aufzustellen, falls du schneller fertig sein solltest. Stelle also nur ein Thema auf – und dafür hast du maximal fünfzig Minuten Zeit.“

„Okay“, antwortest du und beginnst, darüber nachzudenken, wie du dein Thema nun am besten verdeckt aufstellst.

Warum fünfzig Minuten? Im Laufe der Jahre hat sich diese Zeit in meinen Veranstaltungen und in meinem Gefühl so eingependelt. Vorausgegangen war die Überlegung, Drei-Stunden-Workshops anzubieten, in denen mindestens drei Aufstellungen stattfinden können. Damit alle drei Aufstellungen zeitlich ungefähr die gleiche Chance haben, habe ich mich für fünfzig Minuten Aufstellung plus zehn Minuten Pause entschieden.

Es hat sich gezeigt, dass drei Stunden dabei nicht ausreichend sind, weil durch die anfängliche Vorstellungsrunde und die Einführung in das Freie Stellen als auch durch eventuelle Überziehungen der fünfzig Minuten oder der Pausenzeiten am Schluss für die dritte

Aufstellung keine volle Zeit mehr zur Verfügung steht. Und so habe ich die Veranstaltung um fünfzehn Minuten verlängert. Meistens dauert also ein Abend oder eine Workshop-Einheit drei Stunden und fünfzehn Minuten.

Nach meinem Gefühl sind diese fünfzig Minuten für ein Thema in den allermeisten Fällen vollkommen ausreichend. Und wenn man in dieser Zeit noch keine Lösung gefunden hat, könnte es auch Sinn machen, die Aufstellung dort stehen zu lassen, ein bisschen Abstand zu gewinnen und bei einer nächsten Aufstellungsveranstaltung das Thema erneut aufzustellen und zu schauen, ob sich inzwischen von selbst schon etwas weiterentwickelt hat.

Im Nachhinein könnte es auch Sinn machen, über das Ende der Aufstellung nachzudenken und zu schauen, ob die Art des Endes irgendwie zum Thema passt und vielleicht noch eine Botschaft oder eine Erkenntnismöglichkeit enthält.

Wenn es eine Zeitbegrenzung gibt, heißt das aber nicht, dass ich sofort nach fünfzig Minuten eingreife und die Aufstellung unterbreche, weil nun die Zeit um ist. Ich sage als Organisator ungefähr zehn Minuten vor dem Ende laut Bescheid, dass wir jetzt nur noch zehn Minuten haben.

Wenn ein Aufsteller leicht ablenkbar ist und wenn er sich durch die Mitteilungen und Rollenspiele seiner StellvertreterInnen zu sehr hat „fesseln" lassen, kommt er durch die Erkenntnis, nur noch zehn Minuten Zeit zu haben, manchmal auf den Punkt und probiert letztendlich nun genau das aus, was er eigentlich ausprobieren wollte.

Oder die StellvertreterInnen suchen nun konzentrierter nach einer Lösung, wenn ihnen bewusst wird, wie wenig Zeit nur noch zur Verfügung steht.

Oder eine Stellvertreterin sagt jetzt endlich, was sie „eigentlich" fühlt und die ganze Zeit schon gedacht hat, bisher nur noch nicht ausgesprochen hat, weil vielleicht der Raum dafür nicht da war.

Mindestens aber ist die gesamte Gruppe innerlich darauf eingestellt, dass nicht mehr lange Zeit zur Verfügung steht.

Sind die fünfzig Minuten verstrichen, dann sage ich laut Bescheid, dass nun die Zeit um ist, aber ohne konkret die Aufstellung abzubrechen. Ich sage nur die Zeit an. Meistens hat dann der Aufsteller schon ein schlechtes Gewissen und beendet seine Aufstellung selbst.

Tut er es nicht, sondern geht noch weiteren Hinweisen und Impulsen nach, dann sage ich nach fünf Minuten laut, dass inzwischen fünf Minuten überschritten sind.

Sind zehn Minuten verstrichen, ohne dass die Aufstellung beendet wurde, dann stelle ich mich direkt in die Aufstellung hinein und frage den Aufsteller: „Was für eine Sache möchtest du abschließend noch ausprobieren?" In der Aufstellung stehend begleite ich dann noch diese eine Sache, und sobald es sich in die Länge zu ziehen beginnt, mache ich den Vorschlag, es als „Cliffhanger" jetzt einmal so stehen zu lassen und das Thema beim nächsten Mal fortzusetzen.

Manchmal taucht eine Lösung genau nach fünfzig Minuten auf und der Aufsteller beginnt, sich durch sein Happy End angeregt in Tränen aufzulösen. Dann lasse ich dafür noch Zeit.

Sobald aber ein nächster Schritt zum Vorschein kommt, indem eine neue Frage gestellt wird oder eine Stellvertreterin etwas Neues mitteilt, greife ich ein und mache den Vorschlag, das Neue auf eine nächste Aufstellung zu verschieben. Auf diese Weise dauert eine Aufstellung bei mir selten länger als fünfundsechzig Minuten.

Übrigens darf in diesen fünfzig Minuten der Aufsteller mit seiner Aufstellung tatsächlich machen, was er will. Und jeder darf für sich frei entscheiden, ob er dem Aufsteller und seiner Aufstellung zur Verfügung stehen möchte oder lieber aus dem Raum geht.

Was dementsprechend also auch möglich ist: fünfzig Minuten der Gruppe sein Thema erzählen und sein Leid klagen – oder fünfzig Minuten sich von der Organisatorin oder von allen Gruppenmitglieder beraten lassen – oder während der Aufstellung permanent mit seinen StellvertreterInnen diskutieren.

Manchmal werden Gruppenmitglieder ungeduldig, je länger der Aufsteller von sich erzählt und das Thema lang ausbreitet: „Möchtest du nicht endlich mal deine Aufstellung beginnen?“ Dann sage ich: „Sein Erzählen gehört auch dazu. Er kann seine Zeit auch dadurch nutzen, indem er sich sein Problem von der Seele redet.“

Und auch alle möglichen Diskussionen gehören dazu, solange der Aufsteller keine Grenze setzt. Manche TeilnehmerInnen werten Diskussionen ab, weil man sich dabei angeblich zu sehr im Kopf befände. Ich habe schon öfter erlebt, wie dankbar jemand war, weil er so intensiv mit seinen StellvertreterInnen diskutieren durfte und für ihn wichtige Erkenntnisse daraus gewinnen konnte. Auch der Kopf gehört dazu. Mehr noch: Ich bin davon überzeugt, dass ich ohne meinen Kopf nie meine Gefühle verstehen gelernt hätte.

Frei experimentieren

Inzwischen bist du zu einer Entscheidung gelangt, was und wie du nun in unserem imaginären Aufstellungsworkshop aufstellen möchtest.

Dein Thema ist ein Berufliches. Du bist mit deinem Job zurzeit nicht hundertprozentig zufrieden, weißt aber nicht, ob du die Situation verändern willst oder verändern kannst. Du spürst keinen Impuls in dir. Du bist zwar unzufrieden, hast aber auch keine Idee für etwas Neues. Das ist ein unangenehmer Zustand, über den du mithilfe einer Aufstellung mehr Klarheit bekommen möchtest.

Keiner kennt dein Thema, ich auch nicht. In deinen Überlegungen hast du dich für folgende Elemente entschieden:

- o einen Stellvertreter für dich selbst
- o einen Stellvertreter für deine momentane Arbeitssituation (= das Bekannte)
- o einen Stellvertreter für dein Ziel, dich bei der Arbeit wohl und zufrieden zu fühlen und dabei auch Spaß zu haben
- o einen Stellvertreter für eine eventuelle neue Aufgabe oder neuen Job
- o einen Stellvertreter für das Hindernis, denn du gehst davon aus, dass dich im Moment irgendetwas daran hindert, einen neuen Weg zu gehen

Unsere imaginäre Gruppe besteht aus 14 Personen. Einige TeilnehmerInnen kennst du schon vom letzten Mal und von einigen TeilnehmerInnen weißt du aus der Vorstellungsrunde ihre Namen, doch manche Namen hast du wieder vergessen.

Als erstes möchtest du dein Ziel aussuchen. Du wählst bewusst nicht deinen eigenen Stellvertreter als erstes, weil du der Gruppe keine Deutungsmöglichkeiten geben willst. Manche denken nämlich, dass man seinen eigenen Stellvertreter oft zuerst aussucht. Du deutest auf einen etwas reiferen Herrn mit Bart, leichtem Bauchansatz und liebevollem Blick und fragst:

„Ich weiß deinen Namen nicht mehr. Würdest du für eine Rolle zur Verfügung stehen?“

Der Herr reagiert mit warmer Stimme.

„Ja, gerne.“

„Das ist Steffen“, ergänze ich.

Als nächstes suchst du eine Stellvertreterin für deine momentane Arbeitssituation.

„Heiderose, würdest du die nächste Rolle übernehmen?“ Heiderose nickt, legt ihr Schreibzeug und ihre Brille zur Seite und steht schon mal auf.

Dann möchtest du einen Stellvertreter für dich selbst und schaust in die Runde, hast aber kein Gefühl zu irgendjemandem. Da es dir egal ist, ob ein Mann oder eine Frau deine Rolle übernimmt, fragst du:

„Ich stelle mir jetzt eine weitere Rolle vor. Fühlt sich jemand angesprochen und möchte diese Rolle übernehmen?"

Schweigen in der Gruppe. Du wartest – und schließt nach einer Weile die Augen. Dann hörst du rechts von dir etwas rascheln, öffnest die Augen und siehst, dass Natalia aufgestanden ist.

„Danke", sagst du zu Natalia. Bei den letzten beiden Rollen, die jetzt noch fehlen, entscheidest du dich, sie später dazu zu nehmen. „Das genügt erst einmal."

Du gibst den StellvertreterInnen noch die Information:

„Ich möchte euch nicht aufstellen. Ihr dürft euch eure Plätze selbst suchen oder auch ganz frei agieren, wie es euren Gefühlen entspricht. Und ihr könnt auch jederzeit frei darüber reden, wie ihr euch fühlt. Und wie gesagt: Die beobachtende Gruppe darf auch frei ihren Impulsen und Ideen folgen."

Als die drei Personen sich nun zu bewegen beginnen, gehst du für dich innerlich noch einmal die Rollen durch:

Natalia steht für dich.

Heiderose steht für deine momentane Arbeitssituation.

Steffen steht für dein Ziel, dich bei der Arbeit wohl und zufrieden zu fühlen und dabei auch Spaß zu haben.

Bei verdecktem Aufstellen und mehreren StellvertreterInnen kannst du dir selbst auf einem Zettel notieren, wer welche Rolle spielt, damit du den Überblick nicht verlierst.

Manche schreiben sogar ihre Ideen während ihrer Aufstellung mit – oder beauftragen jemanden aus der Gruppe, den Verlauf der Aufstellung aufzuschreiben.

Ab und zu bringt jemand ein Aufnahmegerät mit und fragt die Gruppe, ob er die Aufstellung auf Band aufzeichnen darf. Wenn jemand aus der Gruppe das als unangenehm empfindet, kann er für sich eine Grenze setzen, sich schweigend zurückhalten und braucht nicht zur Verfügung zu stehen.

Steffen bleibt am Rand stehen. Heiderose stellt sich in einem Abstand von ungefähr zwei Metern zu Steffen und schaut ihn an. Natalia steht etwas abseits und konzentriert ihren Blick in eine andere Richtung. So bleibt es eine Weile. Schweigen im Raum.

Dann sagt Alexandra (Beobachterin in der Gruppe):

„Ich glaube, Natalia schaut auf irgendetwas. Stimmt das?"

Natalia: „Ja, ich konzentriere mich dort auf diese Stelle. Mein Blick ist richtig gefesselt."

Olaf: „Man könnte dort etwas hinstellen als das, worauf Natalia schaut."

Nora steht spontan auf und stellt sich genau dort hin, wo Natalia hinschaut.

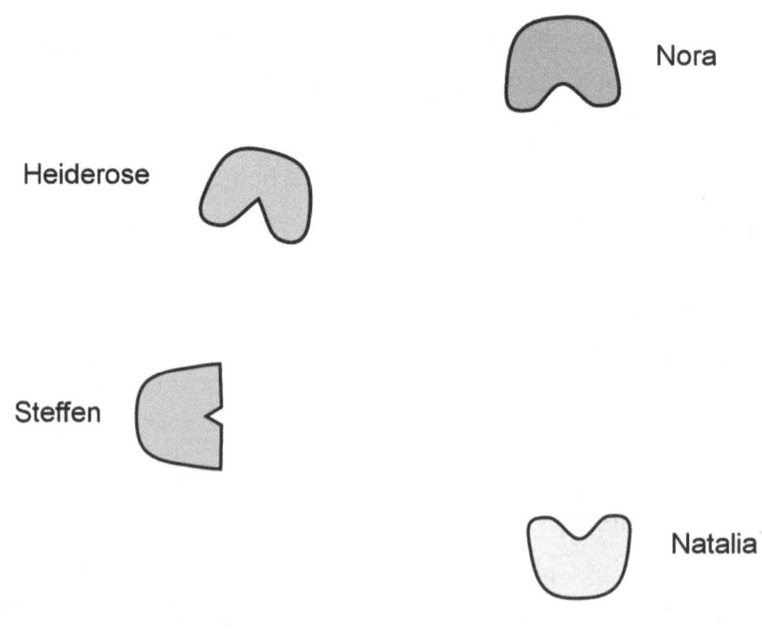

Ich finde es wichtig, in so einem Fall dann immer noch zu überprüfen, ob die neue Person tatsächlich das ist, worauf geschaut wird. Deswegen frage ich (da ja die Gruppe, zu der ich dazugehöre, frei agieren darf):

„Natalia? Hast du jetzt auch das Gefühl, auf Nora zu schauen? Ist sie wirklich das, worauf sich dein Blick konzentriert?“

„Ja, und es fühlt sich richtig gut an, dass ich es endlich klarer sehen kann.“

Du hast im Moment noch keine Ahnung, wofür Nora stehen könnte. Keiner hat eine Deutung.

Nora: „Und ich bin in gleichem Maße intensiv auf Natalia konzentriert. Dabei fühle ich mich innerlich ganz weit, groß und sehr klar. Allerdings bewahre ich einen gewissen Abstand.“

Natalia: „Wenn ich höre, wie groß sie ist, möchte ich einen Schritt zurücktreten. Aber nicht aus Angst, sondern weil ich das Gefühl habe, dann einen besseren Überblick zu behalten.“

Du überlegst immer noch, was Nora sein könnte, und fragst:

„Nora, hast du ein Gefühl, was für eine Rolle du spielst?“

„Irgendwie bin ich hier die Hauptsache. Eigentlich geht es um mich.“

Heiderose mag Nora nicht im Rücken haben und tritt an den Rand zur Seite, schaut dabei aber immer noch Steffen an und kann jetzt im Seitenblick Natalia sehen. Steffen schaut zwischen Nora und Natalia hindurch – ins Leere.

„Ich fühle mich gelangweilt und warte ab“, sagt er.

Inzwischen überlegst du, was bei diesem Thema eigentlich die Hauptsache sein könnte, die du bisher noch nicht bedacht hast. Worum geht es wirklich? Du fragst dich: „Wenn ich mich bei meiner Arbeit zufrieden fühlen würde, was wäre dann noch dabei?“

Auf einmal fällt es dir wie Schuppen von den Augen. Der Erfolg! Ein Job ohne irgendeinen Erfolg macht keinen Spaß. Und natürlich ist der Erfolg genau das, auf das man am stärksten schaut. Man arbeitet ja, um etwas zu erreichen und dann anschließend zufrieden sein zu können. Das, was man erreichen möchte, stellt einen Erfolg dar.

Du sagst: „Ich hab′ eine Idee: Nora, könntest du der Erfolg sein?“

Olaf: „Ich schlage vor, deine Idee konkret zu testen. Du kannst Nora direkt die Rolle des Erfolgs geben und dann schaut ihr, ob sich bei Nora im Gefühl irgendetwas ändert. Ändert sich nur wenig oder wird die Rolle noch klarer, dann wäre das die Bestätigung dafür, dass ihre Rolle möglicherweise den Erfolg darstellt. Wenn sich aber ihr Gefühl ändert und auch die anderen StellvertreterInnen nach dieser Rollengebung anders auf Nora reagieren, dann gibt es noch einen Unterschied zwischen dem Erfolg und der unbekannten Rolle, die Nora übernommen hat.“

„Ja, gute Idee. Also, Nora, ich gebe dir jetzt die Rolle des Erfolgs – und nun schau mal bitte, ob sich in deinem Gefühl dadurch etwas verändert.“

Nora lächelt.

„Irgendwie passt das. Ich fühle mich jetzt noch klarer.“

Natalia: „Ja, und ich habe das Gefühl, der Erfolg ist so groß, dass ich noch einen Schritt weiter zurückgehen muss, um alles überschauen zu können.“

Steffen wirkt auf einmal interessierter und guckt nun direkt zu Natalia rüber. „Mich macht es wacher und lebendiger.“ Du erinnerst dich: Steffen stellt dein Ziel dar. Wir anderen haben aber alle noch keine Ahnung, wer welche Rolle spielt. Nur dass Nora den „Erfolg“ darstellt, haben wir nun mitbekommen.

Heiderose (momentane Arbeitssituation) zieht sich noch ein Stückchen mehr zurück.

„Ich verliere etwas Energie und Interesse hier an dieser Situation.“

Olaf: „In diesem Fall ist meine Empfehlung, diese Definition von Nora beizubehalten, da es nun anscheinend keinen besonders großen

Unterschied gibt. Nur ein paar kleine Veränderungen, die nach meinem Gefühl eher wie eine Bestätigung wirken."

Du merkst, dass für dich die Aufstellung sogar noch klarer zu werden scheint. Die momentane Arbeitssituation zieht sich zurück und dein Ziel nimmt Kontakt zu dir auf.

„Ja, ist in Ordnung. Also, Nora, ab jetzt bist du hier in der Aufstellung der Erfolg."

Dir fällt ein, dass dir im Alltag tatsächlich irgendwie der Erfolg fehlt. Klar, dass es nicht so viel Spaß macht und kaum Freude da ist.

Nora: „Ich werde immer größer und größer, ... hab´ das Gefühl, mich total auszubreiten."

Natalia: „Das macht mir langsam nun doch Angst ..."

Olaf: „Ich habe eine Idee. Wenn Nora als Erfolg immer größer wird und Natalia in ihrer Rolle davor Angst bekommt, könnte das ein Hinweis darauf sein, dass der Erfolg für Natalia ein Spiegel darstellt. Nicht: Natalia bekommt Angst, weil der Erfolg groß wird. Sondern: Der Erfolg wird hier so groß, gerade weil in Natalia – ich meine natürlich die Rolle, die sie spielt – eine entsprechende Angst angelegt ist, die dadurch nun zum Vorschein gebracht wird. Möglicherweise hat die Person, die Natalia vertritt, eine grundsätzliche Angst vor zu großem Erfolg."

Du vermutest, dass du einen zu großen Erfolg möglicherweise nicht verkraften und den hohen Ansprüchen und Folgen von Erfolg nicht genügen könntest, und antwortest:

„Ja, da könnte was dran sein."

Olaf: „Man könnte also daran ablesen, wann diese Angst gelöst ist. In dem Moment müsste Nora sich wieder normal fühlen und braucht keine Übermacht mehr zu spiegeln."

Jetzt hast du die Idee, ein weiteres Element dazustellen zu wollen, um zu schauen, was damit passiert. Du suchst eine Stellvertreterin für das Hindernis, das dich bisher davon abhält, Freude an der Arbeit zu finden.

„Anke, würdest du bitte eine neue Rolle übernehmen?"

Anke zögert. Sie spürt in sich hinein – und nach kurzer Zeit stimmt sie zu.

„Na gut. Mein Gefühl ist zwar nicht sonderlich gut, aber ich glaube, das könnte bereits zur Rolle gehören. Ich mache mit. Was soll ich tun?

„Du kannst frei deinen Impulsen folgen."

Anke steht zögerlich auf. Dann stellt sie sich zielstrebig genau vor Natalia und versperrt ihr die Sicht auf Nora. Natalia atmet tief durch – vor Erleichterung. Steffen rückt einen Schritt näher an Natalia heran und Heiderose dreht sich zum Erfolg, geht langsam hin und stellt sich genau davor, den Erfolg anschauend.

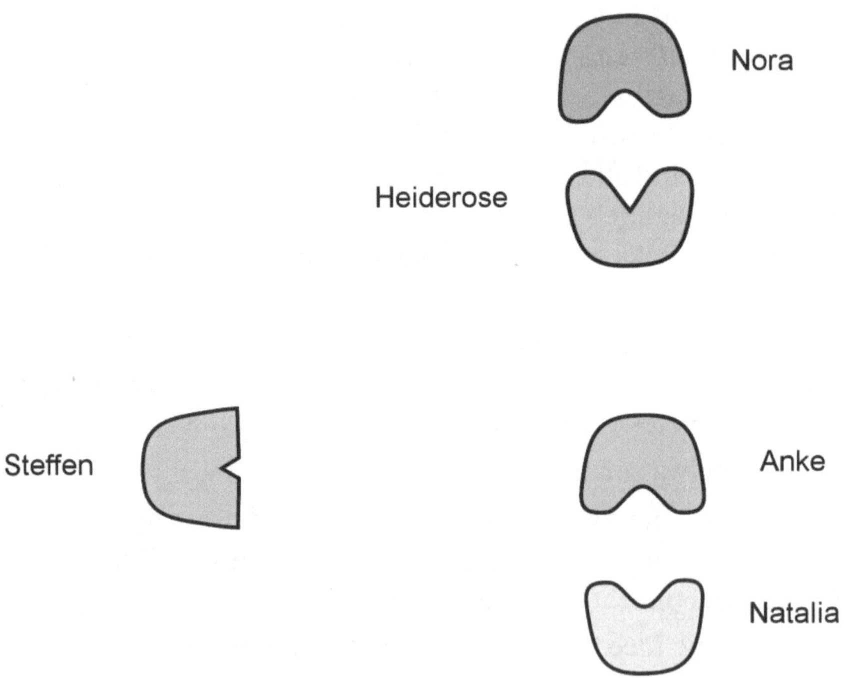

Natalia bekommt das mit und sagt:

„Das gefällt mir aber gar nicht, dass Heiderose sich nun zu Nora stellt! Aber ich bin hier irgendwie durch Anke gefesselt. Witzig, erst hat sie mich total erleichtert, weil sie mich vor Nora geschützt hat, und nun hänge ich hier fest."

Die Gruppe wird unruhig, manche reden miteinander. Da bisher alles dazugehören darf, gehört auch dazu, dass die Gruppe sich unterhält. Du fühlst dich hilflos und ratlos. Aber aufdecken und die Gruppe um Hilfe bitten, möchtest du noch nicht. Die Fragen, die dich im Moment beschäftigen:

„Dass das Hindernis mich vor dem zu großen Erfolg geschützt hat, ist relativ klar, aber warum fesselt es mich jetzt so?"

„Warum hat sich Heiderose (momentane Arbeitssituation) zu Nora (Erfolg) gestellt?"

„Warum ist Steffen (Ziel) auf mich (Natalia) zugekommen, obwohl die Gesamtsituation doch anscheinend etwas schlechter zu werden scheint? Wie kann ich das alles deuten?"

Du erinnerst dich daran, dass ich beim letzten Workshop einem anderen Teilnehmer einmal gesagt habe, dass man nicht sofort alles verstehen muss. Man kann sich auch entspannt zurücklehnen und abwarten, was sich wie von selbst entwickelt. Vielleicht kommt einem später auch selbst eine Idee, wie es weitergehen könnte. Du entscheidest dich, einfach ein bisschen abzuwarten. Es ist ja auch noch genügend Zeit für die Aufstellung.

In dem Moment, in dem du dich zurücklehnst und abzuwarten beginnst, wird es auch in der Gruppe wieder ruhiger.

Jürgen (aus der beobachtenden Gruppe): „Möchtest du schon aufdecken, worum es hier geht?"

„Nein, noch nicht."

„Mich zieht es irgendwie in die Aufstellung. Darf ich reingehen?"

Plötzlich fühlst du dich unwohl. Du hast das Gefühl, wenn Jürgen jetzt noch mit reingeht, dass du den Überblick über die Aufstellung verlierst. Deswegen antwortest du:

„Warte mal noch bitte, im Moment noch nicht.“

Dir wird bewusst, dass du auf Jürgen nun zwei Mal mit einer Grenzsetzung reagiert hast. Vielleicht gehört auch das irgendwie dazu ...

Du wartest weiter ab.

Jürgen nimmt Rücksicht. Hätte er jetzt noch einen weiteren Impuls gebracht, den du begrenzt hättest, dann hätte ich als Organisator dich gefragt, ob du gerade eine generelle Grenze für die Gruppe setzen möchtest. Wenn du das bestätigt hättest, hätte ich die Gruppe gebeten, dir zu helfen, indem sie ab jetzt auf deine Grenze Rücksicht nimmt.

Doch im Moment gibt es nichts weiter zu klären oder zu ordnen.

Anke (Hindernis): „Also, ich muss mich hier ganz breit machen, damit Natalia nicht vorbeikommt.“

Nora (Erfolg): „Und ich fühle mich wieder kleiner, wenn Heiderose (momentane Arbeitssituation) mir so dicht gegenüber steht.“

Du wartest weiter.

Natalia (Du) setzt sich hin. Anke (Hindernis) entspannt ein wenig. Heiderose (momentane Arbeitssituation) dreht sich um und schaut nun von hinten auf Anke, mit Nora (Erfolg) im Rücken. Nora setzt sich auch hin.

Steffen (Ziel): „Irgendwie macht mich das alles traurig.“

Natalia berührt sitzend mit ihren Füßen Ankes Füße. Anke schaut zu Natalia runter. Sie rückt näher und legt sanft ihre Hände auf Natalias Kopf. Natalia beginnt zu weinen.

Du weißt zwar nicht, warum Natalia weinen muss, aber irgendetwas entspannt sich in dir. Auf einmal merkst du, unter welchem Druck du bisher gestanden hast. Erfolgsdruck?

Du siehst, wie dein Hindernis (Anke) zu einem Freund geworden ist, der dich liebevoll berührt und beschützt.

Mit dieser inneren Entspannung wartest du weiter ab, was geschieht.

Natalia: „Ich bin durch Ankes liebevolle Berührung total gerührt. Ich kann mich innerlich richtig fallenlassen."

Ihr verläuft die Schminke. Alexandra holt die Küchenrolle und stellt sie neben Natalia. Natalia bedient sich, schnäuzt sich und säubert ihre Augenränder.

Heiderose geht langsam zur Seite. Die dahinter auftauchende sitzende Nora schaut wartend zu Natalia und Anke hinüber. Natalia hält entspannt ihren Kopf geneigt, auf dem Anke ihre Hände platziert hat, und hat die Augen geschlossen.

Nach einiger Zeit kann Natalia langsam aufstehen und umarmt Anke lange und innig. „Danke, Anke." Sie nimmt Anke an ihre linke Seite und schaut mit ihr gemeinsam nun zu Nora hinüber. Heiderose ist wieder ganz an den Rand gegangen und Nora steht auf.

„Jetzt fühle ich mich normal – nicht mehr so groß", bemerkt Nora.

Weil Heiderose als deine momentane Arbeitssituation sich wieder vollständig an den Rand gestellt hat, kommst du auf die Idee, nun einmal testweise eine „neue Aufgabe" dazuzustellen.

„Jacqueline, würdest du bitte eine Rolle übernehmen und dich einfach nach deinem Gefühl irgendwo dazustellen?"

„Kein Problem", sagt sie, steht auf und schlendert zu Nora. Bei ihr angekommen, schaut sie sich Nora genauer an, indem sie ein paar Mal um sie herum geht, sie genau von oben bis unten studierend. Nora stellt sich aufreizend in Pose, die beiden lachen sich an. Dann bleibt Jacqueline (neue Aufgabe) links neben Nora stehen und schaut zu Natalia. Natalia wiederum ist sehr interessiert und verkürzt den Abstand zu den beiden um die Hälfte. Anke bleibt dort stehen, wo sie stand. Steffen schaut Natalia hinterher und Heiderose fühlt sich nun völlig überflüssig und nimmt in der Gruppe Platz.

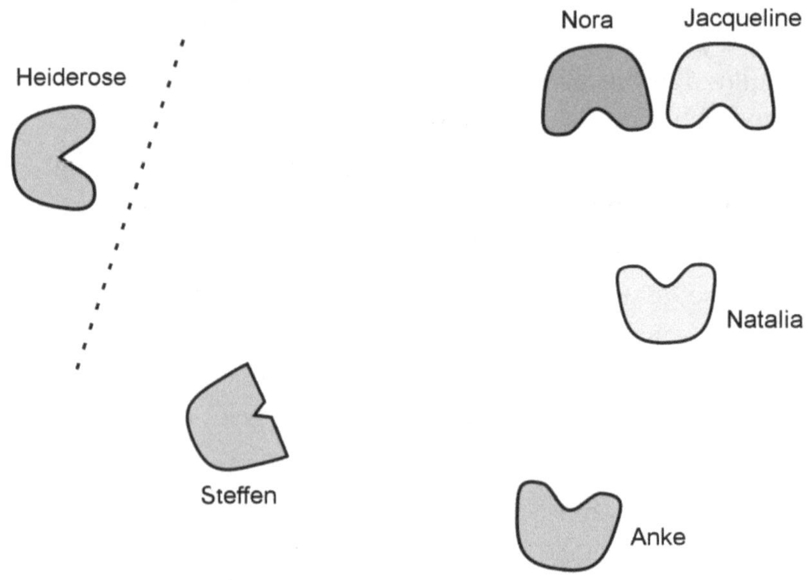

Es fasziniert dich, dass deine StellvertreterInnen so ähnlich reagieren, wie es deinem Gefühl entspricht. Eine „neue Aufgabe“ führt dazu, dass die „momentane Arbeitssituation“ sich ändert und vollständig aus der Aufstellung rausgeht. Außerdem stellt sich die „neue Aufgabe“ zum „Erfolg“ und geht dazu eine Verbindung ein.

Deine Stellvertreterin reagiert sehr interessiert auf beide, so wie du dich auch gerade energievoller fühlst und sowohl am „Erfolg“ als auch an einer „neuen Aufgabe“ Interesse hast. Das „Hindernis“ hatte sich als eine Art Helfer entpuppt und scheint im Moment nicht mehr so wichtig zu sein. Nur warum das „Ziel“ (Steffen) immer noch an seinem Platz stehen bleibt und sich nicht zum „Erfolg“ und zur „neuen Aufgabe“ dazugesellt, ist für dich noch ein Rätsel.

Da von den StellvertreterInnen im Moment kein neuer Impuls kommt, probierst du noch eine weitere Möglichkeit. Du fragst mich:

„Olaf? Stehst du auch zur Verfügung?“

„Ja, klar.“

Ich stehe auf und habe das Gefühl, mich direkt hinter Anke (Hindernis) stellen zu wollen. Ich weiß nicht, welche Rolle du mir in deiner Fantasie gegeben hast.

Anke: „Das fühlt sich gut an!“

Natalia dreht sich neugierig um und beobachtet nun Anke und mich dahinter. Gleichzeitig ist Steffen näher gerückt und stellt sich links neben mich. Nun stehen wir gemeinsam hinter Anke und blicken alle drei in Richtung Natalia. Auch Nora und Jacqueline rücken näher und stellen sich direkt hinter Natalia.

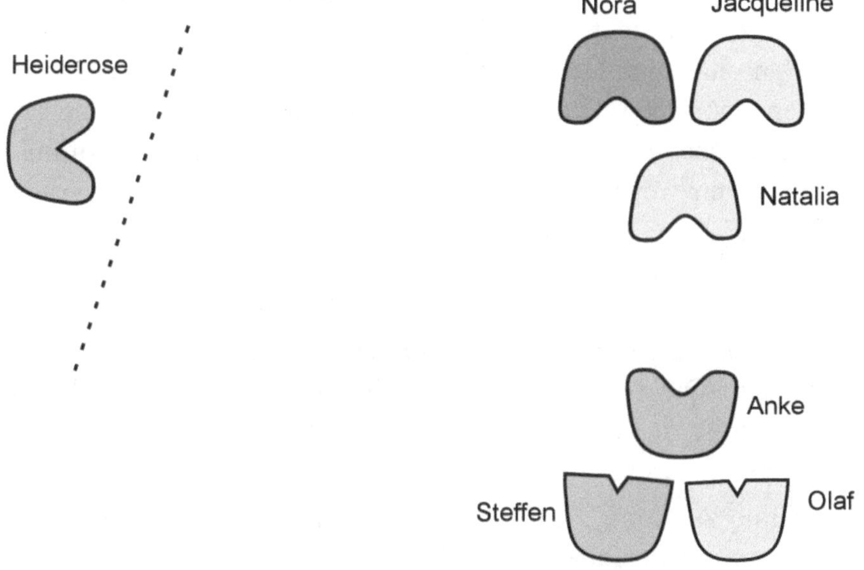

Ich muss grinsen, als mir bewusst wird, dass sich hier jetzt zwei Gruppierungen gegenüberstehen.

„Mal sehen, wer den Kampf der Giganten gewinnt!“

Die Gruppe lacht.

… doch es bewegt sich nichts. Meine Bemerkung verpufft im Raum, keiner hat etwas zu sagen, wir schweigen alle – und schauen uns an.

Das ist für dich der Zeitpunkt, an dem du entscheidest, allen zu erzählen, was du aufgestellt hast. Vielleicht haben die StellvertreterInnen neue Impulse, wenn sie wissen, welche Rollen sie haben, oder die Gruppe (aus der bisher nur wenige Impulse kamen) hat noch Ideen, wenn sie weiß, worum es hier geht.

„Ich erzähle euch mal, was ich aufgestellt habe. Mein Thema ist meine momentane Arbeitssituation, mit der ich alles andere als zufrieden bin. Ich wünsche mir, wieder mehr Freude und Zufriedenheit beim Arbeiten zu haben, und wollte mal schauen, was mir dabei eventuell weiterhelfen kann. Begonnen habe ich mit meinem Ziel – das ist Steffen. Er steht für Zufriedenheit, Freude und Spaß bei der Arbeit. Dann habe ich Heiderose als meine momentane Arbeitssituation hereingenommen. Und Natalia steht für mich. Nora hat sich, wie wir ja alle wissen, als Erfolg entpuppt, was ich auch als sehr stimmig empfinde. Denn wenn ich Erfolg bei der Arbeit habe, bin ich auch zufrieden und habe Spaß daran. Als die Situation zwischen Natalia und Nora brenzliger wurde, habe ich Anke als Hindernis dazu gestellt. Das, was mich daran hindert, mein Ziel zu erreichen. Inzwischen sehe ich, dass dieses Hindernis mich vor meinem Erfolgsdruck beschützt hat. Die Entspannung hat sehr gut getan. Als Heiderose sich vollständig zurückzog, habe ich eine neue Aufgabe oder auch einen neuen Job ausgesucht. Das ist Jacqueline."

Jacqueline zu Nora: „Klar, dass ich mich bei dir wohl fühle und dich sehr interessant finde!" Beide lachen herzlich.

„Olaf habe ich dann als ein lösendes Element hereingenommen – und er stellt sich direkt hinter das Hindernis. Dass Steffen als mein Ziel sich dann auch noch hinter das Hindernis gestellt hat, zeigt mir, dass hier eventuell mit dem Hindernis noch nicht alles geklärt ist."

Natalia: „Vielleicht hilft das Ritual mit dem grünen Band?"

Du: „Was meinst du damit?“

„Olaf hat in den letzten Workshops mehrfach das Ritual mit dem grünen Band ausprobiert. Ich habe hier als deine Stellvertreterin das Gefühl, dass es passen könnte. Dabei geht es darum, Vergangenes in der Vergangenheit zu lassen und die daraus gemachte Erfahrung mit in die Gegenwart zu integrieren. Das grüne Band ist die Trennungslinie zwischen Vergangenheit und Gegenwart.“

Du weißt zwar immer noch nicht genau, was das Ritual mit dem grünen Band ist, hast aber ein gutes Gefühl dazu, und so erlaubst du:

„Wir können das gerne mal ausprobieren.“

Während ich das grüne Geschenkband aus meiner kleinen Box auf dem Tisch hole, sage ich:

„Und wenn es nicht funktioniert, können wir uns ja anschließend alle wieder so hinstellen, wie wir jetzt stehen, und an dieser Stelle weiter überlegen, ob noch etwas anderes hilft.“

„Ja, o.k.“

Ich drücke das grüne Band Natalia in die Hand und stelle mich als lösendes Element wieder auf meinen Platz hinter Anke (Hindernis).

Natalia: „Also ich würde vorschlagen, dass Steffen und Olaf sich mal zur Seite stellen, damit ich hinter Anke das grüne Band legen kann.“

Wir gehen beide brav zur Seite und setzen uns zu Heiderose. Natalia legt das grüne Band quer einen Meter hinter Anke und stellt sich wieder so neben sie, dass sie mit ihr gemeinsam auf Nora und Jacqueline schaut (siehe das nächste Bild).

„Ja, hier fühle ich immer noch eine tiefe Verbindung mit Anke, und ich merke, dass ich es schade finde, dass Anke vorhin nicht mit zu Nora und Jacqueline gekommen ist.“

Anke lächelt. Und Nora ergänzt:

„Und ich habe wieder ein wenig das Gefühl, größer zu werden, aber nur ein bisschen.“

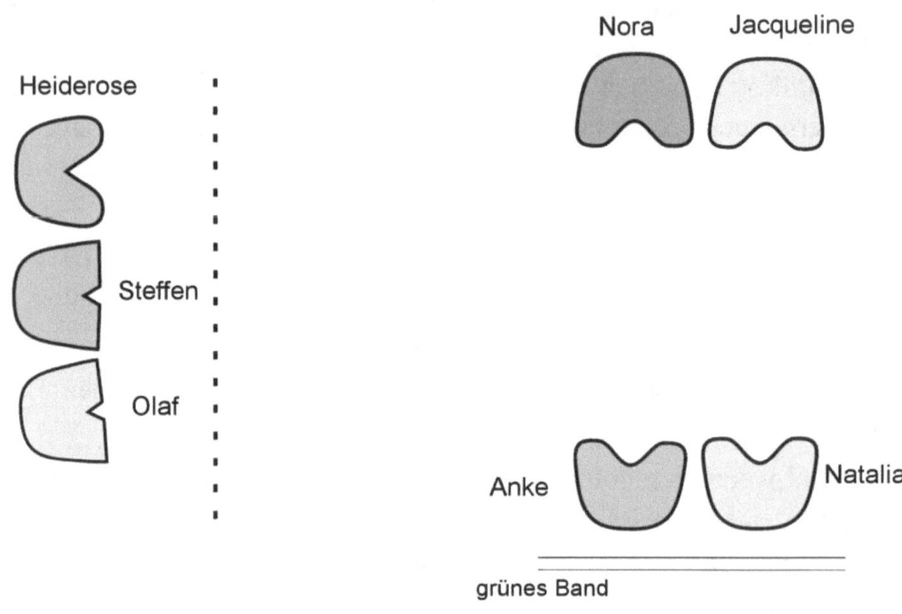

Natalia: „Wenn ich mich richtig erinnere, ist der nächste Schritt des Rituals jetzt, dass Anke ganz langsam zurückgeht und sich hinter das grüne Band stellt."

Ich sage zu dir: „Ich möchte noch ergänzen, dass dahinter die Theorie steckt, dass dieses Hindernis mit einer unangenehmen schmerzvollen Erfahrung zusammenhängen könnte, die du eventuell in der Vergangenheit mit Erfolgsdruck gemacht hast. Und dadurch, dass Anke nun hinter das grüne Band geht, lässt du das, was wirklich vergangen ist, auch in der Vergangenheit. Es ist für immer vorbei."

Anke bewegt sich in Zeitlupe rückwärts, bis sie vollständig hinter dem grünen Band steht. Natalia spürt in sich hinein:

„Irgendwie fühle ich mich jetzt alleine. Anke fehlt mir."

Olaf: „Und deswegen brauchen wir noch den zweiten Teil des Rituals."

Natalia: „Ja, stimmt. Darf ich dafür eine Stellvertreterin aus der Gruppe auswählen?“, fragt sie dich eifrig.

Du bist weiter neugierig.

„Ja, klar!“

Natalia schaut sich um und wählt Britta.

„Würdest du dich mal ganz dicht zu Anke stellen, so dicht, dass ihr zusammen eine Einheit bildet?“

Britta stellt sich hinter Anke und umarmt sie von hinten, schmiegt sich ganz dicht an sie heran und legt ihren Kopf auf Ankes rechte Schulter.

„Und jetzt löse dich bitte ganz langsam von Anke und komm zu mir“, erklärt Natalia weiter.

Olaf: „Britta ist jetzt im Grunde der Teil aus dem vergangenen Erlebnis, der noch in die Gegenwart integriert wird, also z. B. deine Erinnerung an die Vergangenheit oder die gemachten Erfahrungen, die ja in der Gegenwart immer als Potenzial vorhanden sind. Damit haben wir dein vergangenes Erlebnis in zwei Teile geteilt. Der eine schmerzhafte Teil gehört in die Vergangenheit und ist für immer vorbei. Der andere Teil sind deine gemachten Erfahrungen damit und die Erinnerung daran, die du als Wissen und als Fähigkeiten in der Gegenwart jederzeit nutzen kannst.“

Inzwischen ist Britta (gegenwärtige Erinnerung/Erfahrung) neben Natalia angekommen und strahlt Natalia an. Natalia lacht zurück.

„Wow! Mir geht es jetzt noch viel besser als während der gesamten bisherigen Aufstellung! … hätte nicht gedacht, dass so ein Gefühl möglich ist! Wie geil ist das denn! Klasse Ritual!“

Olaf: „Es passt nicht immer. Man muss es halt ausprobieren. Übrigens, ich habe als lösendes Element jetzt das Gefühl, dass ich absolut überflüssig bin. Ich setze mich mal wieder auf meinen Platz.“

Du bist nach wie vor fasziniert, was sich hier vor deinen Augen abspielt. Und auch das geniale Gefühl von Natalia mit Britta an der

Seite überträgt sich irgendwie auf dich. Du fühlst dich fast ein bisschen euphorisch.

Anke: „Ich kann auch wieder Platz nehmen. Ich spiele keine Rolle mehr."

Sie setzt sich auf einen Stuhl in der Gruppe.

Nach einer kleinen Weile geht Steffen zum grünen Band, schiebt es ein wenig mit dem Fuß nach hinten und stellt sich hinter Natalia und Britta.

Natalia: „Hmmm, … das dämpft mein freudiges Gefühl wieder. Seltsam, … Steffen als das Ziel, Freude und Spaß an der Arbeit zu haben, nimmt mir irgendwie die Freude."

Monika (Beobachterin in der Gruppe): „Darf ich mich dazustellen? Ich würde gerne verdeckt etwas ausprobieren."

In deinem Gefühl ist immer noch alles in Ordnung und darf dazugehören, deswegen erlaubst du auch das.

„Ja, klar."

Monika steht rasch auf und geht schnellen Schrittes mitten in die Aufstellung. Jetzt steht sie genau zwischen Natalia und Jacqueline und blickt durch ihre lila Brille Natalia direkt in die Augen, die Hände in ihre Hüften gestemmt. So wartet sie eine Weile (siehe nächstes Bild).

Natalia: „Ich habe das Gefühl, als ob aus meinen Augen irgendetwas zu Monika fließt. … mir wird leichter …"

Monika geht langsam zur Seite, Schritt für Schritt, immer weiter in Richtung Rand der Aufstellung, bis sie wieder bei ihrem Platz angekommen ist und sich hinsetzt.

Natalia dreht sich zu Steffen um und strahlt ihn an.

„Hey, jetzt fühle ich mich total gut mit dir. Mein gedämpftes Gefühl ist vollkommen weg."

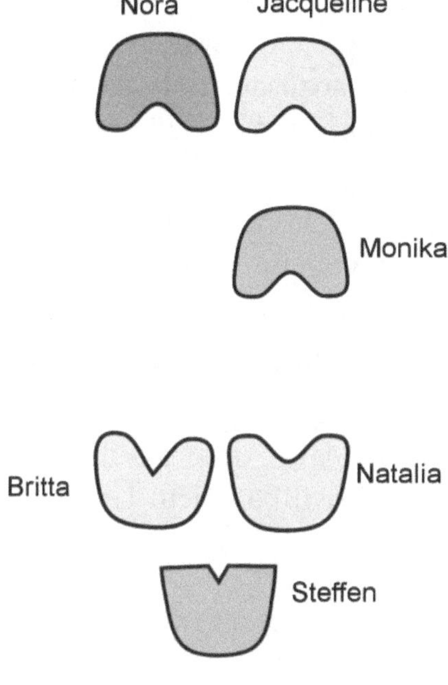

Du willst wissen, was Monika gemacht hat, und fragst:

„Monika, als was hast du dich reingestellt?“

„Ich bin als die Dämpfung reingegangen. Natalia hat ja gesagt, dass Steffens Anwesenheit ihr freudiges Gefühl dämpft, und so habe ich mir überlegt, was hier gerade zu viel ist. Dann habe ich die Dämpfung personifiziert, was auch tatsächlich geklappt hat, denn jetzt, wo ich mich als Dämpfung zurückgezogen habe und rausgegangen bin, fühlt sich Natalia viel besser.“

Olaf: „Dieses gedämpfte Gefühl könnte also ein übernommenes gewohntes Gefühl sein, dem man sich nicht weiter zur Verfügung stellen muss.“

Inzwischen ist Jacqueline (neue Aufgabe) einen Schritt auf Natalia zugegangen und Nora (Erfolg) hat sich hinter Jacqueline gestellt.

Olaf: „Schau mal – es sieht für mich so aus, als ob deine neue Aufgabe allmählich in dein Leben tritt, und der Erfolg hat sich zeitlich gesehen an einen stimmigeren Platz gestellt, denn er tritt ja erst ein, wenn die Aufgabe erfolgreich bewältigt wurde, deswegen steht Nora nun hinter Jacqueline, sozusagen als nächster Schritt danach. Allerdings ist das meine Sichtweise – vielleicht empfindest du es ja auch anders."

Nora bestätigt meine Idee: „Ja, hier fühle ich mich noch besser – und von der Größe her auch vollkommen normal."

Trotzdem bleibst du frei, es auch anders zu deuten.

Jacqueline (neue Aufgabe) geht mit schwingender Hüfte flirtend noch einen Schritt auf Natalia zu, während Nora ihr hinterher rutscht. Natalia lacht, breitet die Arme aus und sagt strahlend zu Jacqueline: „Du bist herzlich willkommen! Und ich freue mich sehr auf dich und den Erfolg!"

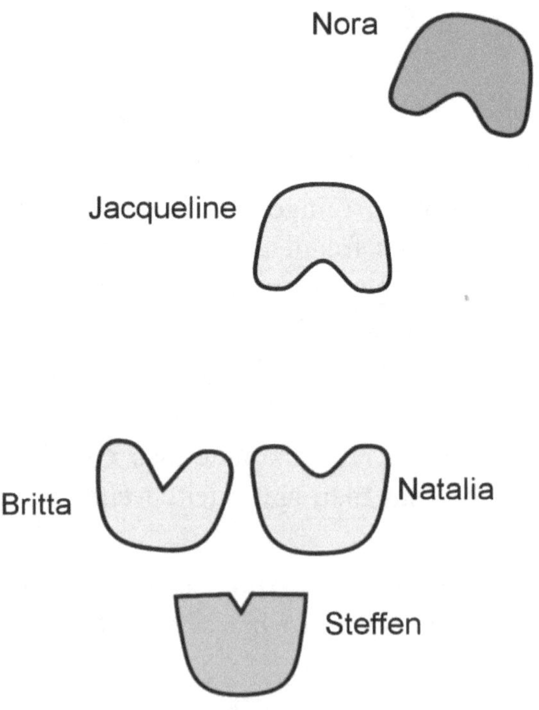

Wenn es möglich wäre, liebe Leserin, lieber Leser, würde ich dir nun vorschlagen, in das Buch hineinzuschlüpfen, um hier einmal deinen Platz selbst einzunehmen und nachzufühlen, wie es sich an deinem Platz (an Natalias Stelle) gerade anfühlt. Doch eine Aufstellung kann eventuell auch helfen, wenn man sie einfach nur von außen miterlebt. Man „muss" sich nicht immer an seinen Platz stellen.

Du sagst: „Ein schönes Schlussbild. Ich danke Euch!" und während die StellvertreterInnen wieder Platz nehmen, steigt der Geräuschpegel in der Gruppe, weil viele interessiert über die Aufstellung zu reden beginnen. Ich rufe: „Zehn Minuten Pause!" …

Du merkst nach dieser Aufstellung, dass es eventuell noch einen minimalen Zweifel in deinem Gefühl gibt. Daher schlage ich dir folgenden Satz vor:

„Ich stehe diesem Zweifel jetzt nicht weiter zur Verfügung und schaue einfach, was mir in Zukunft begegnen und wie mich mein Herz führen wird."

Ist eventuell der Zweifel danach immer noch da, dann schlage ich vor, ihn willkommen zu heißen als eine wichtige Botschaft, die dir irgendwann in den nächsten Tagen noch bewusst werden könnte.

Und wenn du keinen Zweifel haben solltest: … auch gut.

Der Schlüssel für die Freien Systemischen Aufstellungen

So, wie ich als Autor diese Aufstellung, die du eben gelesen hast, aus meinem Gefühl heraus und mit Hilfe von Playmobil-Figuren auf meinem Schreibtisch erspürt und für dich aufgeschrieben habe, wirst du sehr häufig freie Aufstellungen erleben können, wenn du ihnen live begegnest. Entweder du organisierst sie selbst oder du nimmst an einem Workshop für freie Aufstellungen teil und stellst selbstständig auf.

Auch wenn man seine Aufstellung selbst leitet, können StellvertreterInnen, Gruppenmitglieder und die Organisatorin aus ihren Gefühlen heraus viele Hilfsimpulse geben, die oft bei der aufgestellten Problematik weiterhelfen.

Dabei muss niemand besonders „kompetent" sein – es genügt das Einfühlen und Beschreiben seiner Gefühle. Ab und zu weiß jemand ein Ritual und kann dadurch eventuell weiterhelfen, wenn es tatsächlich positiv wirkt. Alle arbeiten zusammen – an einer Lösung für dich. Nur sehr selten habe ich es erlebt, dass ein großes Chaos entsteht, wenn man der Gruppe die Freiheit lässt, all ihren Impulsen zu folgen. Und auch dann kann man meistens entdecken, dass das Chaos zum Thema oder zu der Ausstrahlung der aufstellenden Person passt und dadurch einen Spiegel bietet. In den allermeisten Fällen bleibt es aber homogen.

Das Spektrum, wie eine Aufstellung verlaufen kann und wie sich die Gruppe verhält und fühlt, ist unendlich groß. Da der Aufsteller frei wählen kann, wie er mit seiner Aufstellung umgehen und wie er sie begrenzen möchte, hängt jede Aufstellung von der Ausstrahlung und den Entscheidungen des Aufstellers ab. Außerdem hängt sie von der Zusammensetzung der Gruppe, dem aufgestellten Thema, der Atmosphäre des Raumes und vielleicht sogar vom Stand der Sterne ab, von der Qualität eines Tages.

Es gibt kurze scheinbar oberflächliche Aufstellungen als auch lange intensive emotionale Aufstellungen. Es gibt Aufstellungen, in denen permanent mehrere Personen gleichzeitig durcheinander reden, als auch Aufstellungen, in denen viel geschwiegen wird. Es ist kaum möglich, das Freie Aufstellen in eine Schublade zu stecken.

Schauen wir auf die Möglichkeit der Grenzüberschreitungen bei Aufstellungen, so funktioniert das Freie Aufstellen am besten, wenn die Regeln („nach Olaf Jacobsen") vollkommen eingehalten werden.

Es könnte schieflaufen, wenn StellvertreterInnen oder Gruppenmitglieder oder vielleicht auch der Organisator plötzlich Aussagen machen und Haltungen entwickeln, mit denen sie signalisieren, sie wüssten es besser als du, sie wüssten genau, was die Lösung sein müsste und was du zu tun hast. Im Extremfall wissen sie, wie du zu therapieren bist, und versuchen, dir deine Eigenverantwortung für deine Lösung abzunehmen. In dem Fall könnten Sichtweisen übergestülpt werden und das Freie Aufstellen wird verlassen.

Beispiele, die ich erlebt habe:

* Ein Teilnehmer ist sehr introvertiert und hat tendenziell eine unsichere Ausstrahlung. Auch während seiner Aufstellung zeigt er kaum Initiative, sondern lässt sich eher von anderen helfen. Nach fünfzig Minuten ist die Aufstellung vorbei und alle Beteiligten haben das Gefühl, dass das Thema nicht gelöst ist. Auch der Aufsteller vermittelt nicht den Eindruck, dass er hier für sich eine Lösung gefunden hat. Als der Organisator die Pause ankündigt, sagt eine Teilnehmerin, die sehr selbstsicher auftritt und Psychotherapeutin von Beruf ist: „Nein, *so* kann ich ihn aber nicht entlassen!" Dabei deutet sie auf den Aufsteller und ist der Ansicht, dass für ihn noch eine befriedigende Lösung gefunden werden sollte.

Hier hat die Teilnehmerin unaufgefordert Verantwortung für den Aufsteller übernommen, meint, den Aufsteller nicht entlassen zu können, obwohl das gar nicht ihre Aufgabe ist, vermittelt die Sichtweise, dass die Gruppe oder vielleicht sogar der Organisator für eine „gute Lösung“ verantwortlich sind, und hat damit das Freie Aufstellen verlassen und zu einem therapeutischen Setting gewechselt.

* Eine Teilnehmerin hat für eine andere Teilnehmerin in ihrer Aufstellung die Hauptstellvertreterrolle übernommen. Die Aufstellung klärt sich für die Aufstellerin bis zum Schluss nicht wirklich. Nach der Aufstellung möchte ihre Stellvertreterin aus ihrer Rolle heraus der aufgeschlossenen Aufstellerin noch ein Feedback geben und sagt: „Ich fühle, wie du blockierst und es gar nicht wissen willst!“

Hier wurde ein Stellvertretergefühl als absolute Wahrheit hingestellt. Dadurch steht das Gefühl einer Stellvertreterin in der Rangfolge über der Entscheidung der Aufstellerin, was für sie wichtig und wahr ist und was nicht. Auch hierdurch wird das Freie Aufstellen verlassen und durch die Äußerung von Behauptungen „Macht“ über einen anderen ausgeübt.

* Ich war Teilnehmer eines anderen therapeutisch begleiteten Aufstellungsseminars mit einem sehr bekannten und beliebten Therapeuten und habe selbst aufgestellt. Nach meiner Aufstellung wurde noch darüber geredet. Ich teilte u. a. der Gruppe mit, wie es mir mit meiner Aufstellung ging, was ich fühlte und welche befriedigenden Erkenntnisse ich daraus gezogen hatte. Eine Teilnehmerin, die in meiner Aufstellung eine Rolle gespielt hatte, sagte daraufhin vor der Gruppe: „Ich muss Olaf seine Illusion nehmen. Es ist in Wirklichkeit nämlich so, dass ...“

Hier war die Teilnehmerin davon überzeugt, es besser zu fühlen als ich, was in meiner Aufstellung Wirklichkeit war und was nicht. Damit hat sie sich in der Rangfolge über mich gestellt (was man auch mit dem Wort „Anmaßung“ bezeichnen könnte). Beim Freien Aufstellen hätte sie in dem Moment das Freie Aufstellen verlassen. Allerdings waren wir nicht beim Freien Aufstellen, sondern bei einem therapeutisch begleiteten Aufstellen – und hier wurde ihr von niemandem widersprochen. Auch von mir nicht, denn ich hatte das Gefühl, dass ein Widerspruch von mir in diesem Rahmen nicht gepasst und zu einer Diskussion geführt hätte, was ich nicht wollte.

Für mich selbst konnte ich aber klar bleiben und hatte diese Rangfolgenvertauschung sofort erkannt und für mich innerlich wieder rückgängig gemacht.

Achte bei den Freien Systemischen Aufstellungen immer darauf, ob der Aufsteller jederzeit an erster Stelle stehen und frei über seine Aufstellung bestimmen kann und auch frei deuten darf, was die Aufstellung ihm zeigt und wie sie ihm am besten hilft. Achte immer darauf, dass der Aufsteller jederzeit Grenzen setzen und auch etwas ablehnen darf, was ihm angeboten wird, ohne dass seine Grenzsetzung oder Ablehnung von anderen angegriffen oder negativ bewertet wird.

Die „Gefahr“, dass das Freie Aufstellen verlassen wird, ist am größten bei einem Aufsteller, der permanent eine Unsicherheit ausstrahlt, was er tun soll, wie er sich entscheiden soll, keine Impulse hat, und auch danach sucht, wie er sein Anliegen formulieren könnte. Bei so einer Ausstrahlung reagieren andere Menschen häufig mit Ungeduld und wollen die Initiative übernehmen, weil sie diese Unentschlossenheit nicht aushalten können.

Aber auch hier muss darauf geachtet werden, dass die Unentschlossenheit eines Aufstellers dazugehören darf und der Aufsteller trotzdem vollständig der Chef seiner Aufstellung bleibt, auch wenn er sich nicht richtig entscheiden kann und nicht weiß, was er will.

Die passende Haltung als Organisator oder Teilnehmer beim Freien Aufstellen ist: Dem Chef einer Aufstellung Angebote machen und dann einfach warten, bis er sich entschieden hat – und wenn man fünfzig Minuten warten muss …

Kann man es aber nicht aushalten, dann kann man auch den Raum für diese Zeit verlassen. Und allen, die aus Ungeduld die Initiative übernehmen wollen, wird eine entsprechende Grenze gesetzt, indem der Aufsteller (vom Organisator oder einem Teilnehmer) immer wieder gefragt wird: **„Ist das noch in Ordnung für dich?"** oder **„Fühlst du dich noch frei in deiner Entscheidung, wenn er/sie diese Sätze sagt (oder das … tut)?"**

Allein durch diese Frage wird die Aufmerksamkeit wieder auf den Aufsteller gerichtet. Sie erinnert daran, dass er der Chef ist, und gibt ihm die Initiative zurück. Diese Frage ist der **Schlüssel** für das Freie Aufstellen, mit dem die eventuell kurzfristig zugestoßene Tür zum Freien Aufstellen wieder aufgeschlossen und die momentane Situation sofort sortiert wird.

Ich habe in neun Jahren noch keinen Teilnehmer erlebt, der sich bewusst und absichtlich gegen die Freiheit der aufstellenden Person gestellt hat. Es wurde bisher immer geachtet, wenn die Rangfolge aus Versehen mal vergessen oder durch einen starken Helferdrang übersehen und dann durch die Schlüsselfrage wieder sortiert wurde.

Solche Unentschlossenheits-Chaos-Situationen tauchen beim Freien Aufstellen nach meiner Erfahrung in ungefähr zehn Prozent aller Fälle auf. Wer sie als OrganisatorIn im Griff hat und sich immer wieder an den Schlüssel erinnert, der wird sicherlich viel „Erfolg" und Freude am Durchführen von eigenen Freien Aufstellungen als auch am Organisieren von Workshops „Freie Systemische Aufstellungen" erfahren.

In den folgenden letzten Abschnitten des Buches gebe ich Tipps und erkläre Sichtweisen, die in den bisherigen Beschreibungen keinen Platz gefunden hatten:

Aktivierung der Selbstheilungskräfte

Ich habe eine Theorie, auf welche Weise Aufstellungen unsere Selbstheilungskräfte aktivieren. WissenschaftlerInnen haben erkannt, dass sich manche Gehirnkarten nach einer „Trennungserfahrung" nicht weiterentwickeln und immer noch einen „veralteten" Zustand in den Körper oder nach außen projizieren, obwohl sich im Außen etwas verändert hat.

Beispiel: Viele Menschen, denen ein Arm oder anderes Körperteil amputiert wurde, leiden an Phantomschmerzen. Sie spüren Schmerzen im Arm, der gar nicht mehr da ist. Die wissenschaftliche Erkenntnis ist, dass durch die Amputation zwar der Arm verschwindet, aber nicht die dazugehörige Arm-Gehirnkarte. Sie ist nach wie vor aktiv und projiziert einen Schmerz an eine Stelle, die eigentlich nicht mehr existiert.

Mithilfe einer Spiegeltherapie (V. S. Ramachandran) wird dem Gehirn visuell vorgegaukelt, dass der amputierte Arm wieder vorhanden sei. Auf diese Weise wird an den letzten Zustand vor der Amputation angeknüpft, und von dort aus kann nun schrittweise die entsprechende Gehirnkarte weiterentwickelt werden, bis sie „begriffen" hat, dass der Arm wirklich nicht mehr vorhanden ist. In dem Fall verschwinden auch die Phantomschmerzen vollständig.

Auf die Aufstellungen übertragen: Durch unangenehme oder gar schmerzhafte Verlusterlebnisse in unserer Vergangenheit, vielleicht sogar durch ein Trauma, sind möglicherweise bestimmte Gehirnkarten auf einem alten Stand stehen geblieben (ich nenne dies ein „Bad End" – analog zum Begriff „Happy End"). Dadurch projiziert unser Gehirn immer noch etwas in unser Umfeld, welches sich aber in Wirklichkeit schon längst verändert hat (wir projizieren beispielsweise in unsere/n PartnerIn immer noch unbewusst unsere Eltern).

Die Aufstellungen „spiegeln" uns durch das Resonanzverhalten der StellvertreterInnen zunächst unseren gegenwärtigen Zustand, knüpfen dort an, wo wir stehen, und entwickeln sich dann weiter. Durch dieses Anknüpfen und die Weiterentwicklung wird unserem Gehirn die Chance gegeben, sich seiner alten eingefahrenen Zustände bewusst zu werden als auch alte Zustände neu zu sortieren und neue Verbindungen in unserem Gehirn zu knüpfen.

Die eventuelle Folge ist, dass sich seelische Phantomschmerzen (= wir leiden beispielsweise in bestimmten Situationen noch wie ein Kind, fühlen uns anhänglich und eifersüchtig) auflösen können und wir zu neuen Erkenntnissen gelangen, die uns freier fühlen und erwachsener / vernünftiger / realistischer verhalten lassen. In meinem Buch „*Ich stehe nicht mehr zur Verfügung 2 – Die Kritik von anderen hat nichts mit mir zu tun*" habe ich sehr ausführlich über die seelischen Phantomschmerzen, die Arbeit an Gehirnkarten und über entsprechende Entwicklungsmöglichkeiten geschrieben.

Natürlich glaube ich auch, dass Aufstellungen auf einer höheren Resonanz-Ebene wirken können, doch die ist im Grunde nicht wirklich beschreibbar. Würde ich versuchen, diese Ebene zu beschreiben (wie ich es schon in früheren Büchern getan habe), dann würde ich die Ebene durch meine Worte in eine Schublade sperren, die ihr nicht angemessen wäre – so ist mein Gefühl...

Die Lösung

Hat ein Mensch einen körperlichen Phantomschmerz, dann kann er das nur selbst feststellen und kommunizieren. Und nur er selbst kann sagen, wann dieser Schmerz vorbei ist. Niemand anderes kann wissen, wann ein Mensch schmerzfrei ist.

Genauso ist dies auch bei seelischen Problemen. Nur derjenige, der das Problem in sich wahrnimmt, kann auch sagen, wann es verschwunden ist und wann er ein Happy End fühlt. Nur er kann definieren, was passt und was nicht passt, was hilft und was nicht hilft, was eine Lösung ist und was nicht. Und nur er könnte eventuell analysieren, was genau zu dieser Lösung beigetragen hat.

Oft weiß man gar nicht so genau, wie eine Lösung entstanden ist, aber das ist vielleicht auch nicht wichtig. Entscheidend ist, dass dies auch andere Menschen niemals hundertprozentig wissen können, was eine Lösung wäre und ob eine Lösung durch ein Medikament oder durch den Glauben an die Wirksamkeit des Medikaments oder durch die emotionale Zuwendung des Arztes oder durch ein anderes zufällig gleichzeitig passierendes Ereignis oder durch eine Aufstellung eingetreten ist.

Das einzige, was andere Menschen können, ist, zu vermuten, wann und womit sie schon einmal in der Vergangenheit anderen Menschen helfen konnten, und können diese Technik auch in der Gegenwart ausprobieren. Doch ob es in dem gegenwärtigen Fall auch helfen wird, muss sich erst zeigen.

Wenn wir davon ausgehen, Lösungsprozesse niemals vollständig durchschauen zu können, dann müssen wir auch davon ausgehen, Lösungen niemals wirklich vorhersehen zu können, geschweige denn zu wissen, was eine Lösung für einen anderen Menschen wäre.

Und wenn wir das nicht wissen, dann haben wir auch keinen Maßstab und wissen nicht, ob der andere gerade mit seinem Verhalten eine Lösung vermeidet oder sich auf eine Lösung zubewegt.

Dementsprechend sind folgende Sätze vollkommen haltlos:

„Du willst die Lösung ja gar nicht wissen!“
„Du vermeidest die Lösung.“
„Ich kann dir (nicht) helfen.“
„Du hast da einen blinden Fleck.“
„Das ist noch nicht die Lösung für dich.“
„So etwas kann niemals lösend sein.“
„Die Lösung für dich wäre, ...“ etc.

Man kann nur beurteilen, ob ein anderer Mensch einen anderen Weg geht, als den Weg, den man sich selbst gerade vorstellt. Korrekt wäre daher in jedem Fall die Aussage:

„Du machst es gerade anders, als ich es mir vorstelle."

TherapeutInnen, die behaupten, dass eine aufstellende Person gerade eine wirkliche Lösung vermeidet und ihren blinden Fleck nicht entlarven möchte, empfinde ich persönlich inzwischen als unglaubwürdig. Denn niemand weiß eigentlich, wozu ein individueller blinder Fleck gut ist und ob er nicht einen Teil der Lösung darstellt, noch weiß jemand, wie der „wirkliche" Weg zu einer individuellen Lösung eines individuellen Menschen aussieht. Hier gibt es keine erlernbare Kompetenz. Man kann sich erst hinterher von dem entsprechenden Menschen beschreiben lassen, was ihm seiner Meinung nach geholfen hat.

Auch Hellsichtigkeit ist nur eine Hellsichtigkeit, wenn sie durch eine anschließende Überprüfung bestätigt wird. Ohne Überprüfung und ohne Erfolg bleibt Hellsichtigkeit pure Spekulation.

Wer aufgrund seiner langjährigen Erfahrung als TherapeutIn, BeraterIn oder Medium allmählich gewisse Strukturen entwickelt und Verallgemeinerungen gebildet hat (z. B. durch die Überzeugung: „Ich *bin* ein hellsichtiger/kompetenter Berater"), darauf eine gewisse Sicherheit aufbaut und sich dadurch gegenüber seiner eigenen Unwissenheit und Unsicherheit verschließt, wird einem Ausnahme-Menschen mit Ausnahme-Problemen möglicherweise nicht mehr unterstützend zur Verfügung stehen können.

Doch das kann ich hier eigentlich nicht behaupten – denn sonst wüsste ich ja, was für einen Ausnahme-Menschen unterstützend wäre und was nicht …

Fazit: Jeder ist anders, so wie jedes Problem und jede Lösung anders sind. Und so bleibt einer Begleiterin, Stellvertreterin oder Beobachterin nichts anderes übrig, sowohl mit ihrem Wissen, ihren Gefühlen als auch mit ihrer Unwissenheit dem Problemträger so gut wie möglich bei der Suche nach einer Lösung zu helfen. Doch dabei bleibt jeder immer nur eine Helferin, die zwar zur Verfügung steht, aber absolut keine Ahnung hat, was letztendlich bei der Suche herauskommt und was für den Problemträger letztendlich die Lösung sein wird. Man kann es immer nur spekulieren und ausprobieren.

Das freie Ausprobieren und Experimentieren und die eigenverantwortliche Suche eines Problemträgers nach *seiner persönlichen* Lösung (mithilfe von mehreren Menschen, die alle ihre persönlichen Kompetenzen, Ideen, Erfahrungen und Gefühle dem Problemträger lediglich als „Meinungsäußerung" zur Verfügung stellen) ist der Kern der Freien Systemischen Aufstellungen.

Die Suche

Wie kannst du gezielt eine Aufstellung für dich nutzen und nach einer Lösung für dein Problem suchen?

Wenn deine Aufstellung beginnt, kannst du dich selbst fragen, ob dir das, was die StellvertreterInnen zeigen und sagen, bekannt vorkommt. Wo findest du in deinem Leben eine Entsprechung dazu?

Dabei ist es wichtig zu wissen, dass eine Stellvertreterin sich nicht immer genauso verhalten muss, wie die reale Person, die sie gerade vertritt. Es könnte auch sein, dass die Stellvertreterin Gefühle äußert, die du von einer anderen Person kennst, die im Moment nicht in der Aufstellung vertreten ist.

Angenommen du möchtest die Beziehung zwischen dir und deinem Kind aufstellen und hast einen Stellvertreter für dich und einen Stellvertreter für dein Kind ausgesucht. Nun beginnen die beiden Stellvertreter, sich in ihre Rollen einzufühlen und zu berichten. Dabei entdeckst du, dass der Stellvertreter deines Kindes sich im Grunde genauso fühlt und verhält, wie du es von deinen eigenen Eltern kennst.

In diesem Fall könnte es sein, dass es hier auch wirkungsvoll wäre, einen Blick auf deine Eltern zu werfen, d. h. einen oder zwei StellvertreterInnen für deine Eltern dazuzustellen. Möglicherweise gibt es in dir noch ein unerledigtes Thema in der Beziehung zu deinen Eltern. Andres ausgedrückt: Vielleicht gibt es eine Gehirnkarte in dir, die bei einem bestimmten Elternthema noch in einem Bad End steckt und ein Happy End sucht. Und der Stellvertreter deines Kindes spiegelt dir gerade das Bad End mit deinen Eltern.

Du kannst ausprobieren und beobachten, wie sich das Verhalten des Stellvertreters deines Kindes verändert, wenn nun deine Eltern (Großeltern des Kindes) in der Aufstellung auftauchen. Meistens fühlt sich das Kind dann mehr „als Kind“ und muss nicht mehr die Dynamik der Großeltern spiegeln.

Wir wissen (noch) nicht wirklich, warum so eine „Gefühls-Verschiebung“ bei StellvertreterInnen passiert. Meine Vermutung ist, dass es eine übergeordnete Weisheit gibt (einen überall vorhandenen „Wunsch nach besseren Gleichgewichten“ oder auch eine überall wirkende Dynamik des „Ausgleichs“), wodurch in Aufstellungen gespiegelt wird, was uns möglicherweise bei unserer Fragestellung am besten weiterhilft. Dazu werden von der „übergeordneten Weisheit“ diejenigen StellvertreterInnen genutzt, die gerade zur Verfügung stehen.

Man könnte es auch technisch beschreiben: Der Damm bricht immer an der schwächsten Stelle. Das Ungleichgewicht kommt immer dort zum Vorschein, wo am wenigsten Widerstand geleistet wird.

Deshalb hat der Stellvertreter des Kindes die Dynamik deiner Eltern gespiegelt. In diesem Fall wolltest du deine Beziehung zu deinem Kind verbessern und stellst nun fest, dass deine schmerzvolle Beziehung zu deinen Eltern anscheinend eine Rolle dabei spielt. Sobald die Eltern mit in das Blickfeld geraten, ist die Beziehung zu deinem Kind entlastet.

Vielleicht wäre der nächste Schritt, dem Kind zu sagen: „Du brauchst nun für meine Beziehung zu meinen Eltern nicht weiter zur Verfügung zu stehen. Du brauchst mir dies nicht mehr zu spiegeln. Ich habe es jetzt verstanden und kümmere mich selbst darum.“ Die mögliche Folge: Die Beziehung zu deinem Kind verbessert sich.

Dies kann man einfach ausprobieren. Entweder es hilft – oder es hilft nicht und man muss noch weitersuchen.

Also: Frage dich während deiner Aufstellung, ob du das, was die StellvertreterInnen spiegeln, irgendwoher aus deinem Leben kennst. Wenn eine Stellvertreterin etwas anderes spiegelt als das, was sie laut deiner Definition darstellen soll, stelle das Andere (das, woran dich das Verhalten der Stellvertreterin erinnert) eventuell dazu und probiere aus, ob es eine Veränderung bewirkt.

Ansonsten kannst du StellvertreterInnen auch austauschen und einen anderen Teilnehmer diese Rolle spielen lassen, um zu beobachten, was dieser andere Teilnehmer nun spiegelt und ob er besser an deiner eigenen Vorstellung „andockt“ (was wichtig ist, damit sich deine entsprechende Gehirnkarte optimal weiterentwickeln kann). Vielleicht lässt sich auch ein roter Faden der Rolle entdecken, indem du vergleichst, was die beiden TeilnehmerInnen auf ähnliche Weise gespiegelt haben.

Dazu kannst du auch die Gefühle deiner StellvertreterInnen genau kennenlernen und untersuchen, indem du ihnen Fragen stellst, wie sie sich fühlen. Du kannst fragen, was passieren würde, wenn sie sich woanders hinstellen würden, was sie spüren, wenn sie zu einer anderen Stellvertreterin mehr Kontakt aufnehmen oder im Gegenteil sich distanzieren würden, ob ihr Gefühl ein angenehmes oder unangenehmes Gefühl ist („Kribbeln im Bauch“ kann unterschiedlich bewertet werden), oder was sich im Vergleich zu vorher verändert hat etc.

Sollte sich mal eine Stellvertreterin weigern, ihren Platz zu verändern oder sich einem anderen Stellvertreter nach Anweisung von dir anzunähern, dann kann man diese Stellvertreterin auch bitten, zur

Hälfte aus der Rolle herauszugehen (den Widerstand abzulegen), um die Anweisung besser umsetzen zu können.

Oder sie wird gebeten, vollständig aus der Rolle zu gehen, dann den Platz zu wechseln, am neuen Platz die Rolle wieder einzunehmen und dann zu berichten, wie es sich dort anfühlt.

Weigert sich die Stellvertreterin immer noch, dann kannst du sie auch entlassen und eine andere Teilnehmerin bitten, diese Rolle zu übernehmen, um deine Experimente auszuprobieren.

Es gibt aber auch noch eine andere Möglichkeit, mit StellvertreterInnen umzugehen. Viele AufstellungsleiterInnen haben die Tendenz, StellvertreterInnen lösende Sätze vorzugeben, die sie aussprechen sollen, damit sich durch den Satz Gefühle lösen und sich dadurch die Aufstellung weiterentwickeln kann. So etwas kann sehr wirkungsvoll sein.

Ich selbst beobachte mich, wie ich eher die Tendenz habe, danach zu suchen, was hier in der Aufstellung fehlt oder was zu viel ist, um das dann als „StellvertreterIn“ dazuzustellen und zu beobachten: Führt es zu einer Änderung? Kann nun der andere Stellvertreter besser das umsetzen, was ich mir von ihm wünsche?

Beispiel: Angenommen ein Stellvertreter eines Kindes fühlt eine Verachtung gegenüber seinen Eltern und es besteht der Wunsch, dass das Kind seine Eltern achten kann. Dann gibt es die Möglichkeit, diesen Stellvertreter zu bitten, sich gegenüber den Eltern zu verneigen und den Satz auszusprechen: „Ich achte dich und dein Schicksal“.

Es gibt aber auch die Möglichkeit, einen Stellvertreter für die fehlende Achtung hineinzustellen („das, was fehlt“) und zu schauen, ob der Stellvertreter des Kindes nun automatisch die Eltern besser achten kann.

Oder man personifiziert die Verachtung, die der Stellvertreter des Kindes gerade zeigt, indem man einen Stellvertreter für die Verachtung dazustellt („das, was zu viel ist“), und beobachtet, ob dadurch die Verachtung aus dem Stellvertreter des Kindes „herausgezogen“ werden konnte und er nun die Eltern zu achten beginnt, spätestens wenn die Verachtung aus der Aufstellung wieder herausgegangen ist.

Vielleicht wird bei diesen Versuchen auch deutlich, dass der nächste Schritt nicht die Achtung der Eltern wäre, sondern noch etwas ganz anderes. Du kannst es alles ausprobieren und auf diese Weise Erfahrungen sammeln.

Fühle dich frei, mit der Aufstellung und deinen StellvertreterInnen so zu experimentieren, wie dich dein Gefühl und deine Neugierde führen. Bleibe dir dabei bewusst, dass du zur Not – wenn du mal nicht weiterweißt – immer einen Stellvertreter als „lösendes Element“ dazustellen kannst.

Und wenn dieses lösende Element nicht wirklich weiterhilft, kannst du auch ein zweites und ein drittes lösendes Element dazustellen, bis vielleicht irgendwann ein Impuls einer Stellvertreterin oder eine Idee aus der Gruppe dir bei deiner Frage einen Schritt weiterhilft.

Oder dir wird bewusst und du spürst, dass irgendetwas in dir im Moment keine Lösung möchte – vielleicht weil dir der Rahmen nicht angenehm ist, du dich hier in dieser Gruppe nicht outen möchtest und das Gefühl hast, zu verletzbar zu sein. Vielleicht stimmt der Zeitpunkt auch noch nicht.

Suche für dich nach einem gewissen Happy End, und wenn es gerade nicht möglich ist, probiere es später noch einmal. Und dann schaue, wie die Aufstellung im Nachhinein auf dich wirkt und ob sich dein Problem verändert, es allmählich verschwindet oder vielleicht sogar bereits verschwunden ist.

Die drei Hauptschritte zusammengefasst:

1) Das Andocken (entweder kannst du das Verhalten der StellvertreterInnen zuordnen oder du suchst StellvertreterInnen, die deiner Vorstellung/Erfahrung besser entsprechen oder du vertraust, dass die Aufstellung irgendwann später bei dir andockt)

2) Die Suche nach einem besseren Gleichgewicht oder gar nach einem Happy End für dich
3) Die Wirkung anschließend beobachten

Deine innere Haltung

Beim Suchen nach einer Lösung in der Aufstellung gibt es eine höhere Dimension, die dir bisher vielleicht noch nicht bewusst ist. Meistens wird immer nur bei den StellvertreterInnen nach den Gefühlen gefragt und nach Lösungen gesucht. Meine Beobachtung ist auch, dass die StellvertreterInnen sehr sensibel auf die momentane Gefühlslage der aufstellenden Person reagieren. Das bedeutet also, dass du durch deine Gefühle und momentane innere Haltung einen ganz direkten Einfluss auf deine Aufstellung haben kannst.

Diesen Zusammenhang habe ich einmal sehr extrem erleben dürfen. Eine Teilnehmerin wurde ausgelost und reagierte in dem Moment, in dem ihr Name laut ausgesprochen wurde: „Was?? Ich?? … o Gott!"

Olaf: „Du musst nicht aufstellen. Auch wenn das Los auf dich gefallen ist, kannst du jederzeit entscheiden, nun doch nicht aufzustellen."

Teilnehmerin: „Doch … ich mache es …"

Damals stand ich noch zur Verfügung, mich im Nebenraum einweihen zu lassen, und so wählte sie die Möglichkeit des verdeckten Aufstellens mit meiner Hilfe. Wir gingen also in den Nebenraum, damit die Gruppe nicht hört, was für ein Thema sie aufstellen würde. Dort machte sie ihrem Herzen Luft und sagte noch einmal aus einem tiefen Gefühl heraus, dass sie eigentlich gar nicht aufstellen wollte. Und wieder erinnerte ich sie an die Möglichkeit, sich umzuentscheiden und jemand anderem die Chance zum Aufstellen zu geben. Sie zögerte und entschied dann endgültig, jetzt aufzustellen, wenn auch mit einem unangenehmen Gefühl im Bauch.

Wir besprachen ihr Thema, ich machte ihr Vorschläge, wie sie es aufstellen könnte, und dann gingen wir wieder zur Gruppe zurück.

Sie stellte verdeckt auf und nur sie und ich wussten, worum es ging und welche StellvertreterInnen welche Rollen hatten. Die StellvertreterInnen begannen, sich einzufühlen, sich im Raum zu bewegen und von ihren Gefühlen zu erzählen. Nach fünf Minuten sagte mir die Teilnehmerin, dass sie überhaupt nichts mit dieser Aufstellung anfangen könne. Kein/e StellvertreterIn würde sich so verhalten, wie sie es aus dem Alltag kennt. Die Aufstellung konnte bei ihr also nicht „andocken".

Ich kam auf die Idee, dass vielleicht ihre innere Haltung die Ursache dafür sein könnte. Ich vermutete, dass sie eine innere Bremse hatte, vielleicht einen Schutz, weil sie ja zuerst nicht aufstellen wollte oder Zweifel hatte. Deswegen sagte ich ihr leise, ohne dass die Gruppe und die StellvertreterInnen es hören konnten, dass sie ihre innere Haltung ändern könne. Im Moment würde sie sich vielleicht noch ein wenig schützen. Sie hätte aber auch die Möglichkeit, sich selbst zu sagen: „Ich stimme allem zu, was sich zeigt. Die StellvertreterInnen dürfen mir alles zeigen."

Nach kurzem Nachdenken schien sie diese Möglichkeit anzuwenden, denn ihr Gesicht entspannte sich (später bestätigte sie mir, dass sie tatsächlich in dem Moment ihre innere Haltung geändert hatte). Gleichzeitig bewegten sich plötzlich zwei StellvertreterInnen auf ganz andere Positionen und äußerten, dass sich in ihren Gefühlen etwas ändern würde. Die anderen StellvertreterInnen reagierten darauf und es entwickelten sich neue Zusammenhänge in der Aufstellung. Nach einer gewissen Zeit fragte ich die Teilnehmerin, ob sie mit ihrer Aufstellung jetzt mehr anfangen könne – und sie bestätigte es. Jetzt wäre vieles klarer erkennbar für sie.

Folgende drei Haltungen schlage ich als Möglichkeiten vor:

Haltung 1: „Das, was sich dort zeigt, hat nichts mit mir zu tun."

Diese Haltung kann dich davor schützen, dass eventuell verkehrte Aussagen von StellvertreterInnen in dir zu negativen Deutungen führen. Denn nicht alles in einer Aufstellung muss „richtig" oder „wahr" sein. Gleichzeitig führt es möglicherweise dazu, dass manche StellvertreterInnen ihre Rolle auch nicht so spiegeln, wie du es aus deinem Alltag kennst.

Falls im Moment ein Schutz für dich am wichtigsten ist, egal aus welchem Grund, dann wäre diese Haltung optimal.

Haltung 2: „Was hat es mit mir zu tun? Woher kenne ich es vielleicht? Was will es mir sagen?"

Diese suchende Haltung kann die Aufstellung dahingehend beeinflussen, dass die StellvertreterInnen dir mehr Antworten liefern und dass die Aufstellung mehr fließt als bei Haltung 1.

Haltung 3: „Alles hat irgendwie mit mir zu tun. Ich stimme allem zu. Ihr könnt mir alles zeigen/spiegeln."

Durch diese Haltung gibst du auf der Gefühlsebene deinen StellvertreterInnen den größten Freiraum. Möglicherweise erlebst du mit dieser Haltung auch den intensivsten „Erkenntnisfluss" und den klarsten Spiegel in der Aufstellung. Wird es dir jedoch „zu viel des Guten", dann kannst du auch wieder zu Haltung 1 wechseln und dich schützen. Gehe nur die Schritte, die du gehen willst und gehen kannst und die dir angenehm sind.

Deine innere Haltung kann auch noch durch etwas anderes gespiegelt werden. Hast du z. B. einen inneren Konflikt mit deinen Eltern und du stellst dich und deine Eltern auf, dann kann es sehr gut sein, dass die StellvertreterInnen deiner Eltern ihre „bösen" Seiten zeigen, sich negativ wertend verhalten, einen Konflikt widerspiegeln etc.

Schaust du aber von vornherein achtungsvoll auf deine Eltern oder änderst während der Aufstellung deine Gefühlswelt in eine achtende Haltung, dann könnte es sein, dass die StellvertreterInnen deiner Eltern plötzlich viel mehr Frieden zeigen, liebevoller werden, dir ihren Segen für deinen Lebensweg geben etc.

Kurz: Hast du den Wunsch, einmal ganz liebevolle und fürsorgliche Eltern in deiner Aufstellung zu erleben, dann versuche nicht, die Eltern zu ändern, sondern ändere deine eigene Haltung gegenüber deinen Eltern und achte sie so, wie sie sind, mit ihrem ganzen Schicksal, das sie tragen, und ihren ganz persönlichen Ungleichgewichten.

Hast du deine innere Haltung entsprechend ändern können, dann wirst du meistens entdecken, dass du deinem Wunsch näher kommst, da die StellvertreterInnen deiner Eltern sich plötzlich auch in ihrem Verhalten verändern und offener werden. Versöhnung wird möglich.

Vielleicht klappt das auch im Alltag?

Mithilfe der Resonanz-Weltsicht können wir uns ganz einfach erklären, warum Änderungswünsche oft zu Konflikten führen und warum Achtung und Anerkennung, wie es ist, Konflikte zum Verschwinden bringen.

Wollen wir einen anderen Menschen verändern und haben wir einen intensiven Wunsch, eine Forderung oder Erwartung, dann kann unser Gegenüber dies spüren. Hat der andere zufällig den gleichen Änderungswunsch an sich selbst, also haben wir das gleiche Ziel, dann werden wir gemeinsam versuchen, dieses Ziel zu erreichen.

Unterscheiden sich aber unsere Wünsche, dann haben wir im Moment auch unterschiedliche Wege – und das ist auf beiden Seiten spürbar. Wir spüren, dass der andere unserem Wunsch nach Veränderung nicht zur Verfügung steht, wir fühlen seinen Widerstand, was in uns zu Ärger führen kann, wenn wir von unserem Wunsch nicht loslassen können.

Und der andere spürt, dass wir ihn in eine andere Richtung bewegen wollen, als er selbst gerade gehen möchte. Er fühlt seinen eigenen Weg nicht beachtet, von uns nicht wahrgenommen, fühlt sich eventuell sogar angegriffen oder bedroht. Die Folge ist, dass er sich uns gegenüber zu verteidigen beginnt.

Unterschiedliche Wünsche, die von beiden Parteien nicht losgelassen werden können, führen ganz automatisch zu Konflikten.

Dementsprechend ist es logisch, dass die Anerkennung, wie es ist, die Würdigung der Gegenwart, die (Be)Achtung von etwas, das Loslassen von Veränderungswünschen automatisch einen Konflikt beendet. Die Spannungsgefühle lösen sich auf. Da man sich vom anderen anerkannt und gewürdigt fühlt, muss man sich nicht mehr verteidigen. Und wenn man auf der anderen Seite von seinem eigenen Wunsch nach Veränderung loslässt, muss man nicht mehr um die Erfüllung kämpfen, man muss nichts mehr fordern oder erwarten.

Was ist also die Basis der Anerkennung, der Achtung, der Würdigung? Die Fähigkeit, von eigenen Wünschen, Bedürfnissen und Zielen loslassen zu können, wenn sie zu Konflikten führen würden.

Und warum sind wir manchmal nicht fähig, von eigenen Wünschen loszulassen? Weil uns das Loslassen zu sehr wütend machen oder schmerzen würde.

Und warum würde es uns zu sehr schmerzen? Weil wir unsere Fähigkeit zu trauern in unserer heutigen Gesellschaft kaum beachten und kaum zulassen, geschweige denn gezielt nutzen.

Wer aus ganzem Herzen trauern (weinen) kann, der kann auch loslassen und einen Verlust vollständig verarbeiten. Derjenige hat es leichter, Dinge und Menschen so anzuerkennen, so zu achten, so zu würdigen, wie sie sind, und dadurch Konflikte zu lösen. Andere Menschen spüren das und fühlen sich in seiner Gegenwart „freier", sie fühlen sich von ihm so anerkannt, geachtet, gewürdigt, wie sie sind.

Das behaupte ich aus eigener Erfahrung.

Auch wenn du gerade keinen Wunsch nach Veränderung hast, aber es dir grundsätzlich tief in deiner Seele schwerfällt, von bestimmten Wünschen loszulassen, können das andere Menschen in deiner Gegenwart spüren. Sie sind vorsichtig, halten sich von dir distanziert oder beginnen schon, sich zu verteidigen, noch bevor du überhaupt einen Wunsch nach Veränderung in dir hast auftauchen lassen.

Wenn dir das unangenehm ist, dass andere Menschen sich von dir distanzieren oder sich gegen dich verteidigen oder dich ausschließen, und du willst das ändern, willst den „Irrtum“ aufklären, dann kannst du nun erkennen: Genau *DAS* ist der Veränderungswunsch in dir, den dein Gegenüber vorausgespürt hat. Durch seine Distanz hat er ihn aus dir herausgekitzelt.

Du kannst den anderen gerade nicht loslassen und ihn in seiner Distanz, seinem Rückzug oder seiner Verteidigung nicht so achten, wie er ist. Du hast noch einen nicht verarbeiteten Verlustschmerz in dir, der dich dazu bringt, einen anderen Menschen nicht vollständig würdigen zu können. Aus diesem Schmerz heraus willst du den anderen ändern, etwas klären, ein Missverständnis vermeiden.

So eine innere Haltung führt unweigerlich zu Konflikten und spiegelt sich auch genauso in den eigenen Aufstellungen wieder.

Das Fließenlassen von Verlustschmerz macht dich wieder fähig, etwas loslassen zu können, und letztendlich etwas oder jemanden zu würdigen, anzuerkennen und zu achten, wie er/es ist.

Eine oft anwendbare Aufstellungsmöglichkeit

Mir ist in meinen Veranstaltungen aufgefallen, dass ich bei vielen Themen immer wieder den gleichen Vorschlag bringe, wie man ein Thema aufstellen könnte:

- eine/n StellvertreterIn für sich selbst
- eine/n StellvertreterIn für den momentanen Zustand
- eine/n StellvertreterIn für den gewünschten Zustand

Bei dieser Aufstellungsform kannst du beobachten, ob in dir die Tendenz besteht, noch an dem gegenwärtigen Zustand festzuhalten, und kannst ausprobieren, was dir hilft, loszulassen.

Oder du beobachtest, ob eine intensive Abwehr gegen das Gegenwärtige besteht und das Auflösen der Abwehr, vielleicht sogar eine Würdigung des Gegenwärtigen eine Lösung darstellt.

Oder du beobachtest, was die Beziehung deines Stellvertreters zu dem gewünschten Zustand spiegelt und was dabei hilft, diese Beziehung zu verbessern.

Du kannst auch einfach nur ein lösendes Element dazustellen und beobachten, in welche Richtung sich die Aufstellung dadurch bewegt und wie sich die Beziehungen der StellvertreterInnen untereinander verändern.

Diese Aufstellungsform ist auf viele Problematiken übertragbar, wie z. B. Krankheiten, unangenehme Verhaltensmuster, Änderungswünsche in der Beziehung, Wünsche nach mehr Geld, Wünsche nach einem besseren Job oder einem besseren Arbeitsverhältnis etc.

Einige Werkzeuge

Im Laufe der Jahre haben sich viele Ideen angesammelt, was man in einer Aufstellung dazustellen kann, um die Wirkung zu testen. Im Folgenden nenne ich ein paar davon:

Das lösende Element

Manchmal werde ich gefragt, was denn das lösende Element überhaupt sei. Ich bin der Meinung, dass man das nicht unbedingt wissen muss. Wenn ich mein Auto aus der Werkstatt abhole, muss ich auch nicht wissen, was der Mechaniker für Werkzeug benutzt hat, um mein Auto zu reparieren. Ich kann auch ohne dieses Wissen mit meinem Auto fahren. Und wenn wir in einer Aufstellung durch ein lösendes Element eine Lösung erfahren dürfen, die in uns ein neues Gefühl auslöst, müssen wir auch nicht unbedingt das Werkzeug dazu kennen.

Allerdings gibt es immer wieder TeilnehmerInnen, die im Alltag nach einer Entsprechung suchen:

„Was wäre denn das lösende Element in meinem Alltag?“

Meine Antwort dazu: Es könnte sein, dass diese neue Erfahrung mit deiner Aufstellung bereits ein lösendes Element darstellt. Es könnte aber auch sein, dass irgendein zufälliges Ereignis oder ein Traum oder eine Veränderung im Unterbewusstsein etwas Lösendes darstellen wird … Lass dich überraschen, was die Entsprechung im Alltag sein könnte. Und vielleicht kannst du auch bewusst einen Gegenstand, einen Menschen oder eine Situation als „lösendes Element“ definieren und beobachten, was es für Folgen in deinem Gefühl oder im Gefühl anderer Menschen hat.

Das, was den nächsten Schritt zeigt

Manchmal hat man das Gefühl, dass ein lösendes Element ein Schritt zu groß wäre. Gleich nach einer Lösung zu suchen, könnte sich manchmal unpassend anfühlen. Und so geht man kleinere Schritte und stellt dieses Element dazu, das zunächst einmal nur den nächsten Schritt zeigt. Dabei kann es sein, dass die entsprechende Stellvertreterin etwas konkret in der Aufstellung tut, oder es kann sein, dass die Stellvertreterin nur in die Aufstellung kommt, dort steht und sich die Aufstellung durch die Anwesenheit dieses Elements von selbst weiterentwickelt.

Das, was hilft

Dieses Element ist im Grunde das gleiche, wie das lösende Element. Manchmal möchte man es aber anders formulieren und sagt dann einfach *das, was hilft*.

Das, was hilft, um ... - oder - *Das, was ... verändert*

Hier kann man ein konkretes Ziel einsetzen, was man gerade erreichen möchte. Beispiel: *das, was hilft, um zwei Personen stärker miteinander in Verbindung zu bringen.* Man kann ausprobieren, ob dieses Ziel erreichbar ist. Kommt dieses Element als StellvertreterIn (oder auch als Kissen oder Stuhl etc.) in der Aufstellung dazu und fühlen sich daraufhin die beiden Personen tatsächlich mehr miteinander verbunden, dann könnte das ein Hinweis darauf sein, dass tatsächlich ein Potenzial für eine Verbindung zwischen beiden besteht. Manchmal sagt aber auch einer von beiden:

„Dieses neue Element mag ich nicht."

Das wäre dann ein Hinweis darauf, dass derjenige keine intensivere Verbindung möchte und das Ziel in diesem Fall vielleicht besser aufgegeben werden sollte. Und ob das Aufgeben der Verbindung dann die Lösung wäre oder es nicht noch eine andere Lösung gibt, muss man wieder ausprobieren.

Das Wunder

Auch dieses Element ist ein Lösungselement, vielleicht auf einer noch höheren Ebene. Manchmal ist es wirkungsvoll, dieses Element einzusetzen, weil es unsere Vorstellungskraft sprengen könnte. Denn oft halten sich Lösungen innerhalb unserer Vorstellungswelt auf – und ein Wunder ist immer etwas, was wir niemals hätten voraussehen können oder was wir nicht wirklich begreifen können.

Das führende Universum - oder - *Gott* - oder - *Das höhere Selbst* - oder - *Die geistige Führung* - oder - *Die Quelle allen Lebens*

Probiere aus, welche dieser Elemente zu deinem Gefühl passen und welche du jetzt gerade bei deiner Aufstellung in ihrer Wirkung ausprobieren möchtest.

Das, was Olaf jetzt tun würde, wenn er hier wäre

Wenn du möchtest, kannst du probieren, ob es möglich ist, meinen Erfahrungsschatz anzuzapfen – oder ein anderes Potenzial. Du kannst gerne dafür einen Stellvertreter aussuchen. Ich habe auch nichts dagegen, wenn du direkt einen Stellvertreter für mich in deine Aufstellung stellst und dann beobachtest, ob es irgendwie weiterhilft. Es muss auch nicht ich sein. Vielleicht hast du das Gefühl, dass irgendein anderer Mensch dir weiterhelfen könnte, der gerade nicht anwesend ist, und stellst ihn einfach als Stellvertreter mit in deine Aufstellung. Oder du lässt es in der Benennung offen und stellst dazu: *die Person, die mir jetzt gerade optimal weiterhilft.*

Weitere Möglichkeiten sind: *Verständnis / Erkenntnis / Kreativität / Kraft / Unterstützung / Liebe / Energie / Klarheit / Spaß / das Ziel / Freude / die passende Anregung / Zeit / Kreativität / Selbstheilung / Selbstheilungskraft / Heilung / der Verarbeitungsprozess / die rettende Idee / die Eigenverantwortung / Bedürfnisbefriedigung* etc.

Jedes Element kann auch mehrfach in eine Aufstellung gestellt werden, also z. B. drei StellvertreterInnen für die Liebe und zwei StellvertreterInnen für die Selbstheilungskraft. Es ist nämlich möglich, dass eine Energie an verschiedenen Stellen der Aufstellung gleichzeitig wirken möchte. Sollten sich aber einige StellvertreterInnen überflüssig fühlen, weil sie ja bereits vertreten sind, können sie auch wieder Platz nehmen.

Umgekehrt kann man mehrere Aspekte oder Personen in einem Stellvertreter vereinen. Willst du ausprobieren, inwiefern deine Familie einen Einfluss auf deinen Job in der Firma haben könnte, kannst du einen Stellvertreter für dich, für deinen Job und eine Stellvertreterin für die gesamte Familie aussuchen. Oder du suchst bei einem Krankheits-Thema eine Stellvertreterin für „alle Heilkräfte des gesamten Universums“ aus.

Bisher habe ich lauter positive Aspekte aufgezählt. Wie ich aber schon erwähnte, könnte auch das Personifizieren eines negativen Aspektes eine befreiende Wirkung haben.

Das verschlimmernde Element

Manchmal kann es für alle Beteiligten erleichternd sein, wenn das verschlimmernde Element dazugestellt wird. Vielleicht möchtest du dich nach einem neuen Partner umschauen, bist aber noch mit deinem gegenwärtigen Partner zusammen. Dann könnte der nächste Schritt die Trennung und der Abschied sein, bevor man sich einem neuen Partner zuwenden kann. Es wird erst einmal schmerzhafter (= schlimmer), bevor es wieder angenehmer werden kann. Auch bei einer homöopathischen Behandlung kennen wir das Phänomen der „Erstverschlimmerung" vor der Besserung.

Weitere Möglichkeiten sind: *das, was blockiert / die momentane Grenze / das Hindernis / die Krise / das, was mir der andere angetan hat / das, was zwischen uns Schlimmes passiert ist / der Schock / das Trauma / der Schmerz / der unverarbeitete Schmerz / der ursprüngliche Verlust / der Druck / das Problem / die Krankheit / Hilflosigkeit / Ratlosigkeit / das Warten / innere oder äußere Distanz* etc.

Wenn aber ein verschlimmerndes Element eine negative Wirkung in der Aufstellung hervorbringt, dann muss man dieses Element nicht unbedingt in der Aufstellung behalten. Man kann den Stellvertreter auch wieder aus dieser Rolle entlassen.

Ich habe die Erfahrung gemacht: Nicht alles muss wirklich angeschaut werden. Es könnte auch eine Befreiung sein, sich bestimmten Dingen einfach nicht mehr zur Verfügung zu stellen und die Erfahrung zu machen, klare Grenzen setzen zu dürfen/zu können. Du musst die Hand nicht auf der heißen Herdplatte liegen lassen und dann den Schmerz analysieren, bis du alles genau „verstanden", „geachtet" und „integriert" hast. Du darfst die Hand auch spontan wegziehen und dich selbst dadurch vor einer weiteren Verletzung schützen! Viele Menschen vergessen das, wenn Sie sich mit sich selbst auseinanderzusetzen beginnen.

Genauso darfst du eine Stellvertreterin, der eine unangenehme Dynamik zum Vorschein bringt, sofort wieder aus der Aufstellung entlassen. Und auch Hinweise von TeilnehmerInnen, die der Überzeugung sind, dass du hier aber den Schmerz und das Unangenehme noch genauer anschauen solltest, darfst du zurückweisen und eine Grenze setzen. Keiner kann wirklich wissen, ob das Entlassen eines Stellvertreters eine Vermeidung deiner Lösung oder einen Schritt in Richtung deiner Lösung darstellt. Denn nur du und dein weises Unbewusstes wissen, was dir guttut und was der Weg zu *deiner* Lösung ist.

Manchmal kann es eine Lösung sein, dem lösenden Element eine Grenze zu setzen oder sogar das lösende Element aus der Aufstellung wieder zu entlassen, oder es kann ein nächster Schritt sein, das Element „das, was den nächsten Schritt zeigt" rauszuschicken.

Meine Empfehlung: Folge immer deinem Herzen. Und wenn du am liebsten etwas Unangenehmes entlassen oder begrenzen möchtest, dann tue es. Wenn du aber am liebsten etwas Unangenehmes noch eine Weile analysieren möchtest oder üben willst, deine Grenze dagegen aufzulösen, dann tue dies. Und wenn du nicht weißt, was du gerade tun willst, dann warte, bis du es weißt, und folge währenddessen allen anderen Impulsen, die eventuell in dir aufsteigen.

Manchmal kann es darum gehen, eine Symbiose aufzulösen und etwas, mit dem man zu stark verbunden ist, loszulassen und sich davon zu trennen.

Manchmal kann es darum gehen, bisher abgespaltene Teile oder Personen wieder zu integrieren und sich wieder zu verbinden.

Du hast beim Freien Aufstellen und bei deiner eigenen Aufstellung immer die freie Wahl, Grenzen zu setzen oder Grenzen zu öffnen. Beobachte die Folgen und sammle ganz autonom und eigenverantwortlich deine eigenen Erfahrungen.

Es besteht die Möglichkeit, sich während seiner Aufstellung durch ein Kartenset inspirieren zu lassen (siehe auch S. 260). Ich habe die wichtigsten Begriffe und Elemente, die sich für mich aus der langjährigen Arbeit mit den Freien Systemischen Aufstellungen herausgeschält haben, auf 52 Karten zusammengefasst. Sie enthalten über 120 Hinweise.

Wenn du in deiner Aufstellung nicht mehr weiterweißt, kannst du zu diesen Impulskarten greifen, spontan und intuitiv eine Karte aus dem Stapel ziehen, die drei Begriffe darauf lesen, nachfühlen, welcher dieser Begriffe jetzt gerade am besten passt – und dann diesen Begriff als eine Stellvertreterin dazustellen. Anschließend beobachtest du, was sich dadurch in deiner Aufstellung Neues entfaltet.

Mögliche Rangfolgen

Manchmal kann es lösend sein, die StellvertreterInnen nach einer gewissen Rangfolge zu ordnen. Ich erkläre die geordneten Rangfolgen aus der Perspektive eines Stellvertreters.

Wenn ich als Stellvertreter in einer Aufstellung stehe, dann würde – „richtig“ geordnet – rechts von mir die Person stehen, die mir übergeordnet ist, wie z. B. eine Chefin, meine Eltern oder bei einer zeitlichen Rangfolge meine älteren Geschwister. Links von mir stehen meine mir untergeordneten Angestellten, meine Kinder oder meine jüngeren Geschwister. Geht es in der Aufstellung um eine Krankheit, dann würde rechts von mir (die externe Seite) das Heilende stehen, das von außen kommt, wie z. B. ein Medikament, eine Ärztin, eine Heilmethode etc. Links von mir (intern) würden meine inneren Heilungsprozesse stehen, wie z. B. meine Selbstheilungskraft, Visualisierungen, Verarbeitungsprozesse etc. Stelle ich die Organe meines Körpers auf, könnte es lösend sein, wenn sie links von mir angeordnet werden.

Zeitlich gesehen steht rechts von mir das, was vor mir da war, und links steht das, was nach mir kam. Deshalb stehen ältere Geschwister von mir aus gesehen rechts neben mir und jüngere Geschwister links, oder schon länger in der Firma tätige KollegInnen stehen rechts und KollegInnen, die erst nach mir in die Firma kamen, links von mir.

(Bei LinkshänderInnen können die Seiten vertauscht sein.)

Geht es konkret um meine Vergangenheit und Zukunft, so könnten im gelösten Fall das Zukünftige vor mir und das Vergangene hinter mir angeordnet sein.

Diese Rangfolgen sind die Erfahrungen vieler SeminarleiterInnen aus langjähriger Aufstellungsarbeit. Sie sind keine zwingenden Regeln. Manchmal könnte auch eine andere Reihenfolge für ein Problem lösend sein – man muss es immer wieder neu ausprobieren.

Allerdings können diese Rangfolgen eine kleine Orientierung darstellen. Steht z. B. in einer Partnerschaftsaufstellung meine Partnerin rechts von mir, dann könnte ich vielleicht daran ablesen, dass sie in unserer Beziehung oder bei dem hier aufgestellten Thema die etwas Dominantere ist. Steht sie aber links von mir, dann könnte das ein Hinweis darauf sein, dass sie mir untergeordnet ist und ich einen stärkeren Einfluss habe.

Es muss weder falsch noch richtig sein, sondern könnte einfach nur spiegeln, wie es gerade ist. Ob es gut oder schlecht ist, bewerten wir dann selbst bei unserer eigenen Aufstellung. Wollen wir es so oder wollen wir es lieber anders? Und wenn wir einen Änderungswunsch haben, dann können wir danach suchen, was diese Änderung herbeiführen kann oder ob es einfach genügt, die StellvertreterInnen einer Rangfolge entsprechend umzustellen.

Ohne Ziel aufstellen

Meistens wird bei Aufstellungsseminaren davon ausgegangen, dass der aufstellende Teilnehmer ein Ziel hat, vielleicht sogar, dass er sein Ziel klar in wenigen Sätzen formulieren kann. Doch es ist auch möglich, kein Ziel zu haben oder sein (unbewusstes) Ziel nicht zu kennen.

Du kannst eine Aufstellung ohne konkretes Ziel durchführen. Suche einen Stellvertreter für dich selbst aus und fordere anschließend die gesamte Gruppe auf, dir spontan zur Verfügung zu stehen.

Du brauchst noch nicht einmal einen Stellvertreter für dich selbst auszusuchen. Bitte einfach die Gruppe, dir etwas zu spiegeln. Wer gerade einen Impuls verspürt, auf irgendeine Weise aktiv zu werden, kann diesem Impuls gerne nachgeben und ihn ausdrücken.

Dann beobachtest du, was dir von deinem Stellvertreter und der Gruppe gezeigt wird. Vielleicht wird die gesamte Gruppe aktiv, vielleicht auch nur ein paar TeilnehmerInnen, vielleicht auch nur eine Person oder sogar niemand. Beobachte, wie du dich selbst dabei fühlst und was es in dir selbst auslöst. Woran erinnert dich das? Was könnte das dir noch unbewusste Thema sein, das die Gruppe dir spiegelt?

Allerdings *musst* du nicht darüber nachdenken, ob du das, was sich in der Gruppe spiegelt, irgendwie zuordnen kannst. Du kannst es auch einfach nur so auf dich wirken lassen und anschließend im Alltag beobachten, was dir diese „ziellose" Aufstellung an Veränderungen gebracht hat. Dies gilt auch allgemein für das Deuten deiner Aufstellung. Wenn du nach einer Deutung suchst und keine findest („Was hat mir das eigentlich zu sagen? Was hat es mit mir zu tun?"), dann kannst du auch loslassen und das Universum auffordern:

„Wenn hier eine Botschaft versteckt ist, die wirklich wichtig für mich sein soll, dann zeige es mir bitte irgendwann noch einmal – am besten so, dass ich es beim nächsten Mal zuordnen und verstehen kann.“

Und dann ist das Universum am Zug. Du gibst dem Universum die Verantwortung, dir etwas besonders klar machen zu müssen. Falls du aber nichts Ähnliches mehr erlebst, dann war es vielleicht auch nicht wichtig und du würdest dir nur zusätzlich das Leben schwermachen, wenn du zwanghaft nach einer Bedeutung für dieses einmalige Erlebnis suchst.

Es ist, wie es ist. Und du kannst es so stehen lassen.

Wie beendet sich eine ziellose Aufstellung? Entweder signalisieren irgendwann die StellvertreterInnen, dass nun ein besseres Gleichgewicht erreicht ist, oder du selbst hast das Gefühl, dass es genügt, oder die fünfzig Minuten sind um.

Spiegelnde Dynamik in der beobachtenden Gruppe

Wenn du ein bestimmtes Thema aufstellst, könnte es sein, dass die beobachtende Gruppe unbewusst diese Dynamik im Umgang mit deiner Aufstellung spiegelt. Hast du z. B. einen unangenehmen Perfektionsdrang und möchtest ihn lösen, dann beginnst du vielleicht damit, einen Stellvertreter für dich, eine Stellvertreterin für den Perfektionsdrang und einen Stellvertreter für deinen gewünschten Zustand aufzustellen.

Rechne aber damit, dass eventuell die Gruppe, wenn du ihr freie Hand lässt, plötzlich einen Perfektionsdrang entwickelt und dir bei deiner Aufstellung besonders intensiv, fast zwanghaft, helfen möchte und mit keiner Lösung wirklich zufrieden ist.

Falls dir das unangenehm werden sollte, kannst du auch die Gruppe dazu auffordern, sich dem Perfektionsdrang nicht weiter zur Verfügung zu stellen. Dadurch machst du den TeilnehmerInnen bewusst, dass sie sich möglicherweise in Resonanz zum Thema befinden und aus diesem Gefühl heraus handeln. Und nun haben sie die bewusste Wahl, ob sie dieser Resonanz weiter zur Verfügung stehen oder sich eher entspannen.

Es gibt auch Aufstellungen mit dem Thema „sich nicht dazugehörig fühlen“ oder auch „Interesselosigkeit“. Hier könnte es sein, dass du die Gruppe zwar um Mithilfe bittest, aber niemand einen Impuls oder eine Idee hat, weil keiner sich wirklich dazugehörig fühlt und keiner Interesse verspürt. Du kannst folgende Aufforderung ausprobieren: „Wenn ihr euch der Interesselosigkeit nicht weiter zur Verfügung stellen würdet, was hättet ihr dann für Impulse, die mir hier weiterhelfen könnten?“

Eine Teilnehmerin wollte das Thema lösen, warum andere Menschen nie auf sie zukommen, um sie zu unterstützen. Während ihrer Aufstellung gelangte sie an den Punkt, wo sie aus der Gruppe Hilfe benötigte und fragte, ob jemand eine Idee hätte, wie es hier weitergehen könnte. Keiner meldete sich. Keiner reagierte. Das verstärkte natürlich ihr Problem.

Mein Vorschlag ist, in solchen Momenten zur Gruppe zu sagen: „Wenn ihr euch der Dynamik meiner Aufstellung *nicht* zur Verfügung stellen würdet, was hättet ihr dann für Impulse, wie ich hier etwas lösen könnte?“

Die Achtung in der Nicht-Achtung

Oft löst sich ein Problem in einer Aufstellung, wenn ein Stellvertreter einen anderen Stellvertreter so achten kann, wie er ist. Schafft es ein Kind, seine Eltern nicht mehr verändern zu wollen, sondern sie so zu achten, wie sie sind, mit ihrem ganzen Schicksal hinter sich, dann könnte das eine lösende Wirkung auf das Kind haben. Innere Konflikte lösen sich auf.

Schafft es ein Mensch, eine unangenehme Situation so anzuerkennen, wie sie ist, dann verliert diese Situation ihre unangenehme Wirkung. Aus diesem Grund empfehlen viele, doch mal die andere Person so zu achten, wie sie ist.

Manchmal habe ich jedoch erlebt, dass jemand an seiner Nicht-Achtung festgehalten hat. In einem extremen Fall hat der Stellvertreter eines Aufstellers sogar die Eltern-Stellvertreter angeschrien und wüst beschimpft. Dabei kamen sehr verachtende und abwertende Worte zum Ausdruck. Hinterher fühlten sich sowohl der Stellvertreter des Aufstellers als auch die Eltern-Stellvertreter als auch der Aufsteller selbst sehr erleichtert.

Ich fragte mich, warum nun durch diese offensichtliche Nicht-Achtung alle Beteiligten erleichtert fühlen würden. Meine Erklärung:

„Ich achte dich, indem ich dich nicht achte."

Der Aufsteller erzählte, dass er als Kind von seinen Eltern sehr oft mit verachtenden und abwertenden Worten beschimpft wurde. Und so konnte ich mir erklären, dass der Aufsteller nun seine Eltern dadurch achtet, indem er es sich selbst endlich ein einziges Mal erlaubt, genauso wie die Eltern zu sein, einmal genauso verachtend zu reden, wie es die Eltern immer gemacht haben.

„Ich achte euch, indem ich die Verachtung, die ihr in euch tragt, auch einmal vollständig in mir zulasse und ausdrücke – so, wie ihr es immer gemacht habt." Anschließend konnte der Aufsteller loslassen und fühlte sich befreit.

Es gibt noch eine andere Möglichkeit, andere Personen zu achten, indem man sie nicht achtet: Vielleicht fühlt sich der andere unwohl, wenn er von jemandem geachtet wird. Durch die Achtung wird ein unangenehmes Thema getriggert oder er würde sich viel zu sehr berührt fühlen. Er möchte also lieber nicht geachtet werden. In diesem Fall würde man ihn achten, indem man ihn nicht achtet und seinen Wunsch, nicht geachtet zu werden, respektiert.

Man muss immer wieder neu ausprobieren, was letztendlich hilfreich ist und lösend wirkt.

Das Aufstellen von nicht anwesenden Personen

Manchmal stellt eine Teilnehmerin ein „fremdes“ System auf. Beispielsweise nimmt eine Therapeutin am Freien Aufstellen teil und stellt das Familiensystem einer Klientin auf oder eine Frau macht eine Aufstellung mit dem Problem ihres nicht anwesenden Mannes, eine Großmutter versucht, die Spannungen zwischen ihrer Tochter und ihrem Enkelkind zu lösen, ein Mann stellt die Partnerschaft eines guten Freundes auf etc.

Es gibt Menschen, die so etwas als Eingriff in die Privatsphäre der nicht anwesenden Personen empfinden. Dies kann ich sehr gut nachvollziehen, wenn ich von dem Bild ausgehe, dass Aufstellungen vollständig die Realität abbilden und andere Menschen beeinflussen würden.

Es gibt aber keinen Beweis, dass Aufstellungen wirklich die Realität abbilden oder andere Menschen zuverlässig beeinflussen. Es gibt zwar öfter Erfahrungen mit hochinteressanten Phänomenen: Eine Stellvertreterin spürt etwas und fasst etwas in Worte, was die Aufstellerin bisher noch nicht mitgeteilt hatte und anschließend bestätigt. Manchmal spürt sogar ein Stellvertreter etwas, was sich erst nach der Aufstellung bei einer späteren Überprüfung als „stimmig“ herausstellt. Außerdem gibt es Berichte, dass sich Familienmitglieder, die sich jahrelang von der Familie ferngehalten hatten, einen Tag nach einer Familienaufstellung plötzlich aus heiterem Himmel telefonisch Kontakt aufnehmen. Oder der Ehemann nimmt per Handy Kontakt auf, während seine Frau gerade eine Partnerschaftsaufstellung durchführt, ohne dass er dies wusste. Er verspürte einfach das Bedürfnis, seine Frau anzurufen.

Solche Phänomene scheinen bei Aufstellung öfter vorzukommen, als man es aus seinem Alltag kennt. Trotzdem passieren sie nicht zuverlässig bei jeder Aufstellung, sie geschehen nicht immer. Und wir erleben immer wieder, dass StellvertreterInnen auch unstimmige Gefühle mitteilen oder Dinge tun, die in keiner Weise irgendwie einzuordnen sind. Wenn wir dann einen Stellvertreter austauschen und ein anderer Teilnehmer übernimmt diese Rolle, dann teilt dieser ganz andere Gefühle mit oder tut etwas vollkommen anderes.

Fazit: Wir können definitiv nicht behaupten, dass Aufstellungen zuverlässig die Realität abbilden oder zuverlässig immer andere Menschen beeinflussen. Vielleicht spiegeln sie auch „nur" die innere bewusste und unbewusste Realität der aufstellenden Person und wirkt auf diese zurück?

Wir wissen nicht wirklich, was eine Aufstellung abbildet und wie sie wirkt. Wir machen nur öfter bei einer Aufstellung die oben beschriebenen Erfahrungen von bestimmten Phänomenen.

Deswegen ziehe ich mich auf den Standpunkt zurück, dass wir in einer Aufstellung immer nur in positiver Absicht vorsichtig „ausprobieren" können, ob sie uns oder anderen auf irgendeine Weise weiterhelfen kann. Wenn ja, dann ist es schön. Wenn nicht, dann sollte es im Moment nicht sein.

Genau diese Haltung haben wir im Alltag permanent, wenn wir z. B. mit einem guten Freund über eine gemeinsame Bekannte reden, uns über ihr Problem austauschen und gemeinsam darüber philosophieren, was ihr wohl weiterhelfen könnte. Eine Therapeutin bespricht mit ihrem Supervisor den Fall einer Klientin und es wird gemeinsam überlegt, was für diese Klientin hilfreich sein könnte. Eine Frau bespricht mit ihrem Therapeuten, wie sie eventuell ihrem Mann besser zur Seite stehen könnte. Die Großmutter bespricht mit dem Großvater oder mit einem Therapeuten, wie sie eventuell ihrer Tochter mit ihrem Kind weiterhelfen könnte. Ein Mann holt sich bei jemand anderem einen Rat dafür, wie er wohl seinen Freund mit seiner Partnerin unterstützen könnte. Solche Gespräche über dritte nicht anwesende Personen sind in unserem Leben Alltag.

Auch wenn wir eine normale Familienaufstellung mit unserer Herkunftsfamilie durchführen, fragen wir nicht erst unsere Eltern, ob wir sie mithilfe von StellvertreterInnen in einer Aufstellung repräsentieren lassen dürfen. Im Grunde stellt jede/r StellvertreterIn einer nicht anwesenden Person ein „fremdes“ System dar.

Der eigentliche Konflikt beim Aufstellen fremder Systeme entsteht meines Erachtens also nicht während der Aufstellung oder durch die Auseinandersetzung mit dem Problem eines anderen Menschen, sondern erst hinterher durch den Umgang mit dem Ergebnis der Aufstellung. Betrachtet die Aufstellerin das Ergebnis einer Aufstellung als „Realität“, dann gibt sie ihr damit eine größere Macht als der Realität. Und dies kann anderen Menschen sehr unangenehm aufstoßen.

Wendet sich die Therapeutin an ihre Klientin und erzählt ihr, was ihr Problem wäre und was sie zu tun habe, weil die Aufstellung es so gezeigt hat, gibt sie der Aufstellung eine größere Wertigkeit als der Realität ihrer Klientin und schließt sie dadurch aus.

Kommt die Frau nach Hause und erzählt ihrem Mann, was er für ein Problem habe, weil sich das in der Aufstellung so gezeigt habe, so wird sich der Mann übergangen fühlen.

Erzählt die Großmutter ihrer Tochter, was ihr Problem mit ihrem Kind sei und wie sie es lösen soll, weil die Aufstellung das so gezeigt hat, könnte es die Tochter als anmaßende Einmischung empfinden.

Und wenn der Mann seinem Freund erzählt, was eine Aufstellung über die Partnerschaft des Freundes zum Vorschein gebracht hat, und betrachtet dabei die Aufstellung als Darstellung einer Realität, so könnte der Freund es ebenfalls als Einmischung oder Anmaßung empfinden.

Wenn aber eine Aufstellung nur als Ideengeber oder Impulsgeber gesehen wird, wie man eine gewisse Problematik vielleicht lösen könnte, dann könnte man dies auch genauso weitergeben. Man erzählt, dass man eine Aufstellung gemacht hat, in der sich eine ähnliche Problematik dargestellt hat und aus der man folgende Idee gewonnen hat … und dann kann man dem Gegenüber diese Idee als eine eventuelle Möglichkeit anbieten, die aber immer noch in ihrer Wirkung überprüft werden sollte.

Oft erlebe ich auch, dass die Aufstellung eines fremden Systems sich nicht lösen lässt. Es bleibt dem Aufsteller nichts weiter übrig als einzusehen, dass er dem anderen Menschen nicht helfen kann. Damit hat er sich mit dieser Aufstellung letztendlich selbst geholfen und kann nun besser von dem „fremden" Problem loslassen.

Wenn eine Teilnehmerin für jemand anderen eine Aufstellung macht, dann setze ich als Organisator keine Grenze, denn für mich gehört selbst das dazu. Ich vertraue darauf, dass es irgendeinen mir unbekannten Grund gibt, warum diejenige genau diese Aufstellung durchführen möchte. Sie hat den Impuls dazu, und das allein zählt. Vielleicht hilft sie sich indirekt dadurch selbst? Vielleicht braucht es ihr Unterbewusstsein, scheinbar im Außen ein Problem für jemand anderen zu lösen, um in ihrem Inneren parallel dazu eine Happy End für sich selbst erleben zu dürfen? Ich vertraue, dass ihr Impuls irgendeinen Sinn hat.

Außerdem vertraue ich darauf, dass eine Aufstellung zeigen wird, ob eine Hilfe für das fremde System überhaupt möglich ist. Und wenn die Aufstellerin verzweifelt nach einer Lösung sucht und keine findet, könnte sie dabei das Problem genauer kennengelernt haben – und sie lernt, dass das Problem nur der Problemträger selbst lösen kann. Dadurch kann die aufstellende Teilnehmerin in Zukunft besser von ihren Hilfsimpulsen loslassen und das Problem ganz beim Anderen lassen.

Ich sehe es so, dass es im Endeffekt immer darum geht, dass die Aufstellerin hier etwas lernt – und wenn es nur die Erkenntnis ist, für jemand anderen nichts lösen zu können.

Jeder kann sich während seiner „Fremd"-Aufstellung fragen: „Nutze ich diese Aufstellung, um mich über einen Menschen zu stellen, damit ich es besser weiß, oder gar, *weil* ich mich über einen Menschen gestellt habe und davon überzeugt bin, dass ich oder die

Aufstellung es besser weiß? – Oder nutze ich diese Aufstellung, um unsere Ebenbürtigkeit zu stärken?“

Wer von seinem Bild, dass Aufstellungen eine Realität abbilden, doch nicht loslassen kann, dem empfehle ich, nicht „fremde Systeme“ aufzustellen, sondern einen Stellvertreter auszuwählen als „das Problem, das ich durch das fremde System ausgelöst selbst fühle“ und einen Stellvertreter für sich selbst. Und dann beobachtet man die Gefühle und Impulse dieser beiden Stellvertreter und schaut, wieso man das Bedürfnis hatte, dieses fremde System überhaupt aufzustellen, und wie man nun damit umgehen und es eventuell für sich selbst lösen kann.

Übertragungen auf den Alltag

Zeitliche Begrenzung

Wenn die zeitliche Begrenzung einer Aufstellung eventuell eine den Prozess unterstützende Wirkung haben kann, könnte dies auch im Alltag funktionieren. Setze dir für ein Thema oder eine Aufgabe eine zeitliche Grenze und erlaube dir, innerhalb dieses Zeitrahmens alles zu tun, was du tun möchtest, und wenn es nur das erste Brainstorming oder das Planen ist, wie du diese Aufgabe in Angriff nehmen möchtest.

Du kannst dir vornehmen, zu einem bestimmten Zeitpunkt eine Pause zu machen. Stelle einen Wecker, falls du die Zeit nicht im Blick behalten kannst. Gib dir den Freiraum, nach der Pause etwas anderes zu tun und frühestens nach dieser anderen Aufgabe wieder zum abgebrochenen Thema zurückzukehren – spätestens jedoch am nächsten Tag. Probiere aus, ob ein solcher Zeitrahmen deine Konzentration auf das Thema eventuell fördert.

Zweifel

Solltest du im Alltag bei einer bestimmten Situation zweifeln, kannst du damit auf mindestens zwei Weisen umgehen:

Gehe den Weg einfach weiter, bis du zu dem Punkt kommst, an dem dir definitiv bewusst wird, *warum* du zweifelst.

Nimm deinen Zweifel als Botschaft und schütze dich. Gehe den Weg, bei dem du zweifelst, solange nicht weiter, bis du Klarheit hast.

Wenn du nicht weißt, für welche Möglichkeit du dich entscheiden willst, dann werfe eine Münze. Bist du mit dem Ergebnis des Münzwurfs unzufrieden, dann wähle den anderen Weg.

Meine Botschaft lautet: Egal wie du dich bei einem Zweifel entscheidest – du kannst immer dazulernen.

Öffnung

So, wie du beim Freien Aufstellen eine Gruppe dazu auffordern kannst, während der Aufstellung all ihren Impulsen zu folgen und dir alles zu zeigen, was für dich möglicherweise im Moment wichtig ist, kannst du auch im Alltag das Universum darum bitten, alles auf dich zukommen zu lassen, was momentan für dich wichtig ist.

Dabei kannst du innerlich auch riskieren, dass zunächst ein Chaos entstehen könnte. Stimme dem eventuellen Chaos schon im Voraus zu und vertraue, dass sich aus diesem Chaos am Ende genau das herausschälen wird, was für dich wichtig ist und dir einen Schritt im Leben weiterhilft.

Eigenverantwortung

Wenn beim Freien Aufstellen eine sehr unsichere Person die Leitung ihrer Aufstellung übernimmt, ist sehr oft zu beobachten, wie die gesamte Gruppe in einen Helferdrang hineinrutscht und die Initiative übernehmen möchte, weil sich diese unsichere Person einfach nicht klar entscheiden kann, kaum Impulse hat und immer nur fragt, was sie nun tun soll.

Bist du dir so eines Zusammenhanges bewusst, dann kannst du auch im Alltag einer solchen Dynamik leichter nicht mehr zur Verfügung stehen. Ein Mensch, der sich gerade nicht entscheiden kann, weckt in uns fast automatisch den Drang, ihm zu helfen und die Initiative zu übernehmen. Wir erleben in uns selbst, wie die Ideen zu fließen beginnen, die der andere nicht zu haben scheint, und erzählen ihm, was er alles tun könnte. „Mach doch mal … Du könntest einfach nur … Du brauchst nur …“. Seine Reaktion ist dann: „Ja, … aber“ – und dann folgt eine Erklärung, mit der er uns klarmacht, warum unser Vorschlag nicht funktioniert. Oder er versucht es – und es hilft ihm nicht wirklich. Dabei suchen wir weiter nach einer Lösung für ihn.

Dies sind zwei Pole, die zusammengehören. Der andere Mensch strahlt diese Unsicherheit meistens aus, weil er mit Eltern aufgewachsen ist, die ihm permanent gesagt haben, was er tun soll, oft auch auf sehr strenge und ungeduldige Weise. Wenn er in unserer Gegenwart diese Unentschlossenheit ausstrahlt, rutschen wir in die Rolle der Eltern und beginnen ihm zu sagen, was er alles tun könnte (manchmal auch mit ungeduldigen Gefühlen, was zu der Elternrolle gehört). Dem müssen wir aber nicht zur Verfügung stehen.

Wir können uns vorstellen, dass hinter dem anderen Menschen seine Eigenverantwortung steht (in unserer Fantasie als eine Stellvertreterin, die sich in der Rolle der Eigenverantwortung hinter den anderen gestellt hat). Meistens fällt es uns dann leichter, von unserem vergeblichen Helferdrang wieder loszulassen und zu vertrauen, dass der andere es auf seine Weise schaffen wird.

Umgekehrt können wir unsere momentane Unschlüssigkeit besser zulassen, wenn uns diese beiden Pole bewusst sind. Fühlen wir uns unsicher und erleben wir gleichzeitig Menschen um uns herum, die uns eifrig oder sogar drängelnd helfen wollen, dann können wir uns vorstellen, dass uns unsere Eigenverantwortung stärkend im Rücken steht. Mit unserer Eigenverantwortung können wir uns unschlüssig fühlen und gleichzeitig selbstsicher unserem Gegenüber vermitteln, dass wir zu unserer momentanen Unschlüssigkeit und Unsicherheit stehen und darauf warten, bis entweder aus unserem eigenen Gefühl oder von außen der passende und lösende Impuls oder die rettende Idee für uns kommt.

Unpassende Schuhgröße

Wenn Menschen einem anderen Menschen helfen wollen und dann merken, dass ihre Vorschläge beim anderen nicht ankommen, dann hört man manchmal den Satz: „Ich habe das Gefühl, du willst dein Problem gar nicht lösen.“

Meiner Ansicht nach sagen nur Menschen solche Sätze, die gerade selbst ein Problem haben, frustriert sind und die Erfahrung gemacht haben, dass ihr Einsatz keine Früchte trägt. Das letzte Mittel ist dann, den anderen mit so einer Aussage zu einem Widerspruch zu „provozieren", um ihn doch noch für eine erfolgreiche Hilfe zu öffnen: „Doch, ich will mein Problem lösen!" – „Ja, dann musst du mir aber auch mal zuhören und das ausprobieren, was ich dir vorschlage ..."

Wenn ich ein Problem habe und jemand anderes mir zu helfen versucht, es aber nicht schafft und dann auf diese Weise mit mir redet, dann denke ich mir: „Der andere hat mich und mein Problem eigentlich noch gar nicht richtig kennengelernt. Und so ist es logisch, dass seine Hilfe nicht bei mir ankommt. Er hat nicht nach meiner Schuhgröße gefragt und hat auch noch nicht das richtige Bild, was für einen Schuh ich mir eigentlich wünsche. Und so kann er auch nicht den passenden Schuh für mich finden. Jetzt ist er einfach nur frustriert, dass er mir nicht so schnell helfen kann, wie *er* es sich wünschen würde."

Besserwisser

Niemand kennt unsere Probleme und die dazugehörigen Lösungen besser als wir selbst und unser Unbewusstes.

Schlüsselfrage

Wenn bei einer Freien Aufstellung die Rangfolge in der Leitung durcheinander gerät, kann man die Aufstellerin fragen: „Ist die Aufstellung noch so in Ordnung für dich?" Die Aufstellerin kann dann darüber entscheiden und hat durch die Frage die Chefinposition über ihre Aufstellung zurückerhalten. Dies können wir auf unseren Alltag wie folgt übertragen:

Haben wir in einer Firma als Angestellter ein Problem mit einer Kollegin oder einem Kollegen, fühlen uns vielleicht sogar gemobbt, dann können wir zum Chef gehen und ganz „unschuldig“ fragen: „Ich wollte mal nachfragen, ob es für Sie in Ordnung ist, wenn ich von Kollegen immer mal wieder *so und so* behandelt werde und mich dabei *so und so* fühle?“

Mit dieser Frage greifen wir weder die Chef-Ebene an noch stellen wir uns darüber, sondern wir würdigen den Chef als Chef und lassen die Verantwortung bei ihm, die Verhältnisse in seiner Firma zu sortieren. Auf diese Weise fühlt er sich nicht kritisiert und muss sich gegen uns nicht verteidigen.

Gleichzeitig geben wir ihm eine Information über die Geschehnisse als auch über unsere inneren Gefühle und laden ihn indirekt durch unsere Frage zu einer Antwort/Reaktion ein. An seiner Reaktion können wir dann ablesen, ob er auf unserer Seite steht oder nicht. Und ob er sich in der Lage fühlt, an der Situation etwas zu ändern, oder die Verantwortung dafür lieber in seine Angestellten projiziert.

Steht er nicht auf unserer Seite oder fühlt sich nicht verantwortlich, dann wird sich möglicherweise an unserer Situation in der Firma nicht viel verändern und wir können überlegen, ob wir bleiben oder gehen wollen. Steht er aber auf unserer Seite, dann wird er nach so einer Frage garantiert aktiv, um das Problem zu lösen.

Gehirnkartenaktualisierung

Wenn es laut Wissenschaft in unserem Gehirn tatsächlich Gehirnkarten geben sollte, die in einem vergangenen Zustand stecken geblieben sind, während sich unser Umfeld weiterentwickelt hat, können wir folgenden Schluss daraus ziehen:

Es wäre immer wieder möglich, dass wir uns im Alltag bei der Beurteilung einer Situation oder eines Menschen irren. Wir können vielleicht sogar davon ausgehen, dass wir ununterbrochen in unser Umfeld das projizieren, was unser Gehirn als bisher bekannte Möglichkeiten abgespeichert hat.

Angenommen wir projizieren permanent, dann können wir auch davon ausgehen, dass jede Situation und jeder Mensch, die/der uns neu oder zum wiederholten Male begegnet, in irgendeinem Bereich verändert ist und ein neues Potenzial bietet, *das wir im Moment noch nicht wahrnehmen können.*

Ich empfehle, sich weniger zu fragen: „Wo ist die Wiederholung? Was ist das für mich Bekannte? In welche Schublade kann ich diese Situation stecken?“

Sondern stell dir immer wieder die Frage: „Wo ist hier der Unterschied? Wo ist die Veränderung? Was ist das neue Potenzial? Was bewegt sich? Und in welchem Tempo?“ Und wenn du den Wandel kennengelernt hast, die Veränderung erkannt hast, das neue Potenzial siehst, hat sich gleichzeitig deine entsprechende Gehirnkarte ein Stückchen mehr der Gegenwart angepasst.

Wenn wir unser Gehirn immer aktuell halten wollen, können wir die äußeren Veränderungen in unser Gehirn downloaden durch die Frage:

„Wie kennen wir es und wo genau ist hier in der gegenwärtigen Situation der Wandel?“

Der erste Teil der Frage aktiviert die alte Gehirnkarte, der zweite Teil entwickelt sie weiter und passt sie der aktuellen Gegenwart an.

Gefühlsverschiebungen

Wenn es in Aufstellungen möglich ist, dass eine Stellvertreterin ein Gefühl fühlt, das eigentlich nicht zu der Rolle gehört, die sie gerade darstellt, sondern zu einer anderen Rolle aus dem System, dann ist so etwas auch im Alltag möglich. Menschen könnten sich mit einem Gefühl identifizieren, das eigentlich dem Trauma eines anderen Menschen zuzuschreiben ist.

Die Frage an dich selbst oder an andere „Bist du dir wirklich sicher, dass es *dein* Gefühl ist, was du hier gerade auslebst?“, könnte neue Türen öffnen.

Auch die Frage „Bin ich mir wirklich sicher, dass ich gerade mein Gegenüber fühlend wahrnehme? Oder nicht vielleicht doch jemand anderen?“, kann dich für neue Möglichkeiten öffnen.

Suche

Beim Aufstellen suchen wir nach einer Lösung, indem wir die StellvertreterInnen bitten, etwas anders zu machen oder anders zu sagen. Wir können aber auch eine Änderung herbeiführen, indem wir unsere innere Haltung während der Aufstellung wechseln oder unterstützende Elemente dazustellen. Manchmal verändert sich das Verhalten der StellvertreterInnen dann wie von selbst.

Wenn wir einem Menschen bei der Lösung eines Problems helfen wollen, können wir ihm viele Vorschläge machen, was er tun könnte. Das Unterbreiten von unterstützenden Vorschlägen ist das, was wir gewohnt sind. So helfen wir normalerweise. Wir können aber auch überlegen, was wir selbst tun oder in unserem Verhalten oder unserer Ausstrahlung oder unserem Denken über die Situation ändern könnten, damit unser Gegenüber sich so unterstützt fühlt, dass der andere wie von selbst die Lösung findet.

Wir könnten uns selbst die Rolle von lösenden oder verschlimmernden Elementen oder auch von einem „Ideal-Element“ geben und schauen, was es in uns für Gefühle/Impulse auslöst oder ob schon das Übernehmen einer solchen Rolle auf der unbewussten Ebene eine Wirkung auf den anderen hat.

Wie geben wir uns eine Rolle? Wir sagen uns selbst innerlich in Gedanken „Ich bin jetzt (*beispielsweise*) das lösende Element – und schaue nun, was passieren wird oder was ich fühlen werde.“

Wir können unsere innere Haltung ändern in „Alles gehört dazu. Ich stimme allem zu“, und beobachten, welche Wirkung sich danach entfaltet.

Lies die Abschnitte „Deine innere Haltung“ (S. 206) und „Einige Werkzeuge“ (S. 212) noch einmal durch, lerne sie vielleicht sogar auswendig und stelle dir dabei vor, alle Werkzeuge und Ideen auf alltägliche Situationen zu übertragen. Auch auf die Situationen, in denen du selbst ein Problem zu lösen hast.

Du kannst anderen Menschen heimlich in deinen Gedanken Rollen zuweisen oder ihnen gegenüber deine innere Haltung ändern und beobachten, was für eine Wirkung deine neue Projektion auf das Problem hat.

Rangfolgen

In einer Partnerschaft ist häufig die Ebenbürtigkeit das lösende Ziel. Und geht die Ebenbürtigkeit einmal verloren, weil einer von beiden aufgrund eines starken Problems oder einer großen Aufgabe Vorrang bekommt, dann käme die Ebenbürtigkeit dadurch wieder zustande, indem anschließend der andere für eine gewisse Zeit Vorrang erhält. Ausgleich.

In einer Firma gibt es bezogen auf das Firmenziel keine Ebenbürtigkeit. Hier spielen Rangfolgen eine große Rolle. Frage dich bei einem Problem im Job, ob du selbst die Rangfolgen kennst, siehst und anerkennst.

Bist du beispielsweise neu in der Firma, dann stehst du als Frischling an letzter Stelle. Legst du gleichzeitig besondere Fähigkeiten oder Leistungen an den Tag, könnten sich die länger anwesenden KollegInnen plötzlich ausgeschlossen und neidisch fühlen und dich abwerten. Eine Lösung könnte es sein, deine Fähigkeiten und Leistungen zusammen mit deinen KollegInnen vorsichtig zu teilen und immer nur so weit zu steigern und zu demonstrieren, wie sie dafür offen sind.

Beziehe sie in deine Arbeit ein, indem du ihnen entsprechende Fragen stellst, dir eine gewisse „Erlaubnis“ einholst, ob du dein Talent und deine Fähigkeiten entfalten darfst, und dadurch den Vorrang der anderen anerkennst.

Und umgekehrt: Bist du schon länger in einer Firma, dann nutze deinen Vorrang gegenüber einem Frischling, indem du ihn in dein Gefühl integrierst und ihm innerlich erlaubst, seine Fähigkeiten voll zu entfalten und vielleicht sogar besser zu sein als du.

Ohne Ziel

Wenn du dich dabei erwischt, etwas zu tun, weißt aber nicht genau, was du damit eigentlich erreichen willst, dann mach dir keine Vorwürfe mehr, dass du im Grunde kein Ziel hast. Erlaube dir, deinen Impulsen auch weiterhin zu folgen und neugierig dabei zu beobachten, was wohl irgendwann dabei herauskommt. Und wenn nichts dabei herauskommt, hast du trotzdem eine „Erfahrung" gemacht, die dir möglicherweise bei zukünftigen Entscheidungen weiterhilft.

Lösungsideen außerhalb der Problemschwingung

Sei dir bewusst, dass Resonanzen auch behindern können. Wenn wir ein Problem lösen wollen oder auch einem anderen Menschen bei seinem Problem helfen wollen, schwingen wir uns normalerweise intensiv auf dieses Problem ein, um es genauer kennenlernen zu können. Vielleicht fällt uns aber gerade in dieser Resonanz der Zugang zu lösenden Ideen aber schwerer! Deswegen gibt es auch die Möglichkeit nach Lösungen zu suchen, wenn wir uns der Problemschwingung *nicht* zur Verfügung stellen.

Du kannst dich selbst fragen:

„Wenn ich der Ausstrahlung des Problems nicht zur Verfügung stehen würde, was hätte ich dann für eine Lösungsidee?"

Andere kannst du bitten: „Wenn du mir und meinem Problem nicht zur Verfügung stehen würdest, was könntest du mir außerhalb der Resonanz für eine Lösung vorschlagen?"

Achtsame Verachtung

Wenn wir im Alltag Menschen erleben, die etwas oder jemanden verachten, können wir uns vorstellen, dass dieser Mensch durch seine Verachtung irgendwo tief in seinem Herzen jemanden achtet. Vielleicht achtet er durch dieses Verhalten indirekt seine Eltern, die sich auch immer so verachtend verhalten haben? Er achtet sie dadurch, dass er sich genauso verhält, wie sie.

Diese Vorstellung bedeutet aber nicht, dass wir sein Verhalten damit entschuldigen. Sie hilft uns nur, nicht auch noch emotional kämpfend und verachtend gegen den anderen vorzugehen. Wir können das Verachten beim Anderen lassen, etwas gelassener bleiben und unsere klaren Grenzen ziehen.

Erleben wir uns selbst im Alltag mit verachtenden Gefühlen, können wir uns fragen:

„Wen achte ich gerade unbewusst, wenn ich hier Verachtung spüre?"

Es könnte sein, dass wir unbewusst jemanden aus unserer Herkunftsfamilie achten, es könnte aber auch sein, dass wir gerade unser Gegenüber achten, indem wir ein verachtendes Gleichgewicht zu seiner Verachtung eingehen. Wenn wir dann versuchen, aus der Verachtung herauszugehen und den anderen stattdessen zu achten und ihn so anzuerkennen, wie er ist, könnte sich diese neue Haltung zunächst unangenehm anfühlen. Denn dadurch gehen wir nun einen anderen Weg als er. Es entsteht eine Distanz zwischen uns, ein Unterschied.

Für eine Lösung empfehle ich, folgende innere Haltung einzunehmen:

„Auch wenn wir in diesem Punkt unterschiedlich sind, bleiben wir doch auf einer anderen Ebene immer tief miteinander verbunden."

Oder: „In Zukunft achte ich dich anders."

Mit dieser Haltung ist es möglich, die verachtende Resonanz zu der Verachtung eines anderen Menschen zu lösen und selbst ganz achtungsvoll zu bleiben, während man sich mit dem anderen auch weiterhin tief in Verbindung fühlt.

Spiegel

Auch wenn du „nur“ anderen Menschen helfen möchtest, kannst du diesen Wunsch als Spiegel für dich selbst nutzen. Belastet dich dein Helferdrang oder führt er zu unangenehmen Folgen, dann schaue in den Spiegel und frage dich, welchen Wunsch nach Veränderung du hast, was dich tief in deinem Herzen bewegt, wem du „eigentlich“ helfen möchtest und wie du es loslassen kannst.

Hilfst du gerne und erfolgreich und kannst auch jederzeit von deiner Hilfe loslassen, wenn sie nicht gebraucht oder nicht verstanden wird, dann wird dir dein Spiegelbild gefallen und es gibt nichts daran zu ändern.

Phänomen Goldmarie / Pechmarie

Immer wieder habe ich versucht, zweifelnden Menschen die Phänomene der Freien Systemischen Aufstellungen zu „beweisen“ oder sie auch selbst auf gewisse Weise „wissenschaftlich“ zu testen. Doch irgendwie habe ich das Gefühl, dass mir in den Momenten etwas zwischen den Fingern hindurchgleitet und ich es nicht halten kann.

Immer wieder erlebe ich, dass Aufstellungen belanglos und zufällig werden oder vollkommen anders verlaufen, wenn ich sie um des Aufstellens Willen durchführe und etwas beweisen möchte.

Doch wenn ich mit einem klaren Problemgefühl in der Gegenwart aufstelle, erhalte ich hochinteressante Synchronizitäten, bekomme Antworten, erlebe in dem Verhalten der Stellvertreter faszinierende Parallelen zu meinem Alltag, bin gefesselt und gebannt von der Perfektion des Universums, erlebe Zufälle, die keine Zufälle sind ...

Ich könnte es so zusammenfassen: Wenn ich wie die Goldmarie im Märchen „Frau Holle“ (Gebrüder Grimm) einfach meinen Impulsen in der Gegenwart folge und Aufstellungen genau dann einsetze, wenn mein Gefühl danach verlangt, und es genau so tue, wie es mich in meinem tiefsten Inneren steuert und wie „es mich ruft“, dann hilft es mir in meinem Leben enorm weiter.

Wenn ich jedoch wie die Pechmarie Aufstellungen einsetze, um dadurch mein Bedürfnis nach Aufmerksamkeit anderer Menschen zu befriedigen und ihre Anerkennung zu erhalten, oder wenn ich andere Menschen für die Aufstellungsarbeit gewinnen will, oder wenn ich ein geniales Aufstellungserlebnis einfach wiederholen will und daran festhalte, dann geht der Schuss fast regelmäßig nach hinten los und es läuft anders als geplant.

Als Goldmarie bleibe ich in der Gegenwart und schaue immer wieder neu:

„Welchen Impuls habe ich *jetzt*? Was ruft mich *wirk*lich?“

Und alles, was mir begegnet, sind wertvolle und einfach geniale Geschenke des Universums.

Zu zweit aufstellen

Ich bin zu Besuch bei einem sehr guten Freund, Andreas. Ich habe in letzter Zeit seltsame körperliche Symptome in der Halsgegend. Manchmal sticht es irgendwo in der Nähe der Mandeln, es könnte auch ein Muskel sein, manchmal muss ich viel schlucken, weil mein Halsinneres vermehrt Schleim produziert, manchmal knackt mein Kehlkopf beim Schlucken. Und manchmal sticht es auch hinter den Augen. Sehr seltsam. Morgen habe ich einen Termin bei einem Hals-Nasen-Ohren-Arzt, den ich noch nicht kenne. Ich möchte mir vorher mal mein Problem genauer anschauen – mit Andreas´ Hilfe.

Wir sitzen im Wohnzimmer und benutzen ein Schaumstoff-Spielmatten-Puzzle, das er seiner kleinen Tochter gekauft hat. Die farbigen Puzzle-Teile sind quadratisch und ungefähr 30 x 30 cm groß. Auf jedem Teil steht ein anderer Buchstabe in einer anderen Farbe.

Ich habe Andreas zwar von meinem Problem erzählt und er steht mir jetzt auch gerne zur Verfügung, aber ich habe nicht verraten, wie ich jetzt aufstellen möchte. Ich nehme einfach das erste Puzzle-Teil, stelle mir innerlich vor „das sind meine Augen“ und drücke es ihm in die Hand, ohne ihm zu sagen, was ich mir gerade vorstelle.

„Lege dieses Teil bitte einfach nach Gefühl hier irgendwo in den Raum.“

Er legt es in die Mitte. Dann drücke ich ihm das nächste Teil in die Hand, stelle mir innerlich vor „das sind alle seltsamen Symptome in und an meinem Hals“ und er legt dieses Teil so dicht hinter das erste Teil, dass sie sich berühren. Als nächstes steckt er sogar diese beiden Puzzle-Teile aneinander. Ja, es könnte gut sein, dass sowohl meine Symptome am Hals als auch das Stechen hinter meinen Augen irgendwie zusammenhängen.

Dann gebe ich ihm ein Teil, das für mich stehen soll. Auch diese Zuordnung sage ich ihm nicht. Aus seiner Perspektive sieht es so aus, dass Olaf ihm ein Puzzle-Teil nach dem anderen schweigend in die Hand drückt und er nur die Aufgabe hat, diese Teile irgendwo nach Gefühl im Raum zu verteilen. Das Olaf-Teil legt er in einem kleinen Abstand vor die beiden Symptom-Teile, mit der Blickrichtung auf die Symptom-Teile gelenkt.

„Jetzt stell dich bitte mal nacheinander auf die verschiedenen Teile und sage mir, wie du dich auf den einzelnen Teilen fühlst und was der Unterschied zwischen den Teilen ist.“

Er stellt sich drauf und hat auf den drei Teilen unterschiedliche Gefühle. Was aber auf allen drei Teilen gleich ist, ist eine gewisse Schwere, die er fühlt. Keines der Teile fühlt sich wirklich gut an.

Als nächstes drücke ich ihm ein weiteres Puzzle-Teil in die Hand und stelle mir dabei innerlich vor „das ist der Arzt, dem ich morgen begegne". Er legt dieses Teil in die Nähe der beiden Symptome, so dass der Arzt auf diese Symptome schaut. Ja, passt ja. Der Arzt wird sich um meine Symptome kümmern, dazu ist er ja da. Als Andreas sich auf das Arzt-Puzzle-Teil stellt, sagt er: „Auch hier fühle ich mich nicht wirklich wohl."

Mir kommt die Idee, die Ursache für meine Symptome dazuzustellen. Ich gebe Andreas das nächste Puzzle-Teil, das er mit einem Meter Abstand hinter die beiden Symptome stellt. Auf diesem Teil fühlt er eine besonders intensive Schwere.

Die Gefühle bei den anderen Teilen ändern sich nicht durch die Anwesenheit der Ursache, berichtet mir Andreas, der sich probehalber auch noch einmal auf alle anderen Teile gestellt hat.

Seltsam, kein Teil fühlt sich für Andreas wirklich gut an. Ich beginne allmählich zu zweifeln, ob sich Andreas auch „richtig" einfühlt, oder eventuell unbewusst eine eigene Dynamik mit in die Aufstellung einbringt. Vielleicht geht es Andreas selbst gerade nicht so gut?

Ich teste ihn, indem ich ihm ein nächstes Puzzle-Teil gebe. Dabei stelle ich mir heimlich vor, dass dieses Teil mit der gesamten Problematik absolut nichts zu tun haben soll und sich davon perfekt abschirmen und sich gut fühlen kann. Sollte Andreas eine eigene schwere Dynamik in meine Aufstellung mit einbringen, dann müsste er sich darauf auch schwer oder unwohl fühlen. Wenn er aber „richtig" spürt, müsste er sich darauf eigentlich besser fühlen.

Ohne zu wissen, welche Bedeutung ich diesem Puzzle-Teil gegeben habe, legt Andreas es mitten unter die übrigen Teile, stellt sich drauf und sagt tief durchatmend: „Endlich mal ein Teil, das sich gut anfühlt!"

Wow – ich bekomme Gänsehaut. Die Resonanz funktioniert mal wieder und Andreas fühlt perfekt!

Dann sage ich ihm: „Ja, ich wollte dich testen, weil ich allmählich zu zweifeln begann, ob die Schwere, die du überall fühlst, tatsächlich meine ist. Das ist ein Teil, auf dem du dich auch gut fühlen solltest und das mit der gesamten Problematik nichts zu tun hat.“ Andreas lächelt. Wir legen dieses Test-Teil wieder zur Seite.

Allmählich glaube ich daran, dass diese Schwere in der Aufstellung eindeutig mit mir zu tun haben muss, und mir fällt nun auch ein, dass ich die letzten Wochen tatsächlich nicht so viel Spaß in meinem Leben fühlen kann und mich irgendetwas bedrückt.

Andreas hat den Impuls, sich auf das Augen-Teil zu stellen, und fühlt dort, dass es sich inzwischen von den Halssymptomen etwas lösen kann. Er trennt die Puzzle-Teile und stellt das Augen-Teil an eine andere Stelle, in einem etwas größeren Abstand. Dort fühlen die Augen sich etwas besser. Zwischendrin stellt er sich auch immer mal wieder auf die anderen Teile und fühlt nach, ob sich inzwischen irgendetwas verändert hat. Die Änderungen teilt er mit und manchmal verschiebt er auch ein Puzzle-Teil ein wenig – je nach Gefühl.

Ich gebe ihm ein neues Teil. Es stellt für mich „das lösende Element“ dar. Andreas stellt es direkt vor das Augen-Puzzle-Teil, setzt sich dort hin, kauert sich zusammen und sagt nach einer Weile:

„Ich fühle mich wie ein Kind, das einfach spontan seinem Impuls, seiner Lust, seinen Ideen gefolgt ist – und dann plötzlich und unerwartet dafür bestraft wurde. Mein innerer Satz dabei ist: ‚Ich kann doch nichts dafür!‘“

Mir fällt eine Situation ein, die vor ein paar Wochen geschehen ist, in der ich einfach nur ahnungslos meinen Gefühlen gefolgt bin und ein anderer Mensch mir gegenüber plötzlich total abweisend wurde. Das hat weh getan. Dann kommt mir die Erinnerung an Situationen in einer früheren Partnerschaft, in denen ich sehr oft mit positiver Absicht etwas tat, aber meine Partnerin dadurch tief verletzt war und mir Vorwürfe machte. Letztendlich denke ich an meine Eltern, die mich früher für Dinge bestraften, die ich jetzt als Erwachsener auch nachvollziehen kann, aber als Kind fühlte ich mich unschuldig. Ich wusste damals nicht, was ich tat. Ich war einfach nur meinen Impulsen und Bedürfnissen gefolgt – und wurde plötzlich und unerwartet hart dafür bestraft.

Während ich an diese Dinge denke, sitze ich auf dem Sofa von Andreas und weine. Meine Gefühle werden immer heftiger, mein ganzer Körper beginnt, sich anzuspannen, und ich unterstütze das noch und krampfe alle meine Muskeln zusammen während die Gefühle aus mir herausbrechen und ich heftig schluchze und heule, fast schreie.

Nach einer gewissen Zeit hört dieser Weinkrampf auf. Ich kann wieder klar denken und merke, wie dieser Teil der Verarbeitung vorbei ist. Andreas, der solche Tränenausbrüche selbst kennt und mich einfach ganz selbstverständlich weinen ließ – ohne das Gefühl zu haben, mich trösten zu müssen, hatte sich währenddessen auf die Ursache gestellt und fühlt dort nun, dass es der Ursache besser geht. Auch der Arzt fühlt sich besser, neutraler. Und ich fühle eine leichte Entspannung in den Halsmuskeln nach diesem Weinkrampf. Das genügt erst einmal für heute. Ich brauche eine Pause, eine Erholung und bedanke mich bei Andreas.

Am nächsten Tag gehe ich zum Arzt. Er wirkt sehr offen, freundlich und kompetent auf mich. Ich erzähle ihm nur von meinen Symptomen. Dann untersucht er mich ausführlich und sagt, dass meine Probleme seiner Ansicht nach muskulär bedingt seien – durch zu viel Arbeit am Schreibtisch und am Computer.

Heute ist mein Halsproblem noch nicht ganz gelöst, aber ich habe kein Stechen mehr hinter den Augen.

Ab und zu ruft mich jemand an und bittet mich, über das Telefon zur Verfügung zu stehen (inzwischen sind auch Beratungen über Video-Konferenz möglich). Der andere stellt verdeckt auf, indem er die Aspekte/Personen nummeriert, um die es seiner Meinung nach geht und für die er einen Spiegel möchte, und ab da sprechen wir nur über Zahlen.

Ich schneide mir kleine Zettel aus und schreibe dort die Nummern drauf, ohne dass ich weiß, was der andere sich hinter den Nummern für Aspekte/Personen vorstellt. Mit diesen Zetteln „spiele“ ich dann nach Gefühl auf meinem Schreibtisch. Ich lege einen Zettel nach dem anderen hin und berichte meinem Gegenüber, wo ich sie positioniert habe.

Der andere hat dann die Wahl, meinen Bericht am anderen Ende des Telefons aufzuzeichnen oder sich selbst kleine Zettel auszuschneiden und die Aufstellung bei sich nachzustellen. Dann berühre ich die Zettel jeweils mit dem Finger, „fühle“ mich auf diese Weise in sie ein und berichte dem anderen, wie es sich mit dem jeweiligen Zettel anfühlt und was für Impulse oder Ideen ich dazu habe. Wenn wir nicht weiterwissen, legen wir ein „lösendes Element“ dazu und schauen, was für neue Impulse in mir auftauchen.

Obwohl ich auf diese Weise schon länger berate, ist es für mich immer wieder faszinierend und löst bei mir regelmäßig Gänsehaut aus, wenn mein Gegenüber das, was ich ihm aus meinen Gefühlen heraus erzähle, als sehr treffend bestätigt, mir später erzählt, welche Nummer welche Bedeutung hat und ich dann auch nachvollziehen kann, wie stimmig meine Gefühle waren.

Meine Frau und ich stellen inzwischen auch in der inneren Vorstellung auf. Eines Abends lagen wir schon im Bett, hatten ein Problem zu lösen, wollten aber nicht mehr aufstehen, um eine Aufstellung im Wohnzimmer durchzuführen. Also entschieden wir uns, eine Aufstellung mithilfe von Visualisierungen zu machen. Ich stellte auf und verteilte die Rollen. Das bedeutete: Ich gab den vier Personen, die ich aufstellen wollte, die Nummern 1 bis 4.

Jacqueline wusste nicht, welcher Person ich welche Nummer gegeben hatte, stellte sich in ihrer Fantasie vor, wir wären im Wohnzimmer, und beschrieb mir, wo ihrem Gefühl nach Person 1 stehen und wie sie sich fühlen würde. Dann erzählte sie mir, wo Person 2 im imaginären Wohnzimmer stehen möchte, wie sich Person 3 fühlte und wo sich Person 4 dazugesellte. Sie beschrieb mir Schritt für Schritt, wie sich ihre Vorstellung entwickelte – und ich zog meine Schlüsse aus dieser Aufstellung.

Wenn ich neue Elemente, wie z. B. ein lösendes Element dazustellen wollte, sagte ich einfach: „Stell mal Nr. 5 dazu. Was ändert sich dann bei allen?" Und wieder beschrieb mir Jacqueline ihre Fantasie. Ohne dass sie wusste, was hinter den Nummern steckte, konnte sie mir durch ihre Berichte für mein Problem intensiv weiterhelfen.

Wir haben schon einige Themen auf diese Weise erfolgreich bearbeitet und uns gegenseitig geholfen, bestimmte Entscheidungen leichter treffen zu können.

Mein tiefster Wunsch ist es, so vielen Menschen wie möglich mithilfe meiner Bücher über das Freie Aufstellen bewusst machen zu dürfen, dass es diese Möglichkeit gibt, mit seinen Gefühlen und alltäglichen Problemen zu arbeiten, sich gegenseitig zur Verfügung zu stehen und sich durch resonierende Empfindungen neue Impulse zu geben.

Je länger und öfter man sich damit auseinandersetzt, desto mehr beginnen die Gefühle zu fließen, desto bewusster wird man sich den überall vorhandenen Resonanzen, desto mehr Vertrauen bekommt man in das „uns führende Universum" oder in unser „weises Unbewusstes" – und umso verbundener fühlt man sich mit seinen Mitmenschen, auch mit denen, die auf einer anderen Wellenlänge schwingen und die eine andere Realität haben als wir. Irgendwann kann man auch erkennen, dass die Distanzen, die man zu anderen Menschen fühlt, nichts anderes als schmerzhafte Teile einer permanent vorhandenen Verbundenheit darstellen.

Begegnen wir immer öfter Menschen, die sich dieser resonierenden Empfindungen bewusst sind, dann können wir uns gegenseitig in Form von Freien Aufstellungen zu zweit oder im Freundeskreis oder größeren Gruppen zur Verfügung stehen und uns intensiv weiterhelfen. Wir können zunächst gemeinsam besprechen, um was für ein Thema es geht, und uns Vorschläge machen, wie wir es eventuell aufstellen, welche Personen oder Elemente wichtig sein könnten, und dann geht´s los.

Ist man zu zweit, dann sucht sich die eine Person Kissen, Papierblätter, Schaumstoff-Puzzleteile, Schuhe o. ä., stellt sich innerlich vor, was das einzelne Teil darstellen soll, sagt der anderen Person nichts davon, drückt es ihr einfach in die Hand, und die andere sucht dafür einen Platz im Raum und fühlt sich ein und beginnt im Grunde, ein Solo-Theaterstück vorzuspielen. Sie berichtet von ihren Gefühlen und stellt die Elemente nach Gefühl um. Die erste Person stellt dazu gezielt Fragen, lässt sich dabei von ihrer Neugierde führen und sucht letztendlich gemeinsam mit der anderen Person nach einem Happy End, so wie ich es in diesem Buch für Aufstellungsgruppen beschrieben habe, mithilfe von verschiedenen zusätzlichen Elementen und Experimenten. Irgendwann während der Aufstellung oder auch erst am Ende erzählt man sich, welches Kissen/Papier/Teil welche Bedeutung hat, und kann sich auf der bewussten Ebene noch weiter darüber austauschen.

Können wir Menschen dieses Resonanz-Spiel immer ernster nehmen, dann wird es unweigerlich auch immer öfter in unserem Alltag eine Rolle spielen. Zunächst vielleicht mehr auf privater Ebene, später dann immer mehr auch in Firmen und in der Öffentlichkeit. Je intensiver dieses geniale Phänomen „Intuition“ oder „resonierende Empfindungen“ von allen Menschen erkannt und erfahren wird, desto mehr wird es sich auch verbreiten. Denn es basiert definitiv nicht auf Einbildung, wie viele noch vermuten, sondern kommt in Aufstellungen in einer konzentrierten Form zum Vorschein.

Das Schöne dabei ist: Keiner braucht dazu eine konkrete Ausbildung. Einfühlen können wir uns alle – jetzt schon. Das Potenzial unserer Gefühle liegt direkt vor uns, ganz offen, wir brauchen nur zuzugreifen – und frei aufzustellen.

Ich stelle mir vor, dass letztendlich das Aufstellen ein wichtiges Instrument bei Entscheidungen auf politischen Ebenen wird. Damit meine ich nicht, dass Entscheidungen nur durch Aufstellungen gefällt werden, sondern dass Aufstellungen eine wertvolle Unterstützung im Prozess von wichtigen Entscheidungen spielen werden und gemeinsam mit Wissen und Verstand ein kraftvolles Dreieck bilden – das Dreieck „**Wissen, Logik, Intuition**".

Dabei kann die Säule „Intuition" gezielt mithilfe von Aufstellungen angezapft werden. Ich bin mir sicher, dass sich die Menge an Fehlentscheidungen drastisch reduziert und die Politik letztendlich mehr Glaubwürdigkeit ausstrahlt, wenn die Intuition nicht mehr ausgegrenzt wird, sondern öffentlich z. B. in Form von Freien Systemischen Aufstellungen „mitwirkt".

Allein aufstellen

Du hast in diesem Buch ausführlicher gelernt, wie du innerhalb einer Gruppe selbst aufstellen kannst – und nun auch, wie du mit nur einer anderen Person selbst aufstellst. Der Schritt, mit sich alleine aufzustellen, ist nur noch ein ganz kleiner. Du kannst alles bisher Gelernte sofort auf das Alleinaufstellen übertragen: Jede von mir vorgeschlagene Möglichkeit, jede Idee, jede Technik, jedes Ritual. Entweder du führst es mithilfe von Zetteln oder Fühlfeldern auf dem Fußboden durch oder stellst dir alles innerlich vor, machst dir innere Bilder, innere Filme, Visionen.

Tue dabei so, als ob mehrere Menschen anwesend wären – mit dem Unterschied, dass du selbst die Rollen für alle Menschen übernimmst. Wir haben dies bereits als Kind getan, wenn wir mit uns alleine mit Figuren gespielt und Geschichten und Dialoge erfunden haben.

Wenn du dich selbst zunächst nicht „beeinflussen" möchtest, dann kannst du Zettel beschriften und sie anschließend umdrehen, so dass du nicht mehr sehen kannst, was auf welchem Zettel steht. Du mischt diese Zettel und verteilst sie einzeln nach Gefühl auf dem Boden.

Dann stellst du dich auf die einzelnen Zettel und vergleichst, ob sie sich unterschiedlich anfühlen, was du für Gefühle, Gedanken, Impulse, Erinnerungen, Ideen auf den einzelnen Zetteln hast. Du experimentierst mit helfenden Elementen, die du zusätzlich hineinstellst. Suche einfach mithilfe von Zetteln und deinen Gefühlen auf unterschiedlichen Positionen nach einer Antwort oder einem besseren Gleichgewicht für dein aufgestelltes Problem oder deine Fragestellung. Irgendwann – nach Gefühl – schaust du nach, was auf den einzelnen Zetteln steht.

Ich kenne es von mir, dass ich am Anfang gezweifelt habe, ob hier nicht eventuell mein Wunschdenken mich beeinflusst. Ich habe gezweifelt, ob meine Gefühle „richtig" sind. Doch ziemlich bald habe ich mir gesagt:

„Wenn ich mich beeinflusse und mir geht es dadurch besser oder ich habe eine Erkenntnis, warum soll ich mich nicht beeinflussen?"

Letztendlich geht es also nicht darum, ob ich etwas „richtig" fühle, sondern nur darum, ob mir die Aufstellung etwas sagt und ob ich mir selbst durch diese Selbstaufstellung weiterhelfen kann.

„Habe ich das Gefühl, für mich eine Lösung gefunden zu haben?" Diese Frage ist der einzige Maßstab, wenn ich mit mir selbst frei aufstelle.

Ich hatte vor dreizehn Jahren Angst vor Krebs. Also legte ich zwei Zettel auf den Boden, einen Zettel für mich und einen Zettel für den Krebs. Den Zettel für den Krebs wollte ich ganz nah ans Fenster legen. Dann habe ich mich draufgestellt. Dabei fühlte ich mich immer schwerer und schwerer. Ich folgte diesem Impuls und legte mich auf den Boden, zusammengekauert, und schloss die Augen. Dann kam in meinem Gefühl ganz allmählich ein Satz an die Oberfläche:

„Mich gibt´s gar nicht!“

Übersetzt: Es existiert kein Krebs in mir.

Dieses Gefühl war so intensiv, dass es mich mit einem Schlag von meiner Angst befreit hat. Es war mir egal, ob ich mir das eingebildet hatte oder nicht – es hat mir geholfen!

Wem es jetzt noch schwer fällt, mit sich allein Aufstellungen durchzuführen, dem empfehle ich das erste Kapitel meines Buches „*Freie Systemaufstellung: Das fühlt sich richtig gut an!*“ zu studieren. Dort habe ich über die Grundlagen des Freien Aufstellens mit sich allein geschrieben. Kombinierst du diese Grundlagen mit den vielfältigen Lösungsmöglichkeiten, die ich hier in diesem Buch „*Ich stelle selbst auf*“ beschrieben habe, und setzt dabei auch die „*Impulskarten für Freie Systemische Aufstellungen*“ ein, dann dürfte dir nichts mehr fehlen, um dich zum „**Meister im Alleinaufstellen**“ zu entfalten.

Abschied

Du hast das Buch nicht nur gelesen, sondern hast dabei auch noch viel gelernt. Jetzt, wo du die letzten Seiten liest, erinnerst du dich daran, wie unsicher du am Anfang warst, als du meinen Workshop besucht hattest und dein Thema selbst frei aufstellen durftest.

Doch sehr schnell hast du begriffen, dass du wirklich die freie Wahl hast, was du selbst mit deiner Aufstellung alles machen, was du durch sie Neues erfahren kannst und welche genialen Erkenntnisse und Unterstützungen im Leben mithilfe von Aufstellungen möglich sind.

Du hast erkannt, dass es beim Aufstellen nichts generell Falsches oder Richtiges gibt. Es gibt nur Folgen und du kannst selbst entscheiden, ob und wie du diese Folgen bewertest (*für dich* falsch oder richtig) und wie du in Zukunft mit ihnen umgehen möchtest.

Dabei hast du gelernt, in jeder Situation deinem Bauchgefühl zu vertrauen – auch wenn es dich manchmal zunächst in eine scheinbare Verschlimmerung führen sollte, in der du genau erfährst, was du ***nicht*** möchtest, und auf diese Weise eine klare Bewertung und Grenze festigen kannst.

Wenn du willst, kannst du jetzt das Buch noch einmal von vorne lesen und erleben, wie du alles das, was du vorher nicht so recht einordnen konntest, inzwischen viel besser nachvollziehen kannst oder auch mithilfe deiner neuen Erfahrungen in deinem Gehirn anders zuordnest und neue Verknüpfungen in dir entstehen (neue Bilder, Aha-Erlebnisse etc.).

Ich empfehle ebenso mein erstes Buch über die Freien Systemischen Aufstellungen „*Das freie Aufstellen – Gruppendynamik als Spiegel der Seele*“, 2003 (aktualisierte Neuauflage 2021), durchzulesen. Es zeigt, wie ich damals mit den Freien Aufstellungen begonnen habe, ist immer noch hochaktuell und bietet dir mit vielen Beispielen und Hintergründen sowohl für das Aufstellen in Gruppen als auch für das Alleinaufstellen eine interessante Ergänzung zu diesem Buch. Und vielleicht organisierst du danach nun selbst ein kleines Treffen mit ein paar Freunden, um sich gegenseitig zur Verfügung zu stehen und sich bei bestimmten Themen verdeckt oder offen weiterzuhelfen.

Erinnerst du dich noch, welche Rollen meine Playmobil-Figuren am Anfang des Buches (S. 11) gespielt haben?

Der Taucher stand für mich.

Der Mann mit der weißen Weste stand für die Methode „Freie Systemische Aufstellungen“.

Die beobachtende Frau und der beobachtende Mann standen für die Leserin und den Leser.

Die Indianer-Büste stand für das lösende Element.

Der Taucher winkt zum Abschied der Frau und dem Mann zu. Der Mann mit der weißen Weste hat sich inzwischen vervielfältigt. Jetzt gibt es mehrere Männer mit weißen Westen. Der Ursprüngliche bleibt beim Taucher, die anderen gehen mit der Frau und dem Mann mit.

Ich wünsche dir, deiner Partnerin/deinem Partner und deinen interessierten Verwandten, FreundInnen und Bekannten mit den Freien Systemischen Aufstellungen viele wertvolle Erfahrungen!

Liebe Grüße von Olaf

Ergänzungen

Das freie Aufstellen – Gruppendynamik als Spiegel der Seele

Eine Einführung in eine freie Form der Systemischen Aufstellungen

Die Freien Systemischen Aufstellungen sind im Jahr 2003 von Olaf Jacobsen begründet worden. Dieses Buch ist das allererste, das über das Freie Aufstellen geschrieben wurde, und bildet die Basis zu allen weiteren Büchern über diese effektive Selbsthilfemethode.

Es enthält viele weitere Erfahrungsberichte, Beispiele und Regeln dafür, wie Freies Aufstellen ablaufen und wie du mit Freiem Aufstellen selbstständig umgehen kannst. Zusätzlich erläutert Olaf die theoretischen Hintergründe des Phänomens der resonierenden Empfindungen. Er beschreibt seine Erkenntnisse über „Verantwortung" generell und über Zusammenhänge zwischen LeiterInnen und MitspielerInnen – und er erklärt, warum im Gleichgewicht die Wahrnehmung verschwindet und deshalb „blinde Flecken" entstehen.

Neben rechtlichen Zusammenhängen, wer Freies Aufstellen überhaupt anbieten darf, findet man in diesem Buch einen Schatz ergänzender Erkenntnisse für die Arbeit an sich selbst und für die persönliche Potenzialentfaltung in Resonanz. ISBN 978-3-936116-61-8

Freie Systemaufstellung: Das fühlt sich richtig gut an!

Gefühle erforschen, Klarheit gewinnen und den Alltag befreit leben

Während das Buch „*Das freie Aufstellen*" das allererste Buch ist, das über Freie Systemaufstellungen geschrieben wurde, gilt „*Das fühlt sich richtig gut an!*" als Grundlagenbuch. Hier wird in vier strukturierten Kapiteln beschrieben, wie du die Freie Systemaufstellung lernen, durchführen und organisieren kannst. Im ersten Kapitel geht es um das Aufstellen mit sich allein – mithilfe von Fühlfeldern /

Bodenankern / Papierblättern, die auf den Boden gelegt werden. Im zweiten Kapitel beschreibt Olaf, wie man zu zweit aufstellen kann. Dies kann sehr hilfreich für Beratungssituationen sein. Das dritte Kapitel unterstützt darin, sich in einem kleinen Freundeskreis gegenseitig zu helfen. Und wie du das Freie Aufstellen in größeren Gruppen optimal organisierst, steht im letzten Kapitel.

Lerne mithilfe dieses Buches und vielen praktischen Beispielen von Grund auf spielerisch das Systemstellen. Freie Systemaufstellungen sind einfach, machen Spaß, schenken Tiefe und brauchen keinen therapeutischen Rahmen. Lerne, das Potenzial von Gefühlen zu erforschen und deine Kreativität für das Erreichen von Zielen und das Lösen von Schwierigkeiten in allen Bereichen zur vollen Entfaltung zu bringen. ISBN: 978-3-936116-63-2

Impulskarten für Freie Systemische Aufstellungen

Als zusätzliche Unterstützung ist ein Kartenset zum Buch erhältlich. Es enthält auf 52 Karten über 120 Einzelbegriffe. Alle in den Büchern aufgeführten Hilfsangebote wie auch weitere Anregungen sind dort versammelt. Wenn du in deiner Aufstellung nicht mehr weiterweißt, keine Idee hast, was du tun kannst oder was als Nächstes dran ist, dann mische die Karten verdeckt, ziehe eine und beobachte, ob und wie dir dieses „zufällig" gezogene Werkzeug weiterhilft. Du kannst auch eine Karte am Anfang einer Aufstellung ziehen, um zu schauen, um welches Thema es sich bei dieser Aufstellung möglicherweise drehen wird. Wenn du eine Karte ziehst, die mehrere Begriffe enthält, dann fühle nach, welcher Begriff dich gerade am stärksten anspricht, und stelle diesen einfach als StellvertreterIn in deine Aufstellung hinein. Beobachte, inwieweit das hilfreich wirkt und was sich Neues entwickelt (Informationen dazu auch auf der letzten Seite in diesem Buch).

Ausbildung für Freie Systemische Aufstellungen

„Drei auf einen Streich“ - eine Ausbildung mit drei Zielen:

- ✓ Ausbildung darin, eigenverantwortlich und effektiv mit seinen eigenen Systemaufstellungen umzugehen (Selbstorganisation)
- ✓ Ausbildung im Organisieren von Freien Systemischen Aufstellungen (Abschluss: „**Organisator*in für Freie Systemische Aufstellungen**“)
- ✓ Ausbildung im Ausbilden von Organisator*innen (Abschluss: „**Ausbilder*in im Organisieren von Freien Systemischen Aufstellungen**“)

An drei Wochenenden bilden sich die Teilnehmer*innen darin aus, eigenverantwortlich, selbstständig und effektiv das Phänomen der „Resonierenden Empfindungen“ zu nutzen, eine eigene Systemaufstellung mithilfe einer Gruppe oder für sich allein frei anzuwenden, mit ihr frei umzugehen und das Beste aus ihr herauszuholen.

Gleichzeitig bilden sich die Teilnehmer*innen zur/zum Organisator*in für Freie Systemische Aufstellungen aus. Das bedeutet: Die Teilnehmer*innen können nach der Ausbildung selbst die Freien Systemischen Aufstellungen organisieren. Sie können in einer Veranstaltung anderen interessierten Menschen Freie Systemaufstellungen anbieten und sie darin einführen, wie man effektiv seine eigene Aufstellung nutzen und das Beste aus ihr herausholen kann.

Ebenso befähigen sich die Teilnehmer*innen dieser Ausbildung dazu (und erhalten die Erlaubnis), selbst diese „Ausbildung für Freie Systemische Aufstellungen“ anzubieten.

Für die Teilnahme gibt es keine Voraussetzung. Auch wer Aufstellungen noch nicht erlebt hat, darf an dieser Ausbildung eigenverantwortlich teilnehmen.

Ausbilder*in: Jacqueline & Olaf Jacobsen

Empathisches NeuroSonanz-Coaching

Olaf Jacobsen stellt ein Coaching für alle möglichen Fragen und Themen zur Verfügung, in welchem er u. a. folgende Werkzeuge anbietet:

- ✓ Lösende Imaginationen und Techniken im einfühlsamen Gespräch
- ✓ Findungsprozesse mithilfe von Einzelaufstellungen
- ✓ Befreiende Realitätsbrille mithilfe des NeuroSonanz®-Modells

Ein Coaching ist wie folgt erlebbar:

- ✓ am Telefon
- ✓ in einer Video-Konferenz über das Internet (z. B. über zoom.com)
- ✓ in einem Direktkontakt vor Ort (Karlsruhe, Köln)

Weitere Infos: www.in-resonanz.net/Olaf-Jacobsen_Beratungen.html

Einen Termin buchst du per E-Mail: olaf-jacobsen@in-resonanz.net

Über den Autor

Olaf Jacobsen ist ein deutscher Empathie-Spezialist und Autor. Er gilt als Pionier der klientenzentrierten Systemaufstellung. 2003 entwickelte er die Freie Systemische Aufstellung, erfand 2014 das NeuroSonanz®-Modell und leitet die von ihm begründete Empathie-Schule NeuroSonanz® in Karlsruhe und in Köln.

Geboren am 11. Juni 1967 in Neumünster, Studium in Karlsruhe an der Staatlichen Hochschule für Musik und Universität (Musik und Mathematik), Dirigent, Pianist, Tenor, Musikpädagoge, intensives Studium und Erforschung eigener Gefühle, Empathie-Coach, Systemischer und Psychologischer Coach, Unternehmensberater im Bereich "Kommunikation & Gefühle", Experte für Resonierende Empfindungen, Bestseller-Autor.

Infos & Kontakt unter www.olafjacobsen.com

Ausführlicher Lebenslauf unter:

https://www.in-resonanz.net/Olaf-Jacobsen_Lebenslauf.html

Veröffentlichungen von Olaf Jacobsen

Leseproben und Bestellungen (ohne Versandkosten, per Rechnung) unter www.olaf-jacobsen-verlag.de

Trilogie „Basis-Erkenntnisse“:

So, jetzt ist aber genug! Die Geburt einer Weltformel (1996, aktualisierte Neuauflage 2014, E-Book 2019)

Bewegungen in neue Gleichgewichte. Bewegende Sichtweisen für unseren Alltag (2000, aktualisierte Neuauflage 2014, E-Book 2019)

Die Vollkommenheit des Universums. (Das) Nichts ist All-ein, Alles ist in Resonanz (2001, aktualisierte Neuauflage 2014, E-Book 2019)

Trilogie „Freie Systemaufstellung“:

Das freie Aufstellen - Gruppendynamik als Spiegel der Seele. Eine Einführung in eine freie Form der Systemischen Aufstellungen (2003, E-Book 2019, aktualisierte Neuauflage 2021)

Freie Systemaufstellung: Das fühlt sich richtig gut an! Gefühle erforschen, Klarheit gewinnen und den Alltag befreit leben (2012, E-Book 2019, aktualisierte Neuauflage 2021)

Ich stelle selbst auf. Wie Sie Ihre Selbstheilungskräfte durch Freies Aufstellen aktivieren (2011, E-Book 2019, aktualisierte Neuauflage 2021)

Impulskarten für Freie Systemische Aufstellungen. Wenn Sie in Ihrer Aufstellung nicht mehr weiterwissen (2012/2021)

Trilogie „Ich stehe nicht mehr zur Verfügung“:

Ich stehe nicht mehr zur Verfügung. Wie Sie sich von belastenden Gefühlen befreien und Beziehungen völlig neu erleben (2006, E-Book 2021, aktualisierte Neuauflage 2021)

Ich stehe nicht mehr zur Verfügung 2. Die Kritik von anderen hat nichts mit mir zu tun (2010, E-Book 2020, aktualisierte Neuauflage 2021)

Hilfe! Ich stehe *unbewusst* zur Verfügung Unbewusste Beeinflussungen aufdecken – für ein unabhängiges Leben (2016/2021, E-Book 2019)

Stehe ich zur Verfügung? Das Kartenset für jede Situation (2021, E-Book 2020)

Ich stehe nicht mehr zur Verfügung – Die Essenz (CD). Wie Sie sich von belastenden Gefühlen befreien und Beziehungen völlig neu erleben, Hörbuch zu Band 1 (2009), Restexemplare beim www.olaf-jacobsen-verlag.de erhältlich

Drei Bücher „Selbstreflexion & Empathie“:

Der lebendige Spiegel im Menschen. In Resonanz lernen – lösen – leben – lieben (Jacqueline & Olaf, 2014, E-Book 2019, Neuauflage 2021)

Meine Eltern sind schuld! Was unsere Eltern falsch gemacht haben und immer noch falsch machen (2014, E-Book 2019, Neuauflage 2021)

Die Kriegs-Trance und das Mitgefühl Warum wir fast alle betroffen sind und wie wir daraus aufwachen (2015, E-Book 2019, Neuauflage 2021)

Drei Bücher „Werkzeuge für Potenzialentfaltung“:

Der Mann, der sich glücklich weinte Tränen befreien das Gehirn, das Menschsein und die Gesellschaft (PDF-eBook 2019, erweiterte Neuauflage 2021)

Das Erwachsene in dir muss Klarheit finden Geborgenheit, Liebe und Urvertrauen brauchen den sicheren Überblick (2021, E-Book 2021)

Dein Gehirn deutet Nehmen wir unsere Deutungskraft ernst, ändert sich (fast) alles! (2023, E-Book 2023)

Wie wird das Ziel erreicht? Das E-Kartenset rund um Ziele, Wünsche, Bedürfnisse (E-Book 2020)

Olafs komplette Werkzeugkiste Das umfassende E-Kartenset (beinhaltet alle anderen Kartensets und noch mehr, über 400 Karten, **nur als PDF-Datei**, 2020) – nur beim www.olaf-jacobsen-verlag.de erhältlich

Weitere Schriftwerke:

Das trifft sich gut Ein Schlaganfall, seine dramatischen Folgen und wie er zum wundervollen Geschenk wurde (Jacqueline & Olaf, Autobiographie 2018, E-Book 2019)

HauptRolle Es geht immer um das stimmigste Rollengefühl (E-Book als PDF-Datei, 2019) – ***kostenfrei*** auf www.olaf-jacobsen-verlag.de

Wie wir uns ändern und die Erde retten Wir haben bereits alles Wissen – nur die Umsetzung fehlt noch (E-Book als PDF-Datei, 2019) – ***kostenfrei*** auf www.olaf-jacobsen-verlag.de

Das NeuroSonanz-Modell Die vollständige Erklärung unseres Menschseins (PDF-eBook 2019) – ***kostenfrei*** auf www.olaf-jacobsen-verlag.de

Wie aufrichtiges Mitgefühl Schmerz schmelzen lässt

Neurobiologe Dr. Gerald Hüther im Austausch mit Olaf Jacobsen: „Ihr Buch ist wirklich ausgezeichnet. Allerdings verrät der Titel nicht, was für ein Schatz sich dahinter verbirgt: eine sehr saubere und überzeugende Beschreibung unseres gegenwärtigen Zustandes und unserer vorherrschenden Beziehungskultur und eine konstruktive Beschreibung eines – und wie ich denke einzigen – Ausweges."

Olaf Jacobsen vertritt die These, dass unsere Zivilisation seit Jahrtausenden unter einer bestimmten Krankheit leidet. Er nennt diese Krankheit „Kriegs-Trance". Eine Kriegs-Trance entsteht, wenn ein Soldat im Krieg sein Mitgefühl für sein Gegenüber abstellt, um den anderen erschießen zu können.

Auf unsere Gesellschaft übertragen: Bevor ein Mensch einen anderen Menschen verletzt, hat er unbewusst sein Mitgefühl abgestellt. Dadurch befindet er sich in einer Kriegs-Trance, aus der er handelt. Dieser Trance-Zustand wird von Generation zu Generation durch die Erziehung weitergegeben und durch Unwissenheit aufrechterhalten.

In der Neurowissenschaft wird immer deutlicher, dass der Mensch von Grund auf ein mitfühlendes, offenes und empathisches Wesen ist. Wir sehen dies bei freien Kindern. Wie kommt es dann zu Kriegs-Trancen? Wieso stellen wir unser Mitgefühl zueinander ab? Wie können sich Krieg und Terrorismus entfalten?

Dieses Buch liefert erstmalig schlüssige, tiefgehende und aufrüttelnde Antworten. Zusätzlich zeigt es, wie wir aus Kriegs-Trance-Zuständen aufwachen, uns von verletzenden Denk- und Verhaltensmustern befreien und wieder Zugang zu unserem ursprünglich authentischen Wesen erhalten: zum selbstbestimmten, kreativen, mitfühlenden und empathischen Menschsein.

Endlich authentisch sein

Jeder Mensch sehnt sich nach guten Gefühlen, nach Harmonie, besonders in der Begegnung mit anderen Menschen. Doch wir übernehmen zumeist unbewusst „stellvertretende Rollen" und rutschen in die damit korrespondierenden Gefühle hinein. Wir sind nicht zu hundert Prozent wir selbst, sondern wir erleben „resonierende Empfindungen", die uns steuern.

Empathie-Spezialist Olaf Jacobsen deckt den Hintergrund auf, warum wir uns automatisch und unbewusst in andere Menschen einfühlen. Mit Hilfe zahlreicher Beispiele aus alltäglichen Lebenssituationen stellt er Möglichkeiten vor, wie wir uns unabsichtlichen Rollen nicht mehr zur Verfügung stellen, um damit eine wirklich authentische Kommunikation und authentisches Verhalten zu ermöglichen. Legen wir bewusst eine Rolle ab, so verschwinden gleichzeitig alle daran gekoppelten seelischen und körperlichen Beschwerden, und wir fühlen uns erleichtert.

Wir haben in unserem Leben viel öfter die freie Wahl,
als wir bisher dachten.

„Du hast absolut recht. Dieser Satz ‚Ich stehe nicht (mehr) zur Verfügung' passt erstaunlich oft und es lebt sich damit langfristig sehr viel besser. Vor allem im Job habe ich in den letzten Wochen sehr häufig davon Gebrauch gemacht und siehe da: Plötzlich hat sich die Lage total entspannt." (Kerstin S.)

Das Kartenset zum Buch

Wenn du in deiner Aufstellung nicht mehr weiterweißt ...

Olaf Jacobsen
Impulskarten für Freie Systemische Aufstellungen
Format: 59 x 91 mm
60 handliche Karten in einer stabilen Plastik-Stülpschachtel
(52 Motivkarten, 3 Anleitungskarten, 5 Leerkarten zum Beschriften)
ISBN 978-3-936116-64-9
Olaf Jacobsen Verlag: bestellung@in-resonanz.net